老科学家学术成长资料采集工程丛书

中国科学院院士传记丛书

经纬乾坤

叶叔华传

宁晓玉◎著

年 东广州

1945 年 考入中山大学数学天文系

1951 年 进入上海徐家汇观象台工作

1973 年 提出在我国发展甚长基线干涉技术

1980 年 当选中国科学院院士

1981 年 担任上海天文台台长

1996 年 当选首届 APSG 主席

老科学家学术成长资料采集工程

中国科学院院士传记 丛书

经纬乾坤

叶叔华传

宁晓玉◎著

中国科学技术出版社

上海交通大学出版社

图书在版编目（CIP）数据

经纬乾坤：叶叔华传／宁晓玉著．—北京：中国科学技术出版社，2017.6

（老科学家学术成长资料采集工程丛书．中国科学院院士传记丛书）

ISBN 978-7-5046-7526-2

Ⅰ.①经… Ⅱ.①宁… Ⅲ.①叶叔华－传记 Ⅳ.①K826.14

中国版本图书馆 CIP 数据核字（2017）第 112888 号

责任编辑	李双北
责任校对	凌红霞
责任印制	马宇晨
版式设计	中文天地

出　　版	中国科学技术出版社　上海交通大学出版社
发　　行	中国科学技术出版社发行部
地　　址	北京市海淀区中关村南大街 16 号
邮　　编	100081
发行电话	010-62173865
传　　真	010-62173081
网　　址	http：//www.cspbooks.com.cn

开　　本	787mm × 1092mm　1/16
字　　数	230 千字
印　　张	15
彩　　插	2
版　　次	2018 年 5 月第 1 版
印　　次	2018 年 5 月第 1 次印刷
印　　刷	北京华联印刷有限公司
书　　号	ISBN 978-7-5046-7526-2 / K · 233
定　　价	65.00 元

老科学家学术成长资料采集工程
领导小组专家委员会

老科学家学术成长资料采集工程
丛书组织机构

老科学家学术成长资料采集工程简介

老科学家学术成长资料采集工程（以下简称“采集工程”）是根据国务院领导同志的指示精神，由国家科教领导小组于2010年正式启动，中国科协牵头，联合中组部、教育部、科技部、工信部、财政部、文化部、国资委、解放军总政治部、中国科学院、中国工程院、国家自然科学基金委员会等11部委共同实施的一项抢救性工程，旨在通过实物采集、口述访谈、录音录像等方法，把反映老科学家学术成长历程的关键事件、重要节点、师承关系等各方面的资料保存下来，为深入研究科技人才成长规律，宣传优秀科技人物提供第一手资料和原始素材。

采集工程是一项开创性工作。为确保采集工作规范科学，启动之初即成立了由中国科协主要领导任组长、12个部委分管领导任成员的领导小组，负责采集工程的宏观指导和重要政策措施制定，同时成立领导小组专家委员会负责采集原则确定、采集名单审定和学术咨询，委托科学史学者承担学术指导与组织工作，建立专门的馆藏基地确保采集资料的永久性收藏和提供使用，并研究制定了《采集工作流程》《采集工作规范》等一系列基础文件，作为采集人员的工作指南。截至2016年6月，已启动400多位老科学家的学术成长资料采集工作，获得手稿、书信等实物原件资料73968件，数字化资料178326件，视频资料4037小时，音频资料4963小时，具有重要的史料价值。

采集工程的成果目前主要有三种体现形式，一是建设“中国科学家博物馆网络版”，提供学术研究和弘扬科学精神、宣传科学家之用；二是编辑制作科学家专题资料片系列，以视频形式播出；三是研究撰写客观反映老科学家学术成长经历的研究报告，以学术传记的形式，与中国科学院、中国工程院联合出版。随着采集工程的不断拓展和深入，将有更多形式的采集成果问世，为社会公众了解老科学家的感人事迹，探索科技人才成长规律，研究中国科技事业的发展历程提供客观翔实的史料支撑。

总序一

中国科学技术协会主席　韩启德

老科学家是共和国建设的重要参与者，也是新中国科技发展历史的亲历者和见证者，他们的学术成长历程生动反映了近现代中国科技事业与科技教育的进展，本身就是新中国科技发展历史的重要组成部分。针对近年来老科学家相继辞世、学术成长资料大量散失的突出问题，中国科协于2009年向国务院提出抢救老科学家学术成长资料的建议，受到国务院领导同志的高度重视和充分肯定，并明确责成中国科协牵头，联合相关部门共同组织实施。根据国务院批复的《老科学家学术成长资料采集工程实施方案》，中国科协联合中组部、教育部、科技部、工业和信息化部、财政部、文化部、国资委、解放军总政治部、中国科学院、中国工程院、国家自然科学基金委员会等11部委共同组成领导小组，从2010年开始组织实施老科学家学术成长资料采集工程。

老科学家学术成长资料采集是一项系统工程，通过文献与口述资料的搜集和整理、录音录像、实物采集等形式，把反映老科学家求学历程、师承关系、科研活动、学术成就等学术成长中关键节点和重要事件的口述资料、实物资料和音像资料完整系统地保存下来，对于充实新中国科技发展的历史文献，理清我国科技界学术传承脉络，探索我国科技发展规律和科技人才成长规律，弘扬我国科技工作者求真务实、无私奉献的精神，在全社会营造爱科学、学科学、用科学的良好氛围，是一件很有意义的事情。采集工程把重点放在年龄在 80 岁以上、学术成长经历丰富的两院院士，以及虽然不是两院院士、但在我国科技事业发展中作出突出贡献的老科技工作者，充分体现了党和国家对老科学家的关心和爱护。

自 2010 年启动实施以来，采集工程以对历史负责、对国家负责、对科技事业负责的精神，开展了一系列工作，获得大量反映老科学家学术成长历程的文字资料、实物资料和音视频资料，其中有一些资料具有很高的史料价值和学术价值，弥足珍贵。

以传记丛书的形式把采集工程的成果展现给社会公众，是采集工程的目标之一，也是社会各界的共同期待。在我看来，这些传记丛书大都是在充分挖掘档案和书信等各种文献资料、与口述访谈相互印证校核、严密考证的基础之上形成的，内中还有许多很有价值的照片、手稿影印件等珍贵图片，基本做到了图文并茂，语言生动，既体现了历史的鲜活，又立体化地刻画了人物，较好地实现了真实性、专业性、可读性的有机统一。通过这套传记丛书，学者能够获得更加丰富扎实的文献依据，公众能够更加系统深入地了解老一辈科学家的成就、贡献、经历和品格，青少年可以更真实地了解科学家、了解科技活动，进而充分激发对科学家职业的浓厚兴趣。

借此机会，向所有接受采集的老科学家及其亲属朋友，向参与采集工程的工作人员和单位，表示衷心感谢。真诚希望这套丛书能够得到学术界的认可和读者的喜爱，希望采集工程能够得到更广泛的关注和支持。我期待并相信，随着时间的流逝，采集工程的成果将以更加丰富多样的形式呈现给社会公众，采集工程的意义也将越来越彰显于天下。

是为序。

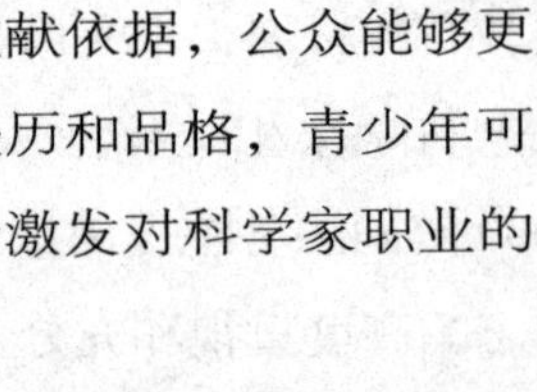

总序二

中国科学院院长　白春礼

由国家科教领导小组直接启动，中国科学技术协会和中国科学院等12个部门和单位共同组织实施的老科学家学术成长资料采集工程，是国务院交办的一项重要任务，也是中国科技界的一件大事。值此采集工程传记丛书出版之际，我向采集工程的顺利实施表示热烈祝贺，向参与采集工程的老科学家和工作人员表示衷心感谢！

按照国务院批准实施的《老科学家学术成长资料采集工程实施方案》，开展这一工作的主要目的就是要通过录音录像、实物采集等多种方式，把反映老科学家学术成长历史的重要资料保存下来，丰富新中国科技发展的历史资料，推动形成新中国的学术传统，激发科技工作者的创新热情和创造活力，在全社会营造爱科学、学科学、用科学的良好氛围。通过实施采集工程，系统搜集、整理反映这些老科学家学术成长历程的关键事件、重要节点、学术传承关系等的各类文献、实物和音视频资料，并结合不同时期的社会发展和国际相关学科领域的发展背景加以梳理和研究，不仅有利于深入了解新中国科学发展的进程特别是老科学家所在学科的发展脉络，而且有利于发现老科学家成长成才中的关键人物、关键事件、关键因素，探索和把握高层次人才培养规律和创新人才成长规律，更有利于理清我国科技界学术传承脉络，深入了解我国科学传统的形成过程，在全社会范围内宣传弘扬老科学家的科学思想、卓越贡献和高尚品质，推动社会主义科学文化和创新文化建设。从这个意义上说，采集工程不仅是一项文化工程，更是一项严肃认真的学术建设工作。

中国科学院是科技事业的国家队，也是凝聚和团结广大院士的大家庭。早在1955年，中国科学院选举产生了第一批学部委员，1993年国务院决定中国科学院学部委员改称中国科学院院士。半个多世纪以来，从学部委员到院士，经历了一个艰难的制度化进程，在我国科学事业发展史上书写了浓墨重彩的一笔。在目前已接受采集的老科学家中，有很大一部分即是上个世纪80、90年代当选的中国科学院学部委员、院士，其中既有学科领域的奠基人和开拓者，也有作出过重大科学成就的著名科学家，更有毕生在专门学科领域默默耕耘的一流学者。作为声誉卓著的学术带头人，他们以发展科技、服务国家、造福人民为己任，求真务实、开拓创新，为我国经济建设、社会发展、科技进步和国家安全作出了重要贡献；作为杰出的科学教育家，他们着力培养、大力提携青年人才，在弘扬科学精神、倡树科学理念方面书写了可歌可泣的光辉篇章。他们的学术成就和成长经历既是新中国科技发展的一个缩影，也是国家和社会的宝贵财富。通过采集工程为老科学家树碑立传，不仅对老科学家们的成就和贡献是一份肯定和安慰，也使我们多年的夙愿得偿！

鲁迅说过，“跨过那站着的前人”。过去的辉煌历史是老一辈科学家铸就的，新的历史篇章需要我们来谱写。衷心希望广大科技工作者能够通过“采集工程”的这套老科学家传记丛书和院士丛书等类似著作，深入具体地了解和学习老一辈科学家学术成长历程中的感人事迹和优秀品质；继承和弘扬老一辈科学家求真务实、勇于创新的科学精神，不畏艰险、勇攀高峰的探索精神，团结协作、淡泊名利的团队精神，报效祖国、服务社会的奉献精神，在推动科技发展和创新型国家建设的广阔道路上取得更辉煌的成绩。

总序三

中国工程院院长　周　济

由中国科协联合相关部门共同组织实施的老科学家学术成长资料采集工程，是一项经国务院批准开展的弘扬老一辈科技专家崇高精神、加强科学道德建设的重要工作，也是我国科技界的共同责任。中国工程院作为采集工程领导小组的成员单位，能够直接参与此项工作，深感责任重大、意义非凡。

在新的历史时期，科学技术作为第一生产力，已经日益成为经济社会发展的主要驱动力。科技工作者作为先进生产力的开拓者和先进文化的传播者，在推动科学技术进步和科技事业发展方面发挥着关键的决定的作用。

新中国成立以来，特别是改革开放30多年来，我们国家的工程科技取得了伟大的历史性成就，为祖国的现代化事业作出了巨大的历史性贡献。两弹一星、三峡工程、高速铁路、载人航天、杂交水稻、载人深潜、超级计算机……一项项重大工程为社会主义事业的蓬勃发展和祖国富强书写了浓墨重彩的篇章。

这些伟大的重大工程成就，凝聚和倾注了以钱学森、朱光亚、周光召、侯祥麟、袁隆平等为代表的一代又一代科技专家们的心血和智慧。他们克服重重困难，攻克无数技术难关，潜心开展科技研究，致力推动创新发展，为实现我国工程科技水平大幅提升和国家综合实力显著增强作出了杰出贡献。他们热爱祖国，忠于人民，自觉把个人事业融入到国家建设大局之中，为实现国家富强而不断奋斗；他们求真务实，勇于创新，用科技为中华民族的伟大复兴铸就了辉煌；他们治学严谨，鞠躬尽瘁，具有崇高的科学精神和科学道德，是我们后代学习的楷模。科学家们的一生是一本珍贵的教科书，他们坚定的理想信念和淡泊名利的崇高品格是中华民族自强不息精神的宝贵财富，永远值得后人铭记和敬仰。

通过实施采集工程，把反映老科学家学术成长经历的重要文字资料、实物资料和音像资料保存下来，把他们卓越的技术成就和可贵的精神品质记录下来，并编辑出版他们的学术传记，对于进一步宣传他们为我国科技发展和民族进步作出的不朽功勋，引导青年科技工作者学习继承他们的可贵精神和优秀品质，不断攀登世界科技高峰，推动在全社会弘扬科学精神，营造爱科学、讲科学、学科学、用科学的良好氛围，无疑有着十分重要的意义。

中国工程院是我国工程科技界的最高荣誉性、咨询性学术机构，集中了一大批成就卓著、德高望重的老科技专家。以各种形式把他们的学术成长经历留存下来，为后人提供启迪，为社会提供借鉴，为共和国的科技发展留下一份珍贵资料。这是我们的愿望和责任，也是科技界和全社会的共同期待。

周济

叶叔华（摄于八十岁寿辰）

采集小组成员在武汉采访许厚泽院士
（2011 年 11 月 30 日）

采集小组成员在中国科学院档案馆查阅有关叶叔华院士的档案资料

序

上海天文台同仁见示《经纬乾坤：叶叔华传》一书，嘱作序。

此书出版，值叔华同志九十华诞。书中所及叶叔华工作事迹，铺叙得当，涵盖齐全，可以看作一本我国天文地球动力学的奠基史。我与叔华同志同舟过从超过了六十年，抚今思昔，所感良多。只是自度老迈，深恐言繁而意不达，乃就素日濡染之尤深者一二事，平叙所以兴感之由，以应所嘱，且致贺忱。

九十年一览，叶叔华的工作风格可以概括为“自强不息”四个字。

书中第三章说到，叶叔华 20 世纪 70 年代上叶获悉 VLBI（甚长基线干涉仪）应用于时间测量时的反应。那时，我国还处在“文化大革命”时期。不过，上海天文台主持的我国综合世界时的精确度仍然位列国际前茅。这在当时那种既混乱又封闭的环境中做到，是很不容易的。而更不容易的是叶叔华越过了这些。她怀着深忧审视外方世界的进展，结果获得了 VLBI 的信息，慨然自勉。在那些年月里，叶叔华可谓是身居“陋室”，志在千里！

直到 20 世纪 80 年代后期，地球自转周期一直被用作时间计量的基本标准。由于恒星（以及其他更遥远的天体）的周日运行反映了地球的自转运动，天文学家们很早就据以发展了以记录恒星运行方位为基础的经典测时方法，并组织了全球性合作的综合世界时系统的研究。

然而，从自然界中寻求时间计量基准，地球自转周期并非上选。地球是一个平稳演化中的行星，从表层到内部，不同规模、不同性质的活动的作用会结合或叠加在地球自转运动的大背景上。于是，当地球自转测量的精确度足够高时，这些对于地学研究意义重大的各种活动便会被发现，成为天文地球动力学研究的新课题。

20世纪60年代VLBI的出现，给天文地球动力学研究带来了新的期待。

VLBI的原理为：在两个基点上各自设置一台射电望远镜，连成一体进行观测。两基点之间的连线称为基线。干涉仪的基线越长，观测的分辨率就越高。VLBI采取了两项措施使得两个基点射电望远镜之间不用传输线连接便能完成干涉运作，从而可以把基线做到“甚长”以获得“甚高”的分辨率。这两项措施是：①各个射电望远镜配备一台高度稳定和精确的氢原子钟，用以控制本地振荡器的频率；②各个射电望远镜收到的天体辐射经混频后，其中频信号由高存储量器件录下送处理中心统一处理。

VLBI是普适性的天文观测设备。通过不同的天线布局和相应的后端处理而获取的信息，可以用于天体物理学、天体测量学及包括天文地球动力学在内的“天地交叉”研究和其他实用课题研究。我们这里谈到的天文地球动力学就是其中重要的一项。

VLBI两天线对一个天体跟踪观测所获的基本信息，是被测天体的辐射波先后到达基线两端基点时的“时间差”。“时间差”的测定值和变化值中包含了由地球自转导致的成分和由地学其他活动导致的成分。据此可以有针对性地设置由若干射电望远镜组成的多基线VLBI网，进行地壳板块运动和形变、地球不同圈层的相互影响等天文地球动力学的研究。

这是一项任重道远的课题，立足于高新技术的应用和跟进。当“文化大革命”结束，叶叔华VLBI之念得以启步实施之际，首先面临的是崎岖的技术之路。那时，VLBI所需的25米射电望远镜在我国是尚无前例的“大型设备”，需要寻求工业支撑；复杂的接收机系统要组织各种“攻坚”；一些高技术，包括氢原子钟，则需要引进等。尽管这样，叶叔华和她的团队还是开始了积跬步以致千里的行程。

书中有关章节详细记述了我国这项重大天文学设施的建设历程：① 1987 年，上海 VLBI 站落成，完成了各项研制和技术工程建设，开始国际合作观测；② 1994 年，乌鲁木齐 VLBI 站落成，开始两站联合工作；③ 2007 年，完成以上海台为中心的四个站“嫦娥探月”的轨道监测任务。这项监测是 VLBI 技术的非常规性应用，足以检验团队对于技术得心应手的程度。

这些艰苦奋斗的年月里，叶叔华还为中国参与天文地球动力学的国际合作做了很多的实事。合作是在同一技术平台上进行的。对比启步之初技术欠缺的艰辛，不禁令人油然兴感。鲁迅曾经赞赏“第一个敢吃螃蟹的人”，叶叔华就是这样的人。不过她那时不止是要“吃螃蟹”，还要“降龙”和“伏虎”。

VLBI 技术龙腾虎跃之势有增无已。瞻望明天，将会有一张跨洋过洲、疏而不漏的 VLBI 之网昼夜不息地监测和分析地球表层的细微变化的信息。网内是茫茫宇宙中我们迄今所知唯一的繁衍着高级生命的场地。

明天的科研将有如一首国际科学大合奏，其中必有中国团队的乐章，由叶叔华领奏。

王绶琯

2017 年 4 月

[illegible]

[illegible]1987年[illegible]VLBI[illegible]

[illegible]

[illegible]2007年[illegible]“嫦娥探月”[illegible]

[illegible]VLBI技术[illegible]

[illegible]

[illegible]

VLBI技术[illegible]

[illegible]VLBI[illegible]

[illegible]

[illegible]

[illegible]

[illegible]年[illegible]月

目录

图片目录

导言

传主简介

叶叔华，天文学家，中国科学院上海天文台研究员。广东顺德人，1927 年 6 月 21 日出生于广东省广州市。1939 年进入香港德贞女子中学读初中，高中先后就读于香港培道女中、广东乐昌第三华侨中学和广东连县培英—真光联合中学，在战争年代的颠沛流离中完成了高中学业。1945 年 9 月，叶叔华考入中山大学数学天文系，一年后选择研究天文学专业。1949 年 6 月，叶叔华大学毕业后前往香港德贞女中教书。1951 年，叶叔华回到大陆，在中国科学院紫金山天文台徐家汇观象台测时组开始了她的天文生涯。1980 年，叶叔华当选为中国科学院学部委员（院士）。

在六十余年的学术生涯中，叶叔华主持建立和发展了我国综合世界时系统并长期保持国际先进水平，为国民经济和国防建设做出了重大贡献。她负责建立了我国甚长基线干涉仪（very long baseline interferometer，VLBI）网，这个观测网无论是在天文地球动力学研究方面，还是在 90 年代末开始的“探月工程”方面，都发挥了极其重要的作用。

叶叔华是我国天文地球动力学研究的奠基人之一，是国家攀登计划“现代地壳运动和地球动力学研究”的首席科学家，在她不懈的努力和推动下，亚太空间地球动力学（APSG）国际合作计划得以施行。叶叔华还是一位不可多得的领导干部，在她主政上海天文台期间，上海天文台不仅完成了新老观测仪器的更新换代，还在学科方向的调整、实验室的建设和人才队伍的建设上取得了重要进展，为天文台的改革与发展奠定了基础。叶叔华历任全国人大常委会委员、全国政协委员、上海市科协副主席、上海市人大常委会副主任、上海市科协主席和中国科协副主席，为国家发展和法制建设积极建言献策，为我国的科技繁荣做出了贡献。

叶叔华一贯强调国际合作的重要性，从70年代末到80年代初，为了发展中国的VLBI技术和激光测距技术，她曾经对美国进行了考察和调研；为了发展中国的天文地球动力学研究，她率团访问法国的相关单位；为了恢复中国在国际天文学联合会的合法席位，她作为代表之一参与谈判。在她的多方努力下，上海天文台与美国宇航局等多国研究所建立了广泛的合作关系。叶叔华在国际学术组织中多有任职，1985年她被选为英国皇家天文学会外籍会员，还在IAU组织的多个专业委员会中担任职务。1988—1994年间，她连任第20届和第21届国际天文学联合会（IAU）执委会副主席。

采集工作

根据中国科协的部署和要求，叶叔华院士学术成长资料采集工程项目于2011年4月正式启动，采集工作主要由中国科学院上海天文台承担，上海科荧多媒体发展有限公司在访谈、声像资料的编辑和项目协调等方面予以配合。

访谈

采集工作初期以访谈和资料搜集为主。第一次访谈由叶叔华院士的学生黄珹研究员对叶先生进行了一次深度访谈。在这次访谈中，叶院士回忆了从童年家庭到早期求学的经历，谈到在上海天文台参加工作，及做过的对天文学有重要影响的推动工作。之后的访谈围绕叶叔华院士从事的时间服务工作、地球自转研究、天文地球动力学研究展开，采集小组重点采访了武汉中国科学院测量与地球物理研究所的许厚泽院士、韩天芑研究员、易照华研究员和罗时芳研究员，他们从不同角度讲述了和叶叔华院士合作的感受以及工作中的种种经历。同时，采集小组也获得了一些珍贵的老照片。叶叔华在上海天文台的老同事、朋友和下属是访谈的重点对象。小组采访了朱能鸿院士，他回忆了叶院士在担任台长期间对 1.56 米望远镜的倾力支持；钱志瀚研究员从 1976 年来上海天文台就在射电天文研究室工作，他详细讲述了叶叔华推动 VLBI 技术在中国的发展以及 VLBI 技术的建立过程；洪晓瑜研究员重点讲述了叶院士对 VLBI 技术发展和 65 米射电望远镜的立项和建设所做的重要工作，VLBI 技术在国家的"探月工程"中所发挥的重要作用。中科院南京天文光学技术研究所崔向群院士回忆了叶叔华对中国天文学会及中国的大望远镜、南极天文台等重大天文项目所做的重要推动工作。与美国的国际同行，尤其是美国航天局（NASA）建立联系是上海天文台最重要的国际合作，在这个方面，采集小组专门访谈了叶叔华的三位海外好友。此外，课题小组还采访了中国科学院上海材料所的张文琴女士，她回忆叶叔华任上海市政协副主席时的故事。

这些访谈的内容涉及叶叔华工作经历、学术交往中的关键人物、重大事件等，通过访谈挖掘到了叶叔华学术成长经历的很多细节，重点厘清了已有文献材料中未记录、记录不详以及有出入的地方。采集小组共完成七批访谈，累计采访人物 19 位，访谈时长共计 773 分钟。

资料采集

文本资料的收集开始于 2011 年 7 月，历时两个月。9 月完成目录的编制，学术资料采集按照规定的目录格式整理。这里需要重点说明的是，叶叔华院士早年的求学经历在她的人事档案中付之阙如。为此，采集小组专门赴广州真光—培英中学进行实地调研，收集到了宝贵的第一手资料。在中山大学和广东省档案馆，采集小组采集到了叶院士在中山大学求学期间唯一的资料——入学学籍表和注册信息表。叶院士和家人也给予了采集小组最大可能的帮助和配合，专门寻找和整理出二百多张老照片。

在多方的帮助和努力下，迄今为止，采集小组采集到的电子文档共计 1908 份，涉及 15 小类。其中，口述文字资料 19 件，传记 13 件，信件 452 件（去信 334 件，其中原件 1 件），手稿 18 件（其中原件 1 件），学术著作 9 件（其中原件 7 件），学术论文 30 件（其中原件 9 件），新闻报道 61 件（其中原件 5 件），学术评价 7 件，音频 19 件，视频 28 件，档案 662 件，电子照片 517 件，纸质照片 195 件，证书 58 件，其他 18 件。上述资料已于 2012 年 10 月 23 日移交至馆藏基地。

年表的编制和研究报告的撰写

2011 年 6 月，采集小组开始编制叶叔华院士年表，年表涵盖的时段从 1927—2012 年共计 85 年，内容包括她的家世背景、受教育的过程、学术经历和相关的重大学术事件，年表编制历时五个多月，2012 年 3 月通过了叶叔华院士审定和认可。

《叶叔华院士学术成长资料采集工程研究报告》（以下简称《研究报告》）的撰写开始于 2011 年 9 月，通过对叶叔华院士的学术思想、学术成长经历资料进行系统的采集和整理，进一步分析研究和探讨了她的思想成就的渊源和影响，从而讲述她对我国天文学发展所做出的努力和贡献，并提炼出她学术成长和学术成就的发展特点与特色。《研究报告》以时间为主线，讲述叶叔华院士从出生、求学、工作，到取得重要学术成就，获得一系列荣誉。

研究思路与写作框架

"叶叔华院士学术成长资料采集工程"与本传记的写作是前后两个相对独立的课题，前者由上海天文台党委书记亲自领导的课题组承担，完成了上面提到的访谈工作、资料采集和研究报告的撰写，并且于 2015 年顺利结题。后者于 2014 年 6 月立项，由笔者负责整部传记和学术年谱的撰写工作。

2014 年 11 月 24 日，笔者第一次对叶叔华院士进行了四个多小时访谈。虽然事前也郑重其事地拟定了访谈大纲，但是实际的访谈却是在一种自由自在、散漫不羁的氛围中进行的，笔者完全变成了一个怀着极大兴趣专心致志的听众。叶院士谈到了早年的家世、童年成长的环境、教会学校的教育；谈到了她在中山大学的学习、恋爱；她选择天文学专业的原因以及她在徐家汇观象台早期的工作；谈到了她为什么会在什么条件都不具备的情况下坚持发展 VLBI 技术，她的天文地球动力学思想是怎样萌芽的……这次访谈为本书的编写提供了整体思路和框架。

在本传记的编写过程中，最重要的资料来自于金文敬和杨玉德两位同事为她写的几篇学术小传①。作为多年的同行和同事、战友与朋友，两位研究员不仅熟悉叶院士工作的方方面面，理解其价值和意义，对叶院士为之付出的努力和艰辛也比他人了解的更深切。几篇传记提纲挈领地概括了叶院士一生所做的重要工作，并给予了恰当的评价，再加上他们准确、简洁、清晰的文风，使这几篇文章成为本传记主要的参考文献，其作用犹如“定盘星”，而这往往是科学家传记中最为困难的地方。

当然一部科学家的学术传记，不能只靠叙述其工作、生活的细节来填满，更重要的还是要弄清楚其研究工作的创造性和内在价值，如叶叔华早年从事时间信号精度以及世界时系统的建立，如果只做过程的叙述，甚至把当时国家的需要、苏联专家的援助、中国专家自己的努力方方面面描述的再清楚，仍然不能解决为什么中国在测时台站那样少的情况下，能够建立世界时系统，而且最后的稳定度能够达到世界先进水平这个问题。再有，天文地球动力学思想，如果仅仅描述叶叔华院士在这些方面所做过的课题，推动和组织完成的国内和国际的计划，推动和建立中国空间观测技术等，似乎不足以反映一门成熟的学科体系的形成过程。这些应该是这部学术传记需要解决的问题和所要达到的目标。

---

① 此处之所以称之为小传，只是因为其篇幅短小。金文敬撰写的“叶叔华”分别见于：中国科学技术协会编:《中国科学技术专家传略 · 理学编 · 天文卷 1》。北京：中国科学技术出版社，2005 年，第 240–251 页。叶叔华主编:《20 世纪中国知名科学家学术成就概览 · 天文学卷》第一分册。北京：科学出版社，2014 年，第 357–370 页。杨玉德撰写的“叶叔华”见：卢嘉锡主编:《中国现代科学家传记 · 第五集》。北京：科学出版社，1994 年，第 294–300 页。杨玉德：我国当代女天文学家——叶叔华。《天文爱好者》，1989 年第 4 期，第 2–3 页。

第一章
从上帝到科学

1997年叶叔华院士七十岁大寿之际，她的同事兼好友王绶琯院士挥毫为她写了贺诗《寿叶叔华同志七十》：

> 中华女十杰，天地一长虹。
> 画虎皆成虎，好龙能驭龙。
> 张网极毫忽，创业贯穷通。
> 稀古重开步，同舟竞雨风。①

作为早年与叶叔华院士同舟共济、为提高中国授时精度而努力奋斗过的同事，后来又成为在不同天文学领域内驰骋的同行，王绶琯与叶叔华两位院士保持了超过一个甲子的友情。他们之间的理解与惺惺相惜，一般人岂可尽知。这首《寿叶叔华同志七十》提到了叶叔华院士的两项最主要的天文学成就："张网"指她推动建立的中国VLBI网，"创业"指她创立的天文地球动力学这门新学科。诗中用了两个典故：一是东汉马援告诫侄子不可勉强为难为之事，二是中国家喻户晓的叶公好龙的故事。天文学是一门

① 王绶琯：《塔里窥天——王绶琯院士诗文自选集》。西安：陕西人民出版社，2006年，第281页。

观测的科学，宇宙中发生的现象观测不到，深入的研究就无从谈起；拿不到第一手的天文观测资料，就做不出一流的研究成果。然而，要建造能够观测到更多宇宙现象的大型天文望远镜既耗资巨大，又无关乎国计民生，这对 20 世纪积贫积弱的中国来说几乎是不可能的事情。如果把叶叔华所做的事情放在近代中国天文学发展的进程中来看，无不是在为难为之事，是在做一种常人难以企及的事情。

为了使中国天文学赶上世界发展的步伐，叶叔华首推建立起来的中国 VLBI 测量网，跨越上海、乌鲁木齐、昆明和北京等城市，彼此相距数千千米，形成了巨大的高精度测量控制网。在天文地球动力学领域内，它的测量精度达到亚厘米、毫米级，测量地球自转变化的时间分辨率达到了毫秒级。更令人赞叹的是，在中国的首次“绕月探测工程”中，上海天文台的 VLBI 分系统肩负着“嫦娥一号”卫星的测轨、定轨任务，出色地完成了卫星调相轨道段、地月轨道段和月球捕获轨道段的测轨任务，为安全可靠地把“嫦娥一号”卫星送入预定环月轨道做出了重要的贡献。

叶叔华早年从事时间工作，为了提高中国的授时精度和建立独立自主的世界时系统而奋战。世界时以地球自转为基础，因此她的研究也围绕着地球的运动，研究地球自转变化、经纬度的变化、地球动力学等，取得了卓越的成就。70 年代初期，天文地球动力学的思想在她胸中酝酿而成，90 年代她推动和主持了国家攀登计划“现代地壳运动和地球动力学研究”，并把这个项目推广到了亚太地区，最终成为亚太空间地球动力学国际计划（简称“APSG 计划”），这是当时为数不多的以我国为主导的国际合作研究项目之一。

更加难能可贵的是，叶叔华院士还是颇具才干的行政领导人，除了担任过上海天文台台长、国际天文学联合会副主席等学术领导职务之外，她还担任过全国政协委员、全国人大常委、上海市政协副主席、上海市人大副主任、中国科协副主席、上海市科协主席等职务。1983 年 11 月 23 日，叶叔华以中国科学院学部委员、上海市政协委员会副主席的身份，随同国家领导人出访日本。她以一位知识分子的社会责任感，为国家的发展积极建言献策，为上海市科学技术的发展贡献力量。

叶叔华院士一生获多项殊荣：1984年获国家有突出贡献的中青年专家称号；1995年获“中国十大杰出女性”称号；曾被多次评为上海市“三八红旗手”；1996年被评为上海市侨界十杰之一；1997年获得何梁何利基金科学与技术进步奖；2005年获“1995—2005上海最有影响女性人物”称号；2006年俄罗斯科学院应用天文研究所授予她杰出贡献金质奖章；2008年获“嫦娥一号卫星任务VLBI测轨分系统突出贡献者”称号；2009年入选上海市“光荣与力量——2009‘走近他们’年度十大人物”，同年还获得“中国时间频率事业发展突出贡献人物”奖……

在大学读书期间，叶叔华因为“天文学是浪漫的”而选择了这门专业，七十年的岁月匆匆而过，如今九十岁的叶叔华在接受记者采访的时候仍然说“用浪漫承载梦想”。在她的心目中，“浪漫的天文学”历程究竟怎样走过，“浪漫”一词究竟有何深刻含义以及蕴含了叶叔华多少情感，恐怕很难描述清楚。1994年，国际小行星中心将我国紫金山天文台发现的国际编号为3241号的小行星，正式批准命名为“叶叔华星”。德国哲学家康德有句名言，“有两种东西，我对它们的思考越是深沉和持久，它们在我心灵中唤起的惊奇和敬畏就会日新月异，不断增长，这就是我头上的星空和心中的道德定律。”因凝望星空而与星空同在，因凝望星空而唤起心灵的“惊奇和敬畏”，这也许能够部分诠释叶叔华心目中的“浪漫”吧。

温暖开明的大家庭

1927年6月21日，叶叔华出生在广东省广州市一个基督教牧师家庭之中，在叶家六个儿女中排名第三，按“伯仲叔季”排名，因此父亲给她取名叶叔华。广东自明朝中期以来就作为中国与世界保持接触的窗口之一，因为与西方文化较早接触，民众的生活与思想比较开化，放足、剪辫、穿西服、戴洋帽的风潮最先从广东兴起，文明结婚的新婚俗也是从广州等几个沿海开放城市最先开始。再次是女性地位提高，广州女性是最早争取政治权利的亚洲女性，而且普遍接受学校教育。最后，广州人所具有的冒险和创造精神，在近代形成了一种新的价值观念和社会风气——革命。从历史的角度来看，近代广州的很多新时尚都成了后代所共同遵守的惯例。从共时的角度来看，近代广州的时尚对全省甚至全国都起了一个示范作用①。叶叔华就是在这样一个西方与东方交汇、近代与传统共存的城市环境中出生和成长，她的性格之中也有着地域特征的烙印，这在她以后的生活与工作中表现得尤为突出。

叶家祖籍广东顺德，祖父曾在安南（现在越南和柬埔寨一带）一边经营木材生意，一边行医。父亲叶润生出生在柬埔寨，生性开朗。生母去世后，叶润生回到家乡顺德，在大祖母的安排下当了木匠学徒。他不愿一生做木匠，于是离开了顺德的家庭，存身于广州的一家基督教孤儿院，他在那里生活、读书。叶润生从广州协和神学院毕业后，就在当地光孝礼拜堂担任牧师。叶叔华的母亲蔡瑞贤是丝厂工人，粗通文墨，性格温良贤惠，持家有方，与叶润生共同维持着子女众多、家境清贫的生活。叶叔华出生在父亲工作的教堂，一家人住在教堂顶部的一间阁楼里。在年幼的叶叔华眼里，教堂的阁楼高大宽敞，是她玩耍的好地方。小时候家里穷，叶叔华穿的都是哥哥姐姐穿过的旧衣服。在叶叔华六七岁的时候，叶润生前往广州郊外的人和墟继续教会的工作，除了大哥和二姐留在广州读中学以外，全家随父亲搬到那里，孩子们在人和农村服务社里开始上小学。他们住在一个教会所属的带花园的小洋房里，周围种满了龙眼树和木瓜树。在人和墟，叶润生是少有的识文断字且具有新思想的读书人，他时不时搞搞小话剧宣传新思想，叶叔华还记得父亲扮成赤脚农民，在台上挑担的样子。

尽管子女众多，家境困难，叶润生尽可能维持着安宁和睦、民主宽松的家庭气氛，也给自己的孩子，无论男女以平等的教育机会，由此家庭气氛熏陶出来的叶家儿女能吃苦、有韧性、落落大方，同时又知书达理。大儿子叶伯陶因为聪明勤奋而深受父亲的器重，一直在广州培英中学寄宿念书。二姐正在广州协和女中寄宿上学。1937 年年底，受抗战影响，他们随

① 杨秋：《变革时期的生活：近代广州风尚习俗研究》。广州：暨南大学出版社，2013 年，第 10 页。

学校逃到香港。回到父母身边，1939 年，大哥高中毕业旋即考取浙江大学。抗战期间，浙江大学被迫西迁贵州，叶伯陶也追随着学校从云南到贵州，于 1943 年顺利毕业。叶伯陶后辗转于四川、广西等地谋求职业，但仍然手不释卷，在四川的时候，甚至因为读书被苛刻的老板关在了天台上。抗战结束后，叶伯陶回到上海，在一家公司工作了两三年，1948 年他辞掉了待遇优厚的工作，靠自己的一点积蓄出国留学，进入美国普渡大学继续学习。半工半读的留学生活辛苦异常，叶伯陶干过伐木工人的活，也给美国家庭打扫过卫生。博士毕业后，叶伯陶留在母校任职，1972 年回国探亲。叶叔华回忆道，她们一家和大哥叶伯陶自 1948 年分开到 1977 年再次团聚，其间有将近 30 年没有见过，她甚至都觉得见面会认不出来，可是一看到大哥走路的姿势跟四弟弟一模一样，无需再详细地辨认，她就知道是大哥回来了。

叶叔华的三个弟弟中，五弟叶叔文考上了南京医学院（迁到山东后改名为白求恩医学院），毕业后分配到保定。他医术高超，工作极端认真，曾经几度晕倒在手术台上。在三年困难时期，叶叔文遭到了不公正的待遇，一家三口被派到了乡下，更是什么吃的都没有，只有去啃玉米芯，全家人包括未成年的孩子都饿得全身浮肿。1962 年叶润生生日，叶叔文得到院长的允许返回香港为父亲祝寿，自此再没有回到大陆来。叶叔文最先在当地行医，几年后申请去了美国，成了芝加哥有名的医生。叶叔华的四弟弟叶仲仁是北京一机部精密机械研究所的高级工程师，六弟叶季平是北京民用建筑设计院工程师。六个子女中，除了二姐叶仲华没有上大学外，其余的孩子都学业有成，这与叶润生重视孩子们的教育有很大的关系。

少女叶叔华

叶叔华在家中排行老三。叶叔华自小喜欢读书。父母工作忙，没有时间管她、教她，叶叔华就自己翻看一些看图识字类的书，慢慢学会了认字，

图 1-1 中学时代的叶叔华

能够看懂一些简单的书。父亲有一个不大的书柜，上层放一些宗教书籍，下层多是小说类的书籍，以中国古典小说居多，有《三国演义》《东周列国志》《西游记》等。叶叔华最喜欢做的事情就是翻看父亲书柜里的书，她脑瓜聪明、记忆超群，能够过目成诵，并且口齿伶俐地讲述出来，因此她深得家人的疼爱。有一年叶叔华祖父过生日，七八岁的叶叔华当着祖父和一大堆客人的面，讲起了三国故事，她讲得绘声绘色、像模像样，逗得祖父连声夸赞，说这个女孩子将来一定有出息。

年幼的叶叔华喜欢看《三国》,《三国》里诸多人物的英雄气概也影响了叶叔华。领导上海天文台走出困境，以一己之力推动国际合作，百折不挠地争取在中国建设甚长基线干涉网……这些事情没有些英雄气概是做不成的。

在人和墟没几年，因为子女众多，家计难以为继，父亲叶润生脱离了教会的工作，开始与友人合伙在香港经营加工女士手提包的小作坊。1936年 10 月，叶润生将大儿子叶伯陶和大女儿叶仲华留在广州教会学校读书，自己带着叶叔华和她的三个弟弟搬迁到了香港九龙。叶叔华在香港九龙深爱小学继续学业。9 岁的叶叔华成了家中的老大，她不但要帮母亲记账、算账，还要照顾三个小弟弟。照顾三个小男孩可不是容易的事情，叶叔华自有她的“绝招”。她读的书多，又会编故事、讲故事，每天晚上她召集三个弟弟，还吸引来邻居的小孩子，开起了家庭“书馆”。没有小孩不喜欢听故事的，因此只要叶叔华一开讲，孩子们立刻就安静下来，乖乖听她讲故事，谁要不听话，叶叔华就罚他不准听故事。这样一连讲了三四年，叶叔华不仅带大了小弟们，还练就了一副好口才。

叶叔华读书有她自己的思想和见解。父亲的书架里有当时影响最大的百科全书式期刊《东方杂志》[①]。通过阅读《东方杂志》，叶叔华知道了日本侵占东三省等事情，幼小的心灵埋下了爱国的种子。受父亲是牧师的影响，叶叔华很早就读了《圣经》。在读《旧约》的时候，叶叔华与父亲大胆讨论，她认为《旧约》不是一部宣传教义的书，而是一部以色列巴基斯坦的民族史。这让父亲更加喜欢这个聪明伶俐、思维敏捷的三女儿了。

1939 年 9 月，12 岁的叶叔华进入香港德贞女中读书。这所中学 1923 年由天主教耶稣宝血女修会创立，其办学目的是通过教育向学生宣扬基督教。这一年 12 月，叶叔华留在广州的哥哥、姐姐也因为广州即将被日寇占领回到了父母身边。姐姐进入香港一所很有名的天主教女校，由于学校是全英文教学，功课跟不上，姐姐多半的作业是叶叔华帮助完成的。姐姐的教科书发下来，叶叔华总是抢先看完，然后就可以帮助姐姐写作业。由于初中二年级有两位从广州来的学生，她们见多识广，叶叔华很想与她们同班。于是，叶叔华在初中一年级读完后就申请跳级到三年级。结果在毕业时，她的成绩是全班第一，而且与这两位同学成了一生中最好的朋友。当时，由于战火已经蔓延到全国，香港聚集了大批内地高校流亡的学生，他们有不少进入了香港的中小学去教书，因此学校的教学质量有了很大的改观。叶叔华至今都记得一位来自燕京大学生物系的老师，他讲课活泼生动，内容新颖，全然不同于教会学校生涩刻板的教学风格。生物课让叶叔华印象深刻，也是她首次接触到的自然科学。香港是英属殖民地，叶叔华的小学、初中又都是在教会学校里上，接触英语的机会早。几年下来，她的英语能力也锻炼出来了。良好的口才和英语功底，在她以后的工作中发挥了非常重要的作用。

1941 年，叶叔华初中毕业，进入香港培道女中读高中。培道女中由美国南方浸信会创建于 1888 年，以校风严格、课程要求高著名。各科老师教学质量很高，音乐老师选教很好的合唱歌曲，很受学生喜爱，叶叔华还记得当时的合唱曲。然而，因为当时日本攻占香港，她在这所学校

---

① 《东方杂志》是中国近代刊行时间最长的大型综合性期刊，由商务印书馆编辑出版。1904 年 3 月 11 日在上海创刊，1948 年 12 月停刊，梁启超、蔡元培、严复、鲁迅、陈独秀等著名思想家、作家都在该刊发表过文章，杜亚泉、胡愈之等出任过其主编。

只上了短短三个月就被迫辍学。

1941年12月25日，香港沦陷。翌年四月，叶叔华随父亲的朋友逃亡到了广东北部乐昌县，投考那里的国立第三华侨中学，从高一重新开始读。流亡中的求学生活与在父母身边上学的日子没法比，叶叔华回忆她在这所中学的艰苦生活时说道："学校没有像样的教室，只有在桃李树下用竹子搭建的房子里上课。宿舍只是几座简陋的大棚，内设上下铺，十几个学生一排排睡在铺上。每顿饭只有一份饭、一个菜，饭是装在竹篓里的红米饭，菜只是小小一碗豆子，每过十天有一次改善生活的机会，那时候碗里才能见到两片薄薄的肉片。晚上学生们穿着木屐，提着油灯去自修，自修完了回宿舍睡觉。即便生活已经如此艰苦，比起普通老百姓的生活还是强很多，因此学生们读书都很用功。"

艰苦的生活让孩子们学会了相互照顾，患难与共。一个同学生病了，其他人都会主动照料，就像家里的兄弟姐妹一样，叶叔华和她的同学们建立了深厚的友情。后来，这些同学大多留在了广州，叶叔华每次去广州出差，都不忘去探望当年的同窗好友，她也为此而骄傲："如果今天有人问我，你和老朋友有多少年的交情？我会骄傲地告诉他，我和许多朋友都有50年以上的交情。这是我人生宝贵的精神财富。"①

叶叔华在华侨中学读完了高一、高二，后来学校因为闹学潮无法正常上课，加上日寇的铁蹄也步步紧逼到了附近，整个学校被迫搬迁，叶叔华跟随父母再次迁徙到了广东西北的连县。在那里，父亲叶润生坚持让子女继续上教会学校，1944年8月，叶叔华进入了连县培英—真光联合中学继续学业。这所在战乱中由两所学校合并而成的中学不仅拥有强大的师资队伍，而且教学质量也不错。尤其是音乐教育，尽管全校只有一位音乐老师，但他却是我国音乐教育界大名鼎鼎的梁得灵②。抗战期间，梁得灵在粤北连县听到牧童吹奏笛子，他特别喜爱这种质朴的乐器，受它的启发发明了牧童笛。有人回

① 刘素媚：天高云淡好个秋——访数学天文系45级叶叔华校友。见：许东黎主编，《寻访中山大学校友的足迹1》。广州：中山大学出版社，2008年，第30-34页。

② 梁得灵（1916-　），广东连县人。自幼学习音乐，1935年从事中学音乐教育工作，中华人民共和国成立后任华南文联音乐部长、广州市音乐协会主席等职。

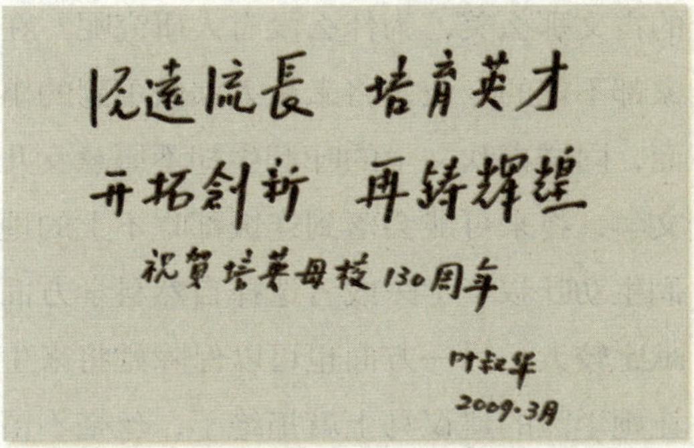

图 1–2　叶叔华祝贺培英母校的题词

忆当年梁得灵教吹奏牧童笛的场景："牧童笛音色的确不错，几支凑起，如水泉叮琮，春雨潇潇，鸟鸣翠柳，风弄竹叶。几百人一齐合奏虽无千军万马的气势，却如大河奔流，一泻千里。"叶叔华至今还保存着当年吹奏过的牧童笛，记得牧童笛吹奏出的《威廉退尔序曲》旋律是那么的美轮美奂。梁得灵还给学生们教唱中外名曲，如《阳关三叠》《黄河大合唱》《祝酒歌》和《斗牛勇士》等，当时学生们会唱的歌很多。学校每周固定时间还有音乐早会，在音乐早会里，梁得灵还给学生介绍世界名家名曲，让学生们了解莫扎特、贝多芬、舒曼、肖邦、舒伯特，欣赏圆舞曲、摇篮曲、钢琴独奏、小提琴独奏，带领他们进入瑰丽多彩、无比广阔的音乐世界[①]。特别是学校排练了著名乐曲《弥赛亚》的一部分，更使叶叔华毕生难忘。在这所学校，叶叔华除喜欢上了唱歌还喜欢上了古典音乐。音乐成了伴随叶叔华一生的爱好，在她以后的国际交往之中，音乐还成为她拉近与国际友人关系强有力的手段。叶叔华在这里读完了高三，这也是她高中三年中真正读书的时候。

理想与现实之争

1945 年，抗日战争结束，叶叔华也在颠沛流离中高中毕业，当时只有中山大学来招生。在填报志愿上，一向开明慈祥的父亲叶润生却突然变得执拗起来，父女俩发生了严重的分歧。原来，在年轻的叶叔华心里有一个浪漫的文学梦——她要选择读文学专业，而且是读古文。叶叔华觉得中国

① 梁得灵：《乐教随想：此曲只应培英有，他校能得几回闻》。2003 年，内部资料。

的古文那么美，为什么没有人研究呢？在她的远大抱负里，她就是要读人家都不读的专业，将来做人家做不到的事情，其他的都入不了她的眼。然而，同样喜欢文学的叶润生却不愿意女儿以此为业，他对女儿说，如果读文学，将来可能会落到连饭都吃不上的地步。从比较现实的角度出发，叶润生劝叶叔华学医或者选择自然科学方面的专业来读，一方面对社会的贡献比较大，另一方面也可以保障她将来生活无忧。可是叶叔华一听到父亲让她学医的建议马上就拒绝了，丝毫不留余地，理由是她有晕血症，见到血就害怕。在文学与医学之间，父女俩相持不下，报考志愿书也是几经涂改。父亲拿这个倔强的女儿没有办法，只好一次次找女儿谈话，耐心细致地做女儿的工作。在父亲的劝说下，叶叔华终于回心转意，答应父亲报考中山大学数学天文系，将来可以当老师。

志愿书填定，别的同学都开始紧张地闭门读书，准备应考，只有叶叔华气定神闲，像个没事人似的。谁都知道考试结束后到发榜之前是一段难耐、焦急等待的日子，而叶叔华却依然是一副平静自若、胸有成竹的样子。父亲叶润生却沉不住气了，着急地问叶叔华考得怎样，要不要找个人打听打听结果。叶叔华却干脆地回答父亲道：“完全不用！”考试结果出来了，叶叔华以理学院全区第一的分数考取了中山大学数学天文系。当时日本已经投降，全家也迁到了广州。尽管叶叔华上的小学和初中都是不怎么严格、教学质量也不怎么好的教会学校，高中更是在抗战的颠沛流离中度过，生活极其艰苦不说，上学也很难保持连续，但是她却以优异的成绩考上了大学，不能不说她是一位聪颖异常、禀赋极高的女孩子。另外，她读高三时，遇到两位很好的老师，分别教数学和物理，引起她对自然科学的兴趣。

中山大学数学天文系

中山大学是当时中国最好的几所大学之一。1924 年，孙中山先生在创建黄埔军校的同时，创建了培养中国新型高级人才的广东大学。1925 年，孙中山先生逝世，为了纪念这位中国民主革命的先行者，广东大学更名为中山大学。中山大学成立之初，设有文、理、工、法、农、医等7个学院，共16个系，其中数学系因为于1926年增开了天文学方面的课程，更名为数学天文系，下设数学组和天文组。

这位率先在中国大学中开设天文课程，为中国培养现代化天文人才的人物就是张云。张云，广东开平人，1920年毕业于武汉高等师范学校，后被选派到法国里昂大学学习天文，以造父变星的统计研究获得理学博士学位。1926年回国后，被聘为中山大学数学天文系教授，兼数学天文系主任，后来他还两度担任中山大学校长。除了开设天文课程，张云积极主张建设天文台，1929年中山大学天文台建成，这是我国国立大学中最早建立的供天文教学、观测和科学研究于一体的天文台。后来又随着学校搬迁到了新校区，又在新校区建立了新的观测台站，占地3公顷，1937年完工，台内有口径6厘米的子午仪、20厘米的反射望远镜、15.5厘米的折射望远镜和天文钟等现代天文观测仪器。这样的配备，在当时也是比较全面和先进的了。新台才告完成，1941年太平洋战争爆发，广州、香港沦陷在日本的铁蹄之下，中山大学被迫搬迁。四五年的辗转流离以及日军的破坏，到1945年抗战胜利，中山大学校园也已经沦为废墟，图书和仪器均损失严重。①

1945年9月，中山大学恢复了在广东的招生，数学天文系新招收的12个学生，就是在这样一片废墟中开始自己的大学生活的。这批学生中就包括了将来中国现代天文学发展主要奠定基础者之一的叶叔华。叶叔华后来回忆她入学时的中山大学的情况时说："后来上学的时候就已经到了广州，广州的中山大学已经开学了，但是学校都没有准备好，教室和桌子都没有。一开始上学的时候大家就发一个小板凳、一块图板，坐在那里上学。大概上了2个月以后才真正有了桌子。教科书也没有几本，学生只能跟着老师抄满黑板的笔记，其中大部分还是全英文的。"②

---

① 杜昇云，崔振华，苗永宽，等：《中国天文学史大系：中国古代天文学的转轨与近代天文学》。北京：中国科学技术出版社，2013年。

② 叶叔华访谈，2011年12月23日，上海。资料存于采集工程数据库。

尽管学校的条件艰苦，但是中山大学数学天文系的教学师资和质量却一点也不差：系主任张云在法国里昂大学获得天文学博士学位；在伦敦大学数学系读天文学并获得理学硕士学位的赵却民[①]；曾在法国里昂大学进修和深造过的叶述武；在日本帝国大学天文台和东京天文台进修过的邹仪新（她后来还曾赴英国格林尼治天文台及爱丁堡天体物理台深造）；还有在法国里昂大学获得博士学位，并在大学天文台担任过研究员的田渠等人。他们绝大多数都有留学和在国外天文台进修的经历，受过严格的专业训练。中山大学开设的天文学课程也比较齐备：赵却民教球面天文和蚀论，邹仪新教天体观测，容寿铿[②]教实用天文和航海天文，叶述武教天体力学，田渠教天体物理。

1947年，天文组从数学天文系分离出来单独成系，由赵却民担任天文系主任。叶叔华对这位留英归来的老师印象深刻，她回忆道："赵却民老师总是一副典型英国绅士的作派，留着小胡须，打着领结，穿着短西裤，白长袜，皮鞋。不过，在中山大学的赵老师在家里要自己挑水，于是一身西装革履的打扮却肩挑一根扁担，两头晃荡着水桶，这成了中山大学的一景。"就是这样一位洋派十足的老师，在担任系主任后，心甘情愿地放弃自己的研究工作，把全部的精力投入到学生的培养和教育上。中山大学天文系是中华人民共和国成立前中国培育天文人才的主要基地，学术研究也很有成绩，是当时天文界的一支重要力量。后来参与创建新中国天文事业的中坚力量，其中就有中山大学天文系培养的学生。

1945年，在叶叔华进入中山大学时，天文还没有从数学天文系中独立出来。一年级学生不分专业，上课除了一门普通天文学以外，其他的都是数学基础课程，到了二年级才开始分数学和天文专业，叶叔华面临着再次选择。当初放弃文学选择数学是叶叔华与父亲妥协的结果，从父亲方面来讲，是为了让女儿将来能够比较容易地找到赖以谋生的职业；从叶叔华

① 赵却民（1899–1982），湖南长沙人，天文学家。1938年毕业于英国伦敦大学天文学专业，获硕士学位，后在皇家学院进修气象学和天体物理。1941–1952年在中山大学数学天文系任教，1947年起担任天文系主任。他是中国现代天文教育的开创者之一。

② 容寿铿（1920–1970），天文学家。南京大学天文系创建人之一，为该系早期的教学、科研仪器和图书配备建设做出了贡献。

方面来讲，尽管选择了数学，其实她在学什么上还是不太确信，也不知道自己真正对什么感兴趣，将来要从事哪一方面的工作，直至听到了邹仪新[①]讲授天文学，她才对自己的兴趣有了模糊的认识。

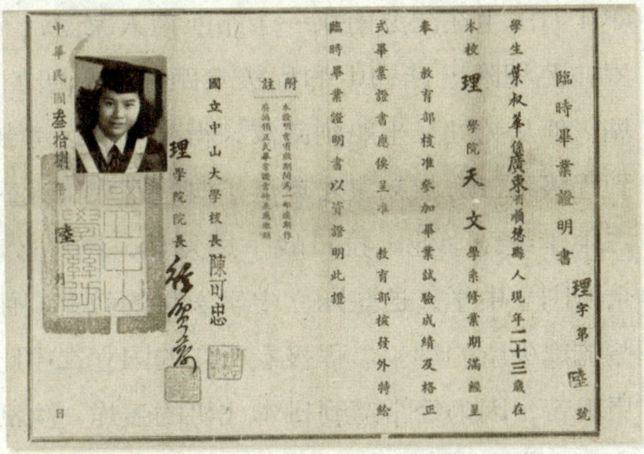

图 1–3　叶叔华中山大学毕业证书（1949 年 6 月）

叶叔华对这位邹仪新先生印象深刻。“当时有一个女老师，邹仪新先生。邹先生是一个很活跃的人，很会感染大家，她给我们讲普通天文知识，讲了几课后大家都被她吸引了，觉得天文是这么好，这么有趣的事情，于是大家都去学天文，所以我就去学了天文。”[②]

邹仪新很会讲课，她的课激情四溢，生动有趣，还带有很强的鼓动性，“能够把树上的鸟儿骗下来”。比叶叔华低一年级的席泽宗后来也回忆说：“系里有位女教授，叫邹仪新。她既能干又认真，讲课还很有鼓动性。”在她热情鼓舞下，数学天文系 1945 年招收的 12 位学生后来都学了天文，而此前和此后的天文组，一个年级才有两三个学天文的。[③] 从某种程度上来说，邹仪新激发了叶叔华对天文学的兴趣，并把她领到了将来从事天文学研究的人生起点上。

初识程极泰

在中山大学，叶叔华认识了她的人生伴侣——程极泰。程极泰于 1923

---

① 邹仪新（1977–1997），广东广州人，天体测量学家，毕业于中山大学数学天文系。

② 叶叔华访谈，2011 年 12 月 23 日，上海。资料存于采集工程数据库。

③ 席泽宗：《席泽宗口述自传》。长沙：湖南教育出版社，2011 年。

年 4 月出生在江苏南京一个布匹商人家庭，家境殷实。日本攻占南京，14 岁在芜湖附近读初中的程极泰跟随高年级的同学匆忙出逃。他们先到芜湖，他从芜湖又坐船到武汉，得到一位远房亲戚的资助，再逃到成都，找到程极泰二房叔叔家才算落了脚。在成都大病一场后，程极泰进入国立第二中学继续学业。抗日战争爆发后，国民政府教育部在大后方设立了 30 余所国立中学，这些国立中学学生的教育、住宿都由国家包，专门收容那些流离失所的学生。程极泰所在的国立二中比叶叔华所在的华侨中学条件更艰苦，因为经常遭到日本飞机的轰炸，生活难以正常，最困难的时候早上还在喝稀饭，敌机来轰炸了就躲到山里去，等天黑了才回到学校里再接着吃稀饭。

战乱中，程极泰高中毕业考到武汉大学矿冶工程系，但是他真正感兴趣的却是天文学。在武汉大学读书期间，他时常学习和研究天文方面的资料书籍，还发表了一篇专门讨论万有斥力的文章。程极泰对天文学的极大兴趣引起了曾经就读于中山大学数学天文系的李国平[①]教授的注意，他就对已经读完了大学三年级的程极泰说："你这么喜欢天文，应该转去广州读书。"因为当时全国只有中山大学有天文系。

程极泰听取了李国平教授的建议，转学到了中山大学数学天文系，从二年级读起，刚好和叶叔华同在一个年级。转到了数学天文系的程极泰如鱼得水，学生阶段就发表了几篇天文学方面的科普文章。程极泰的刻苦和才华，以及对天文学的痴心深深地吸引了叶叔华。另外，他们还有一个共同的爱好就是音乐，叶叔华在香港培道中学读书时就参加了学校合唱团，在那里得到了很好的音乐熏陶；程极泰天生一副唱男高音的好嗓子，高亢浑厚，二人性格相投，志趣相同，经常在一起共同学习，共同研究天文与数学，共同欣赏古典音乐。天文学与音乐，让叶叔华感觉到了极大的浪漫与快乐，当然这其中更多地夹杂着爱情的浪漫成分。这一切最终让叶叔华坚定了学习天文的信心，从此她和天文学事业结下了一生的不解

① 李国平（1910–1996），广东丰顺人，1933 年毕业于中山大学数学天文系，曾受到赵进义等老师的栽培。1940 年 7 月在武汉大学数学系任教，1955 年当选为中国科学院学部委员。他是我国函数论研究的主要奠基人，60 多年的教学生涯，培养和造就了众多卓有成就的人才。

之缘，犹如她与程极泰相伴终身的姻缘。

1949年6月，叶叔华和程极泰双双从中山大学天文系毕业，并很快喜结连理。刚刚踏出校门的他们还没有从对未来浪漫的憧憬中清醒，就遭遇了冰冷的现实——大学的一纸毕业证书并不能保证他们找到谋生的职业。1949年的广州，社会动荡，人心浮动，一方面是国民党的全线退败，另一方面是共产党的大军南下。广州的行政机构陷于停顿，其他机关工作也停滞下来，唯一可做的事情就是静待时局变化。在这样的情况下，还有哪个机构会考虑招收新人？叶叔华和程极泰在广州找不到工作，他们这才觉得自己谋生无策，只有转而求助香港的父亲。叶父在香港四处打听、辗转托人，最后在叶叔华曾经就读过的德贞女中为他们找了一份教书的工作。他们很快成了德贞中学的主力教员，工作稳定、待遇优厚，又和父亲叶润生住在一起，新婚生活可谓幸福安逸。

图1-4　2012年，程极泰和叶叔华在无锡的华东疗养院体检

追求科学之路

刚毕业的叶叔华和程极泰在广州找不到从事天文学研究的单位，只有回到香港的中学教书。可是安稳自足的教书生涯并不能使叶叔华和程极泰

图 1-5 叶叔华在香港（1951 年 1 月）

感到满足，他们向往的是在大学里教书或者是在天文台里研究学问的生活，尤其是程极泰，满心想的都是去紫金山天文台工作，这个愿望在 1950 年变得更加迫切。1950 年，中华人民共和国刚刚成立不久，国家各个方面百废待兴，急需大量的高级专业人才。中国科学院在建院初期只有 291 名科技人员，为了适应国家恢复经济和自身建设的需要，争取留学生回国和大量吸收中华人民共和国成立前培养的大学生就成了当务之急。海外学子们也积极响应祖国的召唤，怀着满腔热情回到了中国，准备以自己所学报效国家。

叶叔华和程极泰小两口想回到大陆报效的想法让叶润生无法阻拦，但是他也十分不舍他们在这个多事之秋离开香港，当时中国的抗美援朝战争已经开始，第三次世界大战的隐忧也屡见报端。叶叔华却对父亲说："即使有战争，我也愿意与四万万同胞同甘共苦，不愿意留在香港这个弹丸之地。"丈夫程极泰也对叶叔华说："回到中国生活可能会很苦，有可能要住着草房，穿着草鞋做学问了，你可要做好思想准备。"叶叔华毫不犹豫地回答："没问题，我中学就是在流亡中度过的，什么样的苦没有吃过。"很多年之后，叶叔华回忆当初他们是怎样做出这个决定时说："让年轻人理解我们这一代科学家，不是说几句话就能见效的，只有体会过什么是亡国奴滋味的人，才知道什么是青年科学工作者的爱国热忱，才会理解我们为什么在国内严酷的政治斗争中棒打不走，棒打不散，才会明白科学没有祖国，但科学家有祖国。"①

① 赵西苑：探索地球运动的奥秘——天文学家叶叔华。见：郭梅尼，金涛主编，《奋斗科学家的成才之路·续集一》。北京：科学普及出版社，1997 年，第 247-262 页。

叶叔华和程极泰就是在这样一股热潮中，怀着极大的爱国热情，来到中国科学院紫金山天文台，准备在那里找一份工作。然而，这次南京之行却让他们碰了个“冷钉子”——紫金山天文台的意见是只能招一个男的。这让年轻的叶叔华非常生气，她想：“我是专门学天文，又如此诚恳地来找工作，天文台有什么理由拒绝我呢？”仗着年轻气盛，心无所忌，叶叔华给时任紫金山天文台台长的张钰哲①写了一封信，陈述能够胜任天文台工作的五大理由，表明了她的“你不招收我，无论如何都是不对的”意见和态度。

现在看来，张钰哲当初拒绝叶叔华也是情有可原的：在他们来访的1950年8月，中国科学院紫金山天文台才新更名成立不到几个月，整个天文台还处在战后的恢复和调整阶段，正式的观测和研究还要等一段时间才能开展。中国科学院紫金山天文台脱胎于中华民国时期的中央研究院天文研究所，是著名天体物理学家余青松主持修建的，有子午仪室、大赤道仪室、小赤道仪室、变星仪室等建筑，装备有13.5厘米子午仪、60厘米赤道仪、20厘米目视折光镜和15厘米摄影镜组成的小赤道仪、太阳分光仪和10厘米罗氏分光仪等，当时在世界范围来看也是比较先进的天文仪器，后来从北京古观象台搬迁过去的明代浑仪、简仪、圭表等古代天文仪器也陈列在台上，让这个天文台成为东亚最好的天文台。但是，装备精良的天文台实际上还没有正式展开观测和研究工作，因为抗日战争和国内战争经历过两次大的搬迁，天文台房屋建筑损坏，仪器遗失和损毁尤为严重。据紫金山天文台的创立者之一陈遵妫先生回忆：各观测室所遗留的仪器台座还在，但全部锈毁；大赤道仪室破坏最大，圆顶上弹痕累累，转仪马达不见踪影；

图 1-6　1934 年建成的紫金山天文台

① 张钰哲（1902–1986），福建闽侯人，天文学家。1950–1984年任中国科学院紫金山天文台台长、中国天文学会理事长。1955年当选为中国科学院学部委员。

小赤道仪稍好，但也是残缺不全；大宿舍的门窗和地板全部缺毁。当时虽已装箱，但尚未运走的子午仪，始终下落不明。[①]

南京之行的失败并没有使叶叔华和程极泰灰心，1951 年 8 月，他们彻底告别香港，再次来到上海找工作。程极泰因为弟弟在复旦大学工作，因此最先在复旦数学系找到了工作，而叶叔华的工作却一时没有着落。当时上海的天文观象台有两处——徐家汇观象台和佘山观象台，是殖民地时期法国传教士建立的台站，归属于法国天主教耶稣会，1950 年 12 月被上海天文台接管，成为中国科学院紫金山天文台下属的两座观象台。当叶叔华来到上海，再次到徐家汇观象台求职之时，这个台由华东军管会、中国科学院、军委气象局三家共同组成的徐家汇及佘山天文气象管理委员会接管，实际上处于军管状态，守备森严、门墙难入，年轻的解放军端着装有刺刀的枪，在门后厉声喝问“你是谁？”，门缝一开，刺刀就伸出来。初来乍到者总要被吓一跳。接管后的徐家汇、佘山观象台的天文和授时工作归紫金山天文台管，陈遵妫[②]担任徐家汇观象台的台长，李珩担任佘山观象台台长。陈遵妫是位热心的前辈，为叶叔华的工作帮了不少忙，但是能否正式录用还需要再等。在这里还必须说明一点，新成立的中国科学院紫金山天文台，统领全国的天文台站，包括上海的徐家汇和佘山观象台、青岛观象台和云南的凤凰山观测站，张钰哲被任命为台长。因此，叶叔华到徐家汇观象台工作，仍然要得到张钰哲台长的首肯。

图 1–7 徐家汇观象台旧影

① 陈永汶:《行走天穹：中国现代天文学家陈遵妫传》。北京：华文出版社，2007 年，第 128 页。

② 陈遵妫（1901–1991），福建福州人，天文学家。日本东京高等示范学校数学系毕业，1928 年起在中央研究院天文研究所任专职研究员，1951 年任徐家汇观象台台长，1955 年主持和创建北京天文馆。

徐家汇观象台的求职没有确切消息，上海的生活又很不习惯，这让闲居在家、无事可做的叶叔华十分苦恼。叶叔华和程极泰在香港时，身边有叶父照顾提携，小两口从不为柴米油盐操心，也不知道维持一个家庭要花多少钱。在离开香港之前，他们把自己大部分的积蓄用来买天文书籍和古典音乐唱片，叶叔华还为自己做了一大堆布料和呢绒的旗袍，准备到上海穿，直至在广州上学的小弟弟提醒叶叔华："你不要再做旗袍了，大陆根本没有人再穿旗袍了。"旗袍到上海确实没有了用，他们的积蓄也花得差不多了，生活陷入了窘境。有一次，在等程极泰拿到工资的前夕，叶叔华手里的钱连给父亲寄封信都不够了，这让她感到十分沮丧和委屈，甚至想哭出来，她想不明白自己怎么会沦落到这样的境地？这一段日子是叶叔华人生中最难熬的时光之一。

1951 年 11 月 19 日，叶叔华终于如愿以偿进入徐家汇观象台上班，开始了她一生的天文之旅。也许在她踏入徐家汇观象台时，她内心依然没有改变"天文学是很浪漫的"初衷，但是随后在工作中遭遇到的重重困难与痛苦足以让她改变想法，也足以让 25 岁的叶叔华望而却步。

图 1–8　佘山全景

第二章
时间，时间

叶叔华来台工作的第三天，时任中国科学院副院长竺可桢[①]到徐家汇观象台视察工作。竺可桢用他那一贯严谨、准确的语言记录下了当日视察的情景。

> 11月22日　星期四　上海　晨阴　63°F。下午雨，风。终夜大风。南京轮渡停，武汉飞雪。上午到徐家汇及武康路药物所。下午在岳阳路召各所所长谈话。
>
> 晨七点起。上午九点徐家汇气象台朿家鑫派车来接，遂至徐家汇台上。余已十七八年未至其地，当时尚系龙相齐 Gherzi 时代，现台已归科学院与中央气象局接管……在授时处遇罗定江[②]。知其恒星钟二只，管太阳钟三只，以定时钟之时间，可准至1%秒，但因年久，故线路常有问题。前天主教士 Burgaud 已不管事，专在教堂工作。[旁注：

---

① 竺可桢（1890–1974），字藕舫，浙江上虞人，中国地理学家和气象学家。1910年赴美国留学，入哈佛大学攻读气象学并获得博士学位，曾任浙江大学校长。1949年11月中国科学院成立，竺可桢任中国科学院副院长。

② 罗定江（1926–2006），广东南海县人，毕业于金陵大学数学系。1950年赴徐家汇观象台工作，1959年被调往筹建中的北京天文台，任授时组组长，对建立北京天文台授时组和天体测量研究室贡献颇大。

现授时靠教友龚惠仁和沈祖耀，地震靠徐林芳，天文尚有新来中山大学女生叶叔华］在图书馆遇陈之祥，知有书共二万册。至地震室，有Galitzin，Wiechert及Omori，不久将搬佘山。①

借助这些文字，读者也许能够体会到上班三天的女学生叶叔华内心的感受：凄风苦雨的11月上海，四个人守着后来被称之为“中国近代授时系统发源地”的摊子，这是一种何等破败、寂寥的处境。

“钦若昊天，敬授民时”

奥古斯丁《忏悔录》中引用了一个在西方由来已久的笑话：“上帝创造天与地之前在干什么？他在为打听这些奥秘的人们布置地狱。”这位深刻的神学家用这个笑话研究最为深刻的哲学问题——时间是什么？因为引用了这个笑话，后世学者认为奥古斯丁的时间观念接近于现在的“大爆炸”理论：时间诞生于确切的一刻，只有从那一刻起，才能谈论之前和之后，询问时间诞生“之前”发生了什么是无稽之谈。在奥古斯丁之前，古希腊哲学家亚里士多德也曾经研究过这个问题，认为“时间是有关之前和之后的运动的量化量度”。如果从亚里士多德算起到现在，两千多年的时间过去了，人们依然不能回答时间是什么这个问题，但是人类度量时间的本领和技术却在飞速进步。②

时间是一种自然法度与标准，只有人人遵守，社会秩序才得以建立和维持，因此对时间的度量成了古今中外各个国家头等重要的大事，没有足够精确、统一的时间标准，正常的统治秩序难以维系。为了建立时间标准，人们选择了一种亘古不变的运动：地球的自转，由它引起的天体周日视运

① 竺可桢：《竺可桢全集》第十二卷。上海：上海科技教育出版社，2007年12月。

② 克里斯滕·利平科特，翁贝托·艾柯，贡布里希：《时间的故事》。北京：中央编译出版社，2010年3月。

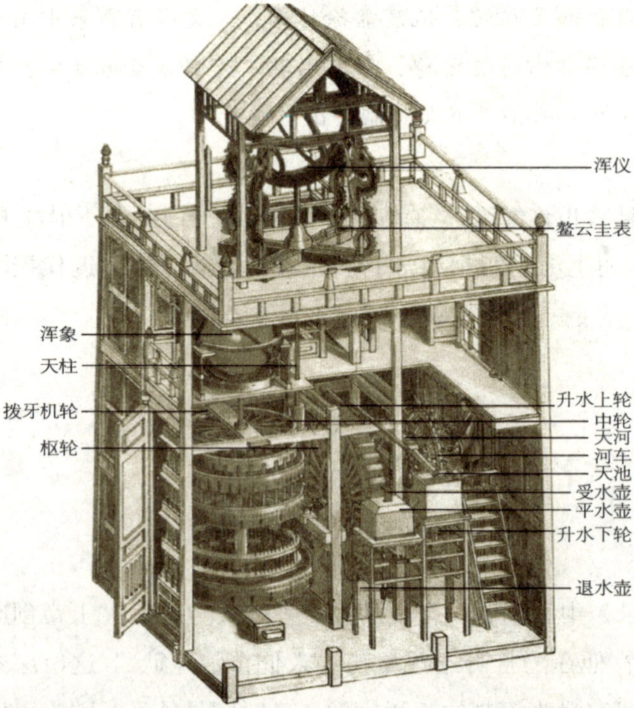

图 2-1 水运仪象台结构示意图

动也容易观察。从远古时代起它就成为了主要的时间标准，直到 1967 年被原子时标准取代。天体周日运动与计时仪器配合提供人们即时时间，在这个过程中，通过天文观测确定准确时刻以校正计时仪器称为测时；足够精确的计时仪器保持住准确时刻以供随时读取时间称为守时；把从计时仪器上读取的时间播报出去称为报时，这是整个授时工作一套固定的流程。历史上不同民族形成了不同的授时工作形式。中国古代先后采用浑仪和简仪来测量时间，以漏刻来计时。钟鼓楼是中国古代的报时系统。文化发展较早的国家首都或大城市中心往往在高台大楼上鸣钟击鼓，在城门定时鸣炮报告时间，或者在海滩上和通都大邑的要道上建筑高塔，塔上悬挂显著标志，以落球、熄灯为预定讯号向周围应用者报告时间等。总的说来，古代的测时、守时精度都比较低，报时覆盖的范围有限，不过这样的时间工作与古代人类生活的需要还是相适应的。

人类历史进入近代，尤其是工业革命以后，生活、工业生产和科学活动都极大地依赖高精度的时间；随着海陆空交通事业的发展，人们的活动范围急剧扩大，移动的速度提高，需要在相隔遥远的两地判定事件发生的顺序，这就要求报时既要精确又要传播得足够远，同时因为地理经度实质上就是时间，因此航海导航对时间的需求更为迫切。古老的击鼓报时、落球报时、信号灯报时等已不能满足要求，时间的矛盾首先在经度测量和航海导航中凸显出来，著名科普作家戴娃·索贝尔在《经度》一书扉页上写道:“每一个生活在 18 世纪的人都被经度问题所困扰……它是在那个时代最让人恼火的科学难题。”为了精确测量经度，尤其是找到一种简易、方便的海上测量经度的办法，英国的格林尼治天文台和法国的巴黎天文台都曾花费巨大的人力、物力，英国还专门设立了“经度奖”。[①] 这个问题直到人们用无线电发播时号才得到了令人满意的解决方法。

人们对高精度时间服务和远距离报时的需求促使了近现代授时系统的诞生，近代的授时工作是在无线电通信技术发明以后，以无线电时号问世为开端。1910 年 5 月 23 日，法国在巴黎市中心的埃菲尔铁塔上第一次发播无线电时号，随后德国、美国也发播了无线电时号，这标志着世界授时工作进入了新的时期。到了现代，各种有关时间服务的新技术飞速发展，时间测定精确度的要求已经千百万倍地提高，于是电视同步、飞行钟、卫星通信时间同步、长波和超长波授时等技术相继问世，把时间工作的精度推进到微秒（10^{-6} 秒）量级，有的甚至更高。[②]

近代授时流程与古代并无二致，只是技术与手段更加复杂和尖端。具体来说，它是应用中星仪、等高仪和照相天顶筒等测出时间的间距和准确的时刻，这个阶段的工作称为测时。然后用天文测时的结果来校准各种精确的天文钟，这样即使在没有日常天文观测的时候，天文钟也可以近似地“守”着基于地球自转周期的时刻，这个过程叫作守时。自从石英钟诞生后，各国授时台普遍采用高精度的石英钟来守时，它的日差变化可以达到 ±0.00002— ±0.0001 秒之间（相当于频率日稳定度为 10^{-10}—10^{-9} 的数量级），远远高于测时精度，石英钟的发明一举解决了守时过程中的误差。为了满足人类各种活动的需要，每天还要按时把准确的时间信号用无线电信号发播出去，这个过程叫作“播时”。无线电时号由高稳定度的石英钟控制，播时精度也得到了保证。

---

① 戴瓦·索贝尔:《经度——寻找地球刻度的人》。海口：海南出版社，2000 年 1 月。
② 吴守贤，漆贯荣，边玉敬:《时间测量》。北京：科学出版社，1983 年 1 月。

授时工作在近代除了技术的进步，还有时间测量基准的巨大变化。世界范围内时间测量基准大致经过了三个阶段：1960 年以前的时间测量基准是世界时，1960—1966 年是历书时，1967 年以后是原子时。世界时系统是以地球自转周期来测量时间，并把它作为时间测量的基准，这是人类历史上首次选用的公认时间测量基准，因此各个国家的授时工作是以国际合作方式进行的。后来，由于人们发现地球自转速率并非恒定，而是存在着长期变慢和其他复杂的变化，于是出现了历书时。现在，时间基准已经完全被原子时基准取代。但是世界时在大地测量、卫星定位与导航等方面自有它特殊的用途，世界时工作所包含的一些基本研究，如：地球自转不均匀的研究、经度的变化、基本星表和基本天文常数仍然需要继续进行，而由此衍生出来的天文地球动力学，已经成为一门新生的交叉学科，具有广阔的前景。①

叶叔华进入的徐家汇观象台前身是由法国天主教传教士建立的徐家汇天文台。“1842 年，法国天主教耶稣会派遣了第一批 3 名传教士，他们带了一架极好的望远镜，还有一些别的仪器在上海附近登岸。1844 年继他们之后，又来了另外 5 位。1848 年又派送了 13 位……1865 年，亨利·勒莱克神甫（Henri Le Lee，1832—1882）在上海董家渡地区开始了气象观测工作。但只是从 1872 年 12 月才开始连续不间断地保存观测记录。同时又在离董家渡 8 千米处的徐家汇肇家浜西岸（今蒲西路 221 号）建立了一个观象台。”② 这个观象台就是徐家汇天文台，它最早以气象观测和服务为主，后来增加了地磁、地震等工作，1844 年开始了天文测时和报时工作。为了更多地开展天文观测和研究，徐家汇天文台台长尼恩斯动议建立了佘山天文台（1900 年）。两台从建台初期的几个人发展到 20 世纪 40 年代末总人数近百人，其中法国的神职人员有 10 多个，中国的工作人员 80 多人。历任总台长能恩斯（1873—1923，Marcus Dechvrens）、蔡尚质（1852—1930，Stanislaus Chevalier）、劳积勋（1859—1932，Aloysius Froc）、田国

---

① 吴守贤，漆贯荣，边玉敬：《时间测量》。北京：科学出版社，1983 年 1 月。

② 杜升云：《科技史文库·中国天文学史大系·中国古代天文学的转轨与近代天文学》。北京：中国科学技术出版社，2013 年，第 285 页。

柱（1870—1919，Henricus Gauthier）、雁月飞（1898—1958）、茅若虚（1901—1970，Ludovicus Dumas），佘山观象台台长葛式（1907—1951，Ludovicus Gauchet ）、卫尔甘（1881—1946，Edmundus de la Villemarque）。他们既是神职人员，也是出色的天文学家和天文观测者，其中蔡尚质、劳积勋、田国柱获得法国科学院奖金，劳积勋还是梵蒂冈科学院的国外院士，雁月飞是法国科学院院士。为了开拓天文观测，他们筹措资金，购置仪器、图书和辅助设备，使得徐家汇天文台成为当时亚洲首屈一指的天文台。徐家汇、佘山还有后来建立的绿葭浜天文台（1908 年），“这些科研机构是法国科学院从事区域性观测与研究的分支。他们不惜以重金增配科学仪器和设备，积极开展研究，扩展观测领域，使徐家汇天文台成为综合性的科研机构。它既搞基础研究，又具服务性。这在当时亚洲，甚至在世界上也是不多的，其设备也堪称是先进的。”①

传教士时期徐家汇天文台采用子午仪和巴姆伯中星仪（Bamberg）进行测时，守时有一台电接触摆钟和三台平时钟。徐家汇天文台在上海外滩的法国码头建立信号塔，向进出船舶和市民报告标准时间，每天发播标准时间信号两次，一次是中午 11 时 55 分和 12 时整用信号塔顶降落子午球来报时，另一次是晚 9 时用熄灭塔顶上的灯光为信号来报时。1914 年 5 月开始使用无线电发播时号，呼号为 FFZ，波长为 650m，每日上午 11 时及下午 7 时各报时一次。徐家汇天文台的气象预报和授时工作一直坚持进行，而且在时间精度和方法技巧上不断进行改进，为航运事业、科技发展和上海市市民生活做出了贡献。因为徐家汇天文台最先采用无线电发播时号，因此它是中国近现代授时工作的鼻祖。

1937 年，淞沪抗战爆发，法国政府撤走了徐家汇天文台的大批神职研究人员，天文台的主楼建筑被日本飞机炸毁。第二次世界大战结束后，法国由于内外交困、经济萧条，已经无暇顾及这些海外的研究机构。这一切使得曾经盛极一时的徐家汇天文台陷于人员流失、经费拮据、管理混乱的困境，仅维持着日常的气象、天文、地磁和地震的监测记录工作。1949 年

① 阎林山，马宗良：徐家汇天文台的建立和发展（1872-1950）。《中国科技史》，1984 年第 2 期，第 65-72 页。

中华人民共和国成立后，上海市军事管制委员会于 1950 年 12 月 11 日发布军高教字第 10325 号命令，接管徐家汇天文台的所有机构，接管人员于 12 月 12 日到达，召集原来工作人员宣布接管方针，要点如下：

1. 原来科学工作照常继续进行，不使稍有停顿。

2. 原有本国工作人员苟无反动行为，一律原职原薪继续留用。

3. 此次接管与天主教会无关，天文台财产与教会财产予以明确划分。

4. 保证原有工作人员宗教信仰之自由。

接管工作嗣即开始，顺利进行。清点该台仪器、图书、资料及其他一切设备与器材，并编写详细清册，经过有计划、有步骤的过程，于一个月之内全部完成任务。①

新成立的中国科学院紫金山天文台派出陈彪、贺天健分别接管了徐家汇天文台和佘山天文台，两台分别更名为徐家汇观象台和佘山观象台。徐家汇原授时工作留下的人员只有龚惠人②、沈祖耀两人。1950年以后，台里为了充实力量陆续引进了一些大学生，罗定江和叶叔华是最早来的一批，具有时间工作经验的龚惠人负责培养和指导这些年轻人。③就这样，徐家汇观象台结束了由法国传教士掌管的时代，成为了中国科学院紫金山天文台领导下的一个分支台站。

---

① 陈宗器：徐家汇天文台。见：陈斯文，陈雅丹，《摘下绽放的北极星 · 下卷》。北京：中国科学技术出版社，2008 年，第 253–258 页。

② 龚惠人，1904 年出生于上海，1925 年 8 月进入徐家汇天文台时计部门，是这个部门的主要骨干和优秀观测员，参与过该部门测时、守时、收时、播时，即时间工作的全部过程，留任后依然为徐家汇观象台时间工作的技术骨干。参见叶叔华主编：《20 世纪中国知名科学家学术成就概览 · 天文学卷》第一分册。北京：科学出版社，2014 年，第 172–177 页。

③ 蒋平：天文学家：龚惠人。《世界科学》，1985 年第 9 期，第 2 页。

徐家汇观象台首位女天文学家

叶叔华于 1951 年年底进入徐家汇观象台从事时间工作。当时测时使用的仪器为一架 80 毫米帕兰中星仪和一架 90 毫米邦贝中星仪；守时依靠的是两架放在地下恒温室中的勒劳天文钟，日差变化平均达到 0.01 秒；收时依靠的是一架 Harlicrafters 28 型收报机和一具熏烟纸条计时仪，收报机的灵敏度低，记录仪的精度只能达到 0.002—0.003 秒。播时工作主要是每天利用海岸电台 XSG 的四种频率，于 11 时、19 时播发国际式及科学式时号，发报机功率小，时号质量差。另外，还通过上海电话公司为市民提供精确到分的标准时刻，还有就是每天中午前和外滩气象站对时，为该站中午悬挂时球提供标准时刻[①]。1950—1952 年，观象台主要做了一些恢复调整工作，1953 年工作慢慢走上正轨，所发布的时间信号已经能够满足一般的民用和上海周边的航海需要。

叶叔华进入徐家汇观象台的第一份工作就是观测恒星，计算恒星时，再换算成世界时。中星仪的测时精度主要取决于星过子午线的记录精度。尽管由于技术的进步，中星仪测时中的各种误差，尤其是人差已经大为降低，但是这种误差较为复杂，它的大小随观测者、观测仪器和记录设备的不同而变化，并且与恒星运动视速度、视运动方向、观测星等、视场照明等各种条件有关。尽管天文工作者采取了各种方法试图减小它的影响，并煞费苦心地设计了各式各样的仪器来测定其大小，以便在观测结果中扣除，但遗憾的是，这些努力所获得的受益并不卓著。因此，中星仪观测是一项极其敏感、对观测者技术要求极高的工作。

每逢晚上观测，叶叔华首先要早早打开观测室的活动屋顶，让室内外温度达到一致，减少热辐射对观测造成的影响。观测时需要用两手操作中星仪跟踪恒星，跟星的好坏直接影响着观测精度，因此它要求观测者必须

① 朱楞：徐家汇天文台史料（1872–1962）。见：《中国天文学史文集》编辑组编，《中国天文学史文集·第 4 集》。北京：科学出版社，1986 年，第 203–205 页。

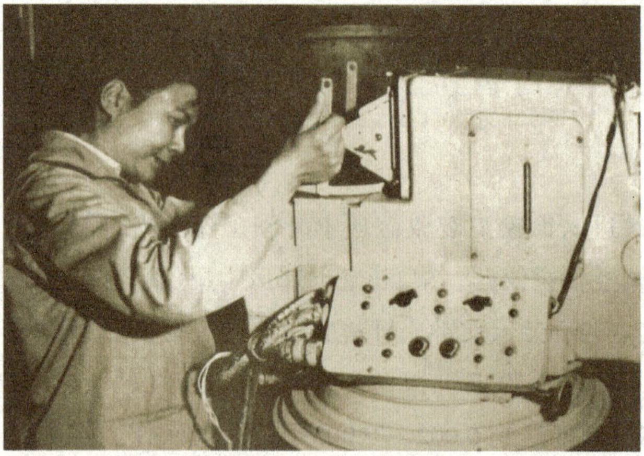
图 2-2 叶叔华在丹容等高仪上观测（1959 年）

全神贯注，目不转睛；与此同时还要做记录，只有熟练的观测者才能达到手眼并用，协调一致。叶叔华身材矮小，操作中星仪观测十分困难，她只有找来一个小矮凳站在上面操作。冬天的上海，天气湿冷难耐，深夜里尤为寒冷。叶叔华待在观测室里和在户外没有两样，双脚冻得发麻，手指冻得发僵，即使是这样还是不能戴手套，赤手操作着冰冷的仪器追踪观测天体。在来上海之前，程极泰提醒叶叔华，上海的冬天比较冷，需要穿棉鞋。一直生活在广州和香港的叶叔华对棉鞋毫无概念，她不知道棉花如何做成棉鞋，也没在意丈夫的提醒。现在她终于体会到了一双棉鞋对她这个夜晚观测者来说是多么重要！夏天的夜晚，叶叔华又倍受蚊虫叮咬，明知有蚊子叮在脸上，就是不能腾开手驱赶，一直要忍到两颗星之间的间隙。徐家汇观象台地处我国东南沿海，这里阴雨天多、晴朗天少，十分不利于天文观测。为了充分利用每一个晴天，台里形成了一个不成文的规定——只要不是阴天，就必须有人观测。因此，尽管是节假日、星期天，即便是大年初一，只要是晴天，叶叔华就必须去观测室里加班。程极泰看到妻子如此的辛苦，暗地里时不时希望老天爷晚上下雨，这样妻子就不用去观测室，可以好好地休息一下。在国外的观象台，由于周末无人观测，观测数据会出现分布不均匀，这被称作“周末效应”；而在徐家汇观象台里，由于叶叔华和同事们的坚守，不仅保证了观测精度，还保证了观测数据的均匀性，从而消除了“周末效应”。

除了夜晚的观测，白天叶叔华还要承担繁重的计算和数据处理工作。那时候还没有任何现代的计算工具，计算机更是难以想象，唯一可以利用的工具就是老祖宗流传下来的算盘。每日枯燥地观测、计算、接收时号、校对天文钟、发播时号……设备陈旧、简陋，工作单调、刻板。中午吃饭没有食堂，办公室里没有一张大桌子，只能把报废的汽油桶当桌子，在上面放饭碗。这样的工作和环境与叶叔华心中向往的探索宇宙奥秘的天文研究相去甚远。来内地的时候，他们夫妻俩也曾发誓，只要能在学校工作、能够读书、能够做学问，哪怕是穿草鞋，住草房也行。尽管状况没有坏到穿草鞋、住草房的地步，但是上海和香港生活环境的巨大落差，还是让初来乍到的叶叔华感到无所适从；徐家汇观象台的现实情况和自己心中对天文的憧憬完全不是一回事，这更让叶叔华陷入一片茫然之中。她找不到理想的方向，不知道这样辛苦地工作究竟有什么意义，只是觉得要一辈子待在这里简直受不了。她想到了离开，一时又不知道能去哪里，没有方向，没有出路，也没有办法，唯一能做的只有忍耐和坚持。

正当叶叔华处在茫然不知所措之时，佘山观象台的台长李珩[①]给予了她鼓励和安慰，她至今都记得李先生说过的一句话“枯燥的数据也会说话的”。除了日常的观测和计算之外，叶叔华还负责给设在巴黎天文台的国际时间局寄送徐家汇的测时结果，有一次时间局方面来信询问：为什么你们的结果每个月都有波动？带着这个疑问，叶叔华逐步检查计算步骤，所有的计算都是按照法国传教士制定的规则来进行，没有做任何的改动，为什么会

图 2–3　李珩台长

---

① 李珩（1898–1989），四川成都人，又名晓舫。1922 年毕业于四川华西协合大学数学系。1933 年毕业于法国巴黎大学天文台，获博士学位，曾任中央研究院天文研究所研究员。中华人民共和国成立后，历任中国科学院上海徐家汇、佘山观象台研究员、上海天文台台长、名誉台长，中国天文学会第一至第三届副理事长。

有波动呢？原来是一个章动项没有加进去，以前觉得这个值比较小，所以未加考虑，现在随着测时精度的提高，加不加它的影响就看出来。叶叔华发现了这个问题，并且在以后的计算结果中改了过来，她的工作获得了张钰哲台长的肯定，张台长赞扬她说："这就是为什么要你们大学生来做这些工作的原因。几十年来应该改正的没有改正，难怪不知道为什么一直都会波动。"随着时间的推移，工作逐步深入，叶叔华慢慢体会到时间工作也是很有意思的，她逐渐爱上了这份工作。每每回忆起她最初参加工作时的思想转变，叶叔华会说："正是这些没有生命的数字，让我逐渐发现了科学的真谛，引领我踏入灿烂辉煌的科学殿堂。"

为提高授时精度而奋战

促使叶叔华走上天文学之路并最终走向与地球物理学科结盟的最大、最直接的动力来自于国家对授时工作的迫切需要，更具体地说，是中国测绘部门对高精度时间服务的迫切需要。20 世纪 50 年代之前中国的测绘工作，全国仅有约三分之一的面积在 20—40 年代之间进行过精度较低的测绘，成果质量参差不齐，测绘基准不统一，致使许多省与省之间的地形图互相不能拼接。1951 年，毛泽东题词"一定要把淮河治好"，可是当时没有一张准确的地图，治理的基本规划无法进行。国家对测绘成果和地图的迫切需要促使测绘事业迅速发展起来。1956 年初，全国约有测绘职工 3 万余人，但仍难以满足需求。1956 年 1 月，国务院批准成立国家测绘总局，当年完成筹建工作，并拥有了各种测绘人员 7500 余人①。

一个地区的地形测图，虽然不是利用天文学方法，但是在编制各地区的总图时，就要把测量结果跟已知地理坐标的三角点连结起来，也就是说所有的地形测量以各三角点为根据，这些三角点也称作天文点。地面上

① 《中国测绘史》编辑委员会编:《中国测绘史 · 第 3 卷：中华人民共和国 1949–1989》。北京：测绘出版社，2002 年。

某一三角点的地理经纬度是由天文观测所决定的，三角点经度的测定实际就是测定观测点的瞬时地方恒星时，所以一切的天文观测通常是和时间观测同时进行的。[①] 在天文测量上，观测者通常以收听播时台发播的时间信号来知道“标准时刻”，这就要求发播时号一方必须提供精确度足够高的“标准时刻”，同时也要时号传播得足够远，以便野外测绘人员能够收听到。在我国的大地测量操作中，测绘者还需要在野外核验观测结果，这时必须利用时号作为临时的时间标准。因此，接连几次时号的内部符合度便必须纳入在考虑之列，倘若时号的起伏过大，计算结果中掺入这种影响，便会增大观测误差，引起核验上的困难。这样的时号内部符合程度有时也被称为“时号精确度”。[②] 如果时间信号精确度不高，编制总图时这一点和那一点就连接不起来，这样就导致地图拼接不起来。每当回忆起当年大家因为地图拼接不起来而沮丧万分时，叶叔华总会提起苗永瑞说过的一句玩笑话，“在苏联地图拼不起来，女同志哭鼻子，男同志耸耸肩”。

我国的测绘工作最初曾经使用过日本和美国的时号，但由于当时两国对中国的不友好，收听时号经常受到各种限制；后来主要使用苏联时号，但中苏两国国土面积都很广阔，如此远距离地接收苏联时号很不稳定。测绘部门迫切希望能够使用中国自己发播的时号，于是他们向国务院建议应该大力提高时号精度，以满足在全国开展起来的测绘工作的需要。1955 年 3 月，中国科学院和中国科学院华东办事处根据国务院“提高授时的精确度以满足国民经济建设需要”的指示精神[③]，把大力加强授时工作的任务分配给了紫金山天文台。时任中国科学院副院长吴有训[④] 亲自找到张钰哲，

① 武汉测绘学院天文与重力测量教研组编:《大地天文学 · 上》。北京：测绘出版社，1960 年，第 7-8 页。

② 王绶琯：试从大地测量的应用上评价徐家汇观象台的时号。《测绘通报》，1957 年第 5 期，第 193-201 页。

③ 中国科学院编译出版委员会主编:《十年来的中国科学天文学 1949-1959》。北京：科学出版社，1959 年。

④ 吴有训（1897-1977），江西高安人。物理学家。1920 年毕业于南京高等师范学校。1926 年获美国芝加哥大学物理学博士学位。1948 年选聘为中央研究院院士。中国科学院研究员、副院长，中国物理学会理事长。主要从事近代物理学特别是 X 射线散射光谱方面的研究工作，是中国开展近代物理学实验研究的先驱者之一。

要求徐家汇观象台尽快把时间工作搞上去。全国轰轰烈烈开展起来的测绘工作以及地图制作对高稳定度时号的要求给徐家汇观象台提出了挑战，1955 年 4 月，张钰哲抽调王绶琯、苗永瑞等人补充徐家汇观象台的力量，徐家汇观象台开始了新的阶段。这时台里陆续增添了不少部队转业而来的年轻人，他们热情洋溢、干劲十足，台里气氛也不似往日那样沉寂，渐渐变得热闹起来。这些转业人员的文化程度普遍比较低，时任台长陈遵妫亲自给他们讲课，最差的要从初等数学讲起，还手把手教他们拉计算尺、查对数表，让他们学会使用天文仪器、掌握观测方法，以胜任观象台的基本工作。叶叔华、罗定江也分别担任了辅导员，辅导他们的代数、平面三角、物理、普通天文和中天观测等内容。

新增了人手，也购置和改装了一些仪器，徐家汇观象台的授时工作有了提高和改善，这让叶叔华的内心感觉好多了。然而，这短暂的喜悦随着大地测量组组长韩天芑①的“一声大吼”而烟消云散。那是发生在1955年春的事情，地点在徐家汇观象台老办公楼西侧的会议室，会议由李珩主持，测绘界也有人参加，主要讨论徐家汇观象台利用帕兰中星仪与紫金山天文台利用 50 毫米中星仪的测时结果，以及联合订正时号改正数的事情。会上，韩天芑将苏联与徐家汇时号改正数得出的经度结果进行了比对，他说“按规范测定的天文点精度，用苏联发布的时号改正数得出经度结果的中误差 M 值，与用徐家汇发布的时号改正数得出经度结果的中误差值相比，在各天文点上，都是前者的 M 值略小于后者，这说明苏联的改正数较好。”韩天芑在黑板上抄下了对比结果，并且说：“测绘界是不会使用徐家汇公布的数据的”，情绪激动起来的他不由得嗓门也大了起来：“不用你们的结果还好，用了你们的结果，反把我们的工作搞坏了”。韩天芑的一席话，让叶叔华感到既委屈又难堪，为了提高时间精度，大家都已经非常

① 韩天芑，1923 年出生于浙江象山，1947 年毕业于中央测绘学校大地测量系，毕业后被分配到南京测量局大地测量队从事全国的经纬度测量，1950 年到中国科学院地理研究所大地测量组工作。1951–1953 年，韩天芑曾经应黄河水利委员会和淮河水利委员会的要求，带队沿黄河测定了 6 个一等和二等天文点。韩天芑是我国天文大地测量学科的开创者之一，也是我国天文地球动力学研究的开拓者之一。参见叶叔华主编：《20 世纪中国知名科学家学术成就概览 · 天文学卷》第一分册。北京：科学出版社，2014 年，第 274–280 页。

努力了，结果还受到这么严厉的批评。可是事实和数据又摆在那里，叶叔华他们无从辩驳。这激起了叶叔华内心不服输的冲劲，她暗下决心：一定要把这项工作做好，就算国家没有要求，也总不能比苏联人做得差①。事隔多年，当年风华正茂的韩天芑和叶叔华都已经成了耄耋老人。在叶叔华70岁和80岁生日聚会上，叶叔华提起这件让她铭刻在心的事情，她半带感慨、半带戏谑地对这位当年的战友说："老韩同志当年的一声吼啊……"现在的人可能不大能体会到老一辈科学家之间的这种友谊，这一声吼中包含着善意的批评、殷切的期望、还有极大的激励。

除了韩天芑的鞭策，当时台里还经常邀请测绘工作者做英雄事迹报告，测绘队员的故事深深地触动了叶叔华。我国幅员辽阔，地形复杂，广大测绘人员战斗在高山峡谷、深山老林、雪山草原、戈壁沙滩，工作艰苦不说，甚至常有生命危险，那时甚至流行着"有女不嫁测绘郎，一年大半守空房"的俗语。当年出版了无数描写和宣传测绘队员事迹的诗歌和文学作品，兹录一首以飨读者。

测量人员意志坚，高山峻岭只等闲。
野兽常居白虎嘴，云雾不散横木岗。
崩子梁上望白雪，飞越岭下谷风寒。
满山荆棘难行走，雨雾连绵湿衣衫。
荒山餐风成常事，忍饥受寒何足言。
人说高山难行走，测量队员当平川。
日登高山不知苦，夜归灯前笑开颜。②

听了测绘人员的事迹报告，叶叔华受到极大的教育和鼓舞，"我们从事的时间工作是何等重要！我们再辛苦，总是在大城市，怎么能与测绘队员

① 2015年9月，韩天芑先生因病不能参加"叶叔华先生学术精神和学术思想研讨会"，他托人捎来了"老韩在叶叔华会议上的书面发言"，特地回忆和解释当年这段往事。此段文字主要根据他的书面发言而成。

② 孙仪亭：随测量人员踏勘有感。见：测绘出版社编,《测绘诗歌选》。北京：测绘出版社，1959年3月，第7页。

相比！”她决心把自己的青春年华，献给祖国的时间工作。回首往事，叶叔华说：“一项事业会改变人的初衷，兴趣也是可以改变和培养的，关键在于你真正了解了事业的意义所在，然后你就在世界里找到了自己的定位，几十年如一日的勤勉工作，作出自己的贡献。”这是一段激情燃烧的岁月，叶叔华迅速摆脱了最初低沉消极的工作情绪，投身到为国家时间工作而努力奋斗的事业之中。

由于国家的重视和投入，徐家汇观象台的工作条件和环境得到了大幅度的改善。观测人手逐步增加，熟练程度提高，1955 年有观测者 3 人，1957 年增加到了 27 人，1957 年还新建了观测室。最关键的是仪器得到了更新和改造：1955 年从德国购买了 100 毫米蔡司中星仪，这使得测时精度很快得到了提高。在守时方面，1956 年年底，徐家汇观象台从德国购买了一具小石英钟，1957 年 5 月购置了两组大石英钟，自石英钟投入使用后，守时精度得到了极大的保障。在收时设备方面，1956 年计时仪试制成功，这是记录设备的重大改进，使记录精度提高到 0.001 秒。此外，徐家汇观象台还试制成功了精度达 0.001 秒的电子计数器，以后又增添了计时示波器等设备，计时精度大大提高。在设备改进的同时，徐家汇观象台还大幅度增加了对国外时号的收听次数。1954 年每月收时号约 400 次，1955 年开始增加，到 1957 年下半年已经达到每月 800 次，从而使总的时号精度得到了提高。播时方面，除了增加播时次数和发报机功率之外，又不断改进播时仪器和方法，减少播时过程中的误差，提高发播时号的精度。由于测时、收时、守时和播时工作的不断改进，使得徐家汇发播的时号稳定度（精确度）不断提高。到 1957 年 6 月，时号稳定度达到 0.003 秒，仅次于当时世界最佳时号之一的苏联 RWM 时号（稳定度为 0.002 秒），进入了国际先进行列[①]。

50 年代国人对建设新中国的自豪和热情，国家建设对授时工作的迫切需要，天文学家的爱国情怀和奉献精神激励着每一个身在其中的人。1953 年，王绶琯从英国返回中国，最初在紫金山天文台本部参加 60 厘米望远

① 朱楞：徐家汇天文台史料（1872–1962）。见：《中国天文学史文集》编辑组编，《中国天文学史文集》第 4 集。北京：科学出版社，1986 年，第 207 页。

镜的维修工作，由于授时工作的急需，于1955年被紧急抽调到徐家汇观象台。他在回忆当年为了提高授时精度而努力奋战时说：

到了1955年科学院很急，而年轻些的就这几个人，我当时32岁，就把我调到上海去负责。那时大家相信只要拼命干，就能干出东西来，只要是国家要干的。总之，一批人拼命干，国家也支持，干活还是挺有劲的。当时龚惠人、罗定江、叶叔华几位已经在上海，大家同心协力，没多久就把时间信号精度提高了，1957年就把任务完成了。[①]

1957年10月9日，中国科学院数理化学部在上海召开授时工作会议，对徐家汇观象台的授时工作进行了质量鉴定，认为徐家汇发播的BPV时号，目前的精确度好于±0.003秒，已能基本满足国内大地测量、航海、航空、工矿等各界进行测绘的需要。叶叔华迎来了她的天文生涯中第一个漂亮的胜利。

“国际地球物理年”

徐家汇观象台为提高授时精度所做的种种努力也为参与即将到来的“国际地球物理年”打下了一定的基础。还在法国传教士时期，徐家汇天文台就已经参加了1926年和1933年的国际经度联测，是经度联测的3个基本点之一（另外两个是阿尔及尔和美国圣地亚哥）。这三个基本点由于纬度相近，经度约相差180度，在地球上构成一个等边三角形。参加联测的天文台，可以联系其中一个点就进入联测工作。而且这三点构成的等边三角形，观测所得三个内角之和与180度之差就用来鉴定经度联测的精度。1955年，国际科学联合会决定将1957年7月1日—1958

① 王绶琯:《塔里窥天——王绶琯院士诗文自选集》。西安：陕西人民出版社，2006年，第14页。

年 12 月 31 日定为“国际地球物理年（IGY）”，在此期间将进行 13 个项目的国际合作研究。这可能是中华人民共和国成立以来我国参与的第一个国际科学合作项目，因此格外重视，于 1956 年 6 月 18 日专门成立了 IGY 中国委员会。

徐家汇观象台作为重要的参与者为此做了大量的准备工作。1957 年 1 月—12 月，由李珩研究员负责，王绶琯、龚惠人、罗定江、叶叔华、苗永瑞等人组成了专门的研究小组，开展了“国际地球物理年工作和经常工作”的研究，“本题目系我台的特殊任务和日常工作，1957—1958 年国际地球物理年，作为经纬度测量的参加者我们应该在各方面（测时、守时、播时）尽量的加以改进，在各方面应该尽量合乎国际地球物理年中的要求。”[①] 1956 年，王绶琯和苗永瑞被派往苏联普尔科沃天文台学习光电观测技术以及联系“国际地球物理年”合作等事情。在他们回国的时候，普尔科沃天文台赠送给中国一套光电设备，安装在 100 毫米蔡司中星仪上，于是中国拥有了第一架光电中星仪。1957 年年底，台里又购置了一架丹容超人差棱镜等高仪。1958 年借到了 100 毫米的蔡司中星仪一架，原有的 80 毫米帕兰中星仪、90 毫米邦贝中星仪改装了新的接触测微器，邦贝中星仪还装配了光电观测装置。这样，中国的主要测时仪器都安装了光电观测设备，满足了国际地球物理年的要求。守时方面最明显的改善在石英钟的引进和制造。1955 年前，守时主要靠两台置于地下恒温室的天文钟，日差变化平均达到了 0.01 秒，随后增加的也是摆钟，徐家汇观象台守时钟组必须更换成国际上普遍采用的石英钟组才能满足国际联测的要求。1957 年 5 月，徐家汇观象台购置了两组大型石英钟，还自制了几台小型石英钟，到 1958 年年底共有 6 架精度达到 5×10^{-9} 量级的大石英钟。从 1957 年 7 月开始，徐家汇观象台还大量增加了天文观测次数。1956 年 7—12 月为 189 次，1957 年 7—12 月增至 1222 次。观测质量逐年提高，目视观测中的月平均误差，到 1957 年年底已在 ±0.008 秒内。[②] 经过 1957 年的努力，到 1958

① DA-001-044，国际地球物理年工作和经常工作。资料存于采集工程数据库。

② 朱楔：徐家汇天文台史料（1872-1962）。见：《中国天文学史文集》编辑组编，《中国天文学史文集·第 4 集》。北京：科学出版社，1986 年，第 198-212 页。

年的时候，我国在这方面的天文观测、守时及时号收录工作已达到国际地球物理年要求的水平。①

为了这次国际地球物理年，徐家汇观象台的人员各司其职。叶叔华主要负责中星仪仪器差的研究，这个研究任务的主要目的是测定仪器误差及了解其变化情况，以利于国际地球物理年的经纬度工作。②除此之外，她还参与了由李珩研究员负责的“国际地球物理年”经纬度测量工作，这项工作被列入了国家重要科学技术任务，其主要研究目的是国际联测经纬度，重新确定地球上经纬度基点，研究地壳、地极及地球自转的变化。③

> 徐家汇观象台按照“国际地球物理年”的统一规定，进行经度测定工作。参加观测的有帕兰中星仪、蔡司中星仪、光电中星仪和超人差棱镜等高仪等四架仪器。积累了中星仪观测3000组，等高仪观测200组。各仪器观测结果的内符合为±0.007—±0.008秒。外符合以等高仪为最好，总平均在±0.01秒。纬度观测，因为仪器原因一直延至1958年3月才正式开始。观测结果的内符合和外符合都在±0.01秒。此两项观测于1958年12月31日结束。④

可惜的是，由于国际地球物理年专门委员会接受台湾成为其会员，我国最终宣布了退出该专门委员会，同时也退出这次国际经纬度联测。但是徐家汇的经度测定工作仍然继续进行，一直持续到了1958年12月。也因为这个原因，中国的观测数据没能与国际同行进行交换，但是这些数据并没有白白浪费。1961年12月，叶叔华发表论文《徐家汇观象台的经度改正值》：“在两年半的时间内，由三十多位观测者进行了四千多组观测，测得徐台经度采用值对于由42个台站组成的权平均天文台的初步改正值为

① DA-001-047，五八年重点研究项目计划说明书。资料存于采集工程数据库。

② DA-001-046，中星仪仪器差的研究。资料存于采集工程数据库。

③ 同①。

④ 朱楞：徐家汇天文台史料（1872-1962）。见：《中国天文学史文集》编辑组编，《中国天文学史文集·第4集》。北京：科学出版社，1986年，第208页。

+37.2ms”。定出这一改正值是非常重要的，因为一直以来，徐家汇观象台的天文测时成果和苏联的标准时刻系统比较，有很显著的系统差，这个系统差的主要来源在于经度采用值的误差，因此，重新测定徐家汇观象台的经度值，给出目前经度采用值的改正，有很重要的意义[①]。这次国际经度联测积累的测量结果还为叶叔华研究欧美大陆经度变化奠定了基础，下文详述。

主持建立我国综合世界时系统

1939年，徐家汇观象台就参加了巴黎国际时间局的工作，每个季度根据自己的天文观测结果，按时寄送观测资料，而国际时间局为徐家汇观象台提供时号改正数服务。叶叔华刚参加工作时，按时向国际时间局寄送观测资料就是她分内的工作之一。1954年，中国又加入了苏联授时系统，与之联合进行时号改正数工作，尽管因为精度不如苏联而没被广泛应用，但毕竟中国也有了自己的时号改正数。大约此后不久，还是研究实习员的叶叔华就和其他两人开始进行题目为“时号改正数的研究”的研究任务，所属中心问题是提高授时精确度。[②]

时间服务的目的是确定和发布准确的时刻，在以地球自转为基础的世界时系统中，准确的时刻只能由天文测时来获得。授时台站工作的最终结果就是根据天文测时来决定天文钟的改正值，天文钟的钟面时加上这些改正值就得出了准确时刻，再从控制发布无线电时号的石英钟钟面求出时号和准确时刻之间的差值，就得到了时号改正数。时号改正数通常在授时公报中刊布出来，一般大约在无线电时号发播后的二三个月发表。有时为了满足一些部门的急需，天文台也会同时发表一些延迟二三个星期的快速时号改正数，但精度略低。时号改正数是世界时服务的最终成果。为了提高

① 叶叔华：徐家汇观象台经度改正值。《天文学报》，1961年第1-2期，第42-57页。

② DA-001-037，1956年年度研究题目计划“时号改正数的研究”。资料存于采集工程数据库。

世界时服务的精度，同时提供世界时的标准，需要将许多天文台所确定的时号改正数进行综合处理，或者直接利用这些天文台的天文测时资料进行综合处理。这样得到的时号改正数称为综合时号改正数，它可以作为某些国家乃至全球的世界时标准，国际时间局系统和苏联系统就是这样的综合系统。①

综合时号改正数发布的缘起和历史可以追溯到1910年5月23日法国在巴黎市中心的埃菲尔铁塔上第一次发射无线电时号，随后德国、美国也开始发播了无线电时号。最初这些时号的精度很低，彼此可以相差1—2秒。1912年，巴黎经度局向法国政府建议组织一个国际性学术讨论会来研究无线电授时的精度提高和统一的问题，于是1912年10月15日在巴黎召开了有关的国际学术性会议，讨论了时号的发播与接收问题。在这个会议上商定无线电时号发播以世界时为准，建立国际时间局并由该局协调统一和发表各国的授时资料。此事由于第一次世界大战影响未能实现。一直到第一次世界大战结束后，1921年国际天文学联合会在巴黎召开时间会议，又重新讨论组织国际时间局问题，并决定将国际时间局设在巴黎天文台内。从1922年起，有7个国家的9个天文台站参加，一直发展到1978年有40多个国家的天文台共一百多台仪器参加。国际时间局确定的综合时号改正数在1967年以前称为"确定时"，并在国际时间局出版的公报（双月刊）上发表各个时号改正数。

苏联的综合时号改正数工作开始于1928年，早期仅仅利用普尔柯沃天文台和莫斯科计量机构的天文测时、守时和收时资料，以及有关外国天文台的资料，采用了普列伊皮奇提出的较差法，从事订定综合时号改正数的工作。从1943年开始陆续在其他的天文台建立了测时台站，其公报称为《无线电时号的综合时刻》。1951年起，用改进了的帕夫洛夫、乌赫娃的方法，订定综合时号改正数。这种方法有可能充分发挥各个台站天文测时的作用。这样，从1951年开始，苏联综合时号改正数公报称为《无线电时号的标准时刻》，其确定的时间称之为"标准时刻"。苏联世界时系统

---

① 余明:《简明天文学教程（第3版）》。北京：科学出版社，2016年。

曾经一度包括 9 个国家 21 个天文台的 33 架天文测时仪器。①

无论是参加国际时间局并获得时号改正数服务，还是参加苏联系统并与之联合进行时号改正数工作，中国的时间工作都极大地依赖着国外，不能独立自主。如果在正常的国际环境中，通过相互合作解决本国的时间需求是通常的做法，但是 20 世纪 50 年代中国受到国际社会的排挤与限制，实现时间服务的独立自主是非常必要且势在必行的一件事情。从 1955 年国家将提高授时精度的任务下达给徐家汇观象台开始，建立中国自己的时间标准就成为了天文工作者努力的目标之一。1955 年，罗定江在《徐家汇观象台的授时工作》一文中论述道："要进一步解决时号改正数的精确度，那就不是一个台站所能为力了。因为上海地处海滨，地方性气象因素非常浓厚，根据国际时间局的资料，天文测时有变幅为 0.05^{8}—0.06^{8} 的季节性变化，所以时号改正数对苏联或国际时间局系统都有很大的误差……最后还可以逐步建立足够多的授时台站，建立一个标准的系统。"② 除了摆脱对外国时间系统的依赖，徐家汇观象台特殊的地理因素也是促使中国建立世界时系统的原因之一。1957 年，完成了国家提高授时精度的任务之后，大家的热情和自信心进一步高涨，对建立中国世界时系统的呼声就更加热切了。王绶琯在《试从大地测量的应用上评价徐家汇观象台的时号》结束语中写道："发展远景，应当是在我国广大的领域中组织起独立的时政系统，即构成一个大的测时网，这样我们将可以为自己订立出标准时刻和标准频率，和进行与此有关的科学研究。这时，我们和苏联时政系统仍将继续合作，而两国联合起来的力量将成为世界上一个时政的重要核心。目前，在测量和天文工作者的共同努力下，一个雏形的测试网有可能从全国几个重要城市（南京、上海、北京、武汉等）中建立起来，这样组织的建成将会在我国的授时工作中展开新的一页。"③

① 吴守贤，漆贯荣，边玉敬：《时间测量》。北京：科学出版社，1983 年。

② 罗定江：徐家汇观象台的授时工作。《天文学报》，1955 年第 2 期，第 290-291 页。

③ 王绶琯：试从大地测量的应用上评价徐家汇观象台的时号。《测绘通报》，1957 年第 5 期，第 200 页。

天文学家的呼吁和建议得到了国家的积极回应和大力支持。1956 年春季，在中国共产党的领导下，根据我国具体情况和国际上天文学发展的趋势，《国家十二年（1956—1967）天文学发展远景规划》制定，规划选出了授时和纬度变化、方位天文、天体力学和年历编算、太阳物理和日地关系、恒星天文和恒星星云物理以及射电天文等几个方面作为我国天文工作的发展重点。[①] 授时工作再次成为中国天文学发展的首要任务，一些新的台站相继建立，如 1958 年建成了天津纬度站，1959 在北京昌平县沙河镇组建授时组，1963 年建成了武昌时辰站。也是 1957 年 10 月的那次授时工作会议决定：建立我国的时间网，要求徐家汇观象台协助有关台站建立天文测时和有关时间频率标准方面的工作。经过两年不到的准备工作，从 1959 年 1 月起，徐家汇观象台综合了本台的四架仪器和紫金山天文台的两架仪器的测时结果，开始在《授时公报》上刊布“综合时号改正数”，每月一期，其中包括各时号的改正数和守时、测时的原始资料，提供给有关应用部门使用，这意味着中国世界时系统的初步建立。

客观地讲，独立自主建立中国世界时系统在提出的时候还是有点仓促和冒进，这可能与中国从 1958 年开始的“大跃进”的思想风潮有很大关系。在一种社会激情的鼓动下，有些科研项目和任务未经认真的讨论和评估就仓促上马，“建设中国的世界时系统”也这样很快通过了决议，而对其要遇到的困难没有清楚地认识和估量。叶叔华在谈到当时的情况时说道：

> 当时国家理念就是什么都要求独立自主，当然也有国际合作，但是更加强调独立自主。我们中国要有自己独立的世界时综合系统就是在这样的理念下出台的。当时世界时综合系统有两个：国际时间局系统由 39 个天文台一起做的，可能最初没有这么多，但也有好几十个天文台一起合作；我们参加的苏联系统也有 14 个天文台合作。而中国的世界时综合系统在建立时只有上海的徐家汇观象台和南京紫金山

---

① 胡维佳主编：《中国科技政策资料选辑 1949–1995（上）》。济南：山东教育出版社，2006 年。

天文台两家一起做，仅凭两家天文台要做出跟国际时间局和苏联差不多、拿得出手的东西，说实在话是很难的。[①]

但是鉴于中国当时所处的特殊政治环境，拥有独立的世界时系统又是势在必行、有利于国计民生的事情。从1959年中国因为台湾问题退出了国际天文学联合会及其所属的专业委员会（包括国际时间局），到1966年中苏关系破裂，中国又退出了苏联的授时系统这两件事情来看，当初这个有点不切实际的决定又是非常正确的。

这样困难的事情最终落到了叶叔华的肩膀上，那年她32岁，是她专业技术职称晋升为助理研究员的第二年。此外，她还面临着另一个棘手的问题，即科研骨干力量的星散。1958年4月，中苏海南岛日环食联合观测日食成功，苏联方面留借了两台太阳射电望远镜给中国，王绶琯受吴有训之命首先离开了上海前往北京筹建射电天文组，开启了中国射电天文发展的先河。接着，罗定江夫妇、李东明抽调到北京组建授时组。原来从事时间工作的前辈龚惠人和一拨人又于1958年承担了更为重要的氨分子钟的国家任务。较早参与时间工作的一批人，只剩下了叶叔华、苗永瑞、吴守贤、金文敬[②]等人，而在这些人之中，叶叔华的年龄最大、资格最老，她责无旁贷地挑起了建立中国世界时系统的重担。后来，随着60年代紫金山天文台授时组、武昌时辰站，70年代陕西天文台、云南天文台的加入，共同从事我国综合时号改正数的订正工作，叶叔华和上海天文台成为了中国世界时工作真正的“武林盟主”。

独立自主建立中国世界时系统绝不是一件容易的事情，不容易首先在于天文测时的技术难题。天文测时除了受观测仪器本身的精确度限制之外，还受着观测环境的影响，如周围的温度场所引起的仪器热变形、大气的反常折射等，即使在同一地方，不同仪器（同型的或不同型的）不同的观测者也带有系统差。星表误差和各个台站所采用经度值的误差，使得不

① 叶叔华访谈，2014年11月24日，上海。资料存于采集工程数据库。

② 金文敬（1937－ ），江苏苏州人，天体测量学家，上海天文台研究员，“中国世界时系统建立和发展”课题的主要参加者之一。

同台站根据自己的天文测时所决定的准确时刻彼此分歧，甚至达到百分之几秒乃至十分之一秒。[①] 研究各个仪器所具有的系统误差并采取适当的方法予以消除，就是建立时号改正数系统并保持这个系统稳定的根本问题。这些系统误差在天文测时的精度范围内仍然能觉察到，时间工作者对它们几乎已经进行了数百年的研究，虽然有些误差经研究后采取了消除或削弱的措施，但至今不能得到满意的解决。

最开始的一年，叶叔华、金文敬等人组成一个研究小组专门搞试算，试验综合时号改正数的各种计算方法以及 1959—1960 年综合时号改正数的精确度，结果发表在《关于综合时号改正数的订定方法》一文中。经过一年多的试算，得到综合时号改正数对苏联标准时刻系统差为：1959 年 −1.3 ± 4.1ms（平均误差），1960 年 −4.5 ± 6.3ms，结果不是太理想，因此叶叔华他们呼吁："为了提高综合时号改正数的精确度，我们建议更进一步考虑改进综合时号改正数的处理方法，并且希望国内有条件进行测时工作的台站，能够尽快提供测时成果，使综合系统的数据更加可靠"。[②] 叶叔华他们最先计算综合时号改正数的方法遵循国际时间局的原则，即不考虑系统差，设若干台站系统差之和为零。国际时间局以台站为单位，每年取若干台站的平均，台站组成一年内不作变动。这种处理的主要缺点为：台站组成改变，则平均天文台的结果随之变动。由于国际时间局的合作台站比较多，而且从 1954 年起，它的台站组成保持稳定，因此造成的影响不是特别大。

中国授时台站的数量与国际时间局和苏联系统相差太远，必须寻找一条与之不同的路径来解决这个矛盾。"因为中国只有人家十分之一的份额，你要用人家的原则，根本不可能。所以后来就想，应该不是这个系统差总和为零，而应该是系统差的变化总和为零。这个想法已经是高了一量级了，而这样就比较有可能，后来就采用这样一个原则。采用这个原则试下

---

① 叶叔华，金文敬：关于"综合时号改正数"的订定方法。《天文学报》，1962 年第 1 期，第 66–73 页。

② 同①。

来确实比较好，所以后来就一直用这个办法了。”①

叶叔华他们最终找到了解决问题的办法。1966 年，叶叔华和吴守贤联名发表论文《关于我国的综合时号改正数》，详细论述了我国综合时号改正数的订定方法和所达到的精度：

> 我国的综合时号改正数的处理是以观测者为单位，并且按观测组数取权。由于观测组数随天气、观测安排等的影响，在所有台站的观测者之间不可能均匀分配，因而每月份观测者的权是不等的。又因为不同的观测者带有不同的系统差，如果不设法消除系统差，则所得的加权平均值将逐月变动，而时号改正数的短期稳定也就难以保持，所以必须考虑系统差。只要系统差确定得好，无论观测者、仪器，甚至台站的变动都不致引起原来系统的变化，原来系统可以稳定地延续下去。②

我国综合时号改正数系统采用假定人仪差的月变化权平均值为零来保持这个系统的稳定，这样的假定对于控制仪器的增减效果是明显的，在过去几年内，尽管有北京授时组、武昌时辰站的测时仪器陆续加入系统，导致仪器台站的数量变动比较大，而系统的长期稳定性仍然得以保持。

衡量综合时号改正数的精确度可以从两个方面：一种是纯粹从观测误差的处理方法计算它的精确度，叶叔华他们对 1963—1964 年的工作作了比较全面的分析，得到我国综合时号改正数精确度的均方误差为 -±0.0025 秒；另外一种就是与世界上最大的系统进行比较，这个系统就是国际时间局系统，当时它已经拥有全世界约 40 个授时台站。1963 年，我国的综合时号改正数系统采用了新的经度值，并且重新调整了系统，当年的系统差值与国际时间局平均天文台相比只差 +2 毫秒。我国综合时号改正数自建立以来到 1963 年，系统差的变幅为 7.1 毫秒，与几个外国系统比较（均对于国际时间局的 1962 年系统），中国已经超过了

① 叶叔华访谈，2014 年 11 月 24 日，上海。资料存于采集工程数据库。

② 叶叔华，吴守贤：我国的综合时号改正数。《测绘学报》，1966 年第 1 期，第 1-16 页。

苏联、日本东京，排在了世界第三位，前两位分别是法国巴黎和加拿大。我国综合时号改正数的精确度已达到国际先进水平，成为世界先进的系统之一。叶叔华等人创立的方法也影响到了国际时间局，“我们这个办法比国际时间局用得早。后来国际时间局把每一个观测都加 ABCDE，一个常数项，一个周年项，一个半年项，其实原理是一样的。所以它用了这个办法，它就又再提高了一步，而我们当时用这个办法就能够一直维持住系统的稳定”。①

随着中国综合时号改正数精度的逐年提高，叶叔华的内心也充满了自信和自豪感，当一直关心着中国授时工作的吴有训副院长向她询问：“你们怎么样，你们的工作赶上日本没有？”叶叔华回答：“老早就超过日本了”。吴有训特别高兴地说：“你们能赶上日本就算是很了不起的了。”事实上，1964 年的结果比 1963 年的更好，精确度不仅远超日本，而且与国际时间局的也已相差无几，排在了世界第二位。这时，叶叔华才向党支部委书记周尊博②汇报了此事，周尊博马上汇报到上海市和科学院。这真是一石击破水中天！叶叔华自己都觉得莫名其妙，突然之间自己变成了上海市的“三八红旗手”，她领导的集体也变成了中国科学院的先进集体，颁奖啊，照相啊，被派到北京开会啊，政治地位一下子提高了许多，再也没有人在思想政治学习会上批评她总是不积极参与了。

“躲进小楼成一统，管他冬夏与春秋”，这是中国知识分子做学问最希望拥有的一种状态，然而当整个社会都处于动荡时期，谁又能置身事外？1957 年的反右运动、1959 年到 1960 年的“大跃进”运动、1960 年至 1962 年的三年困难时期搞得大家人心惶惶。叶叔华回忆道：“‘大跃进’的时候，台里每晚都要加班，加班不是做业务而是大炼钢铁。我记得台里有一个很好的蓝色铁门就被拆下来大炼钢铁了。当时我觉得这种做法很没意义，所以就只来看一看。我还问佘山的一位老技术人员这样炼钢铁有没有用？他

① 叶叔华访谈，2014 年 11 月 24 日，上海。资料存于采集工程数据库。

② 周尊博，1921 年生，浙江省镇海县人，1942 年参加革命。1962 年 3 月到上海天文台工作，担任党支书副台长，上海市天文学会副理事长等职。“文化大革命”开始时“靠边”站，1970 年任科技生产组副组长，1978-1983 年曾任上海天文台党委书记，此后离休。

图 2-4　1962 年叶叔华全家在天安门广场

说没有用，本来好好的蓝铁门，跟其他铁混杂在一起质量就更差了。其实，那时候大家心里也明白这样做没意义，但又没有办法。我理解了这些，就慢慢地不参加这种运动。”不积极参加运动，思想会议上挨批评自然就躲不过了。

“大跃进”之后是三年困难时期，农村城市都吃食堂，不许在家里自己烧饭。当时，叶叔华与家人住在交大宿舍，所以就在交大吃食堂。公共食堂也是要什么没什么，连咸菜都定量，唯一改善生活的机会就是星期六起大早排队买“烂糊面”。这种面，其实是把面条加很多水，烧成糊状，捞一碗看起来量很多，其实也没多少东西。大人吃不饱尚可忍耐，最担心的是孩子。当时，叶叔华的儿子程以琮不到十岁，正是长身体的时候。为了给孩子增加营养，程极泰每天下午都去路口等着农民进城卖鸡蛋，然后买一个贵得出奇的鸡蛋给儿子改善营养。

连续的政治运动搞得人们生活难以为继，工作就更没办法维持了，单位里弥漫着萎靡不振、死气沉沉的气氛。1964 年，上海市科委决定召开一次科技会议，希望安抚安抚大家的情绪，鼓舞鼓舞士气。叶叔华作为上海天文台的代表参加会议，并提交了一份题为“综合世界时要赶上世界先进水平”的发言稿，被编在第 30 位没有安排发言。会议气氛甚是消沉，一场鼓舞干劲的会议直接开成了诉苦大会，代表们个个垂头丧气、抱怨连天。叶叔华坐在后排的人堆里默默地听着，这时候会议主持人派人找到了叶叔华，安排她马上上台发言。叶叔华吃了一惊，没有丝毫准备，如何上台发言？但是她很快平静了下来，凭借着当年为弟弟妹妹开“书馆”练就的胆量和口才，叶叔华登台脱稿讲了十多分钟，她以清晰、有力的语言告诉大家：在过去几年里，上海天文台的时间工作已经超过了苏联、日本和美国等国家，并且一定要达到国际先进水平。整场会议除了叶叔华之外，没人敢说这样的话，她的讲话犹如敲响了一面战鼓，会议气氛立刻得到扭转，大家重新鼓起勇气，讨论各自该做的事情。叶叔华的讲话也使上海市委开始注意这个刚刚从南京紫金山天文台分立出来才两年的上海天文台。

同年夏天，叶叔华和业务处长全和钧到应用部门去汇报，他们跑到部队测绘部门、国家测绘部门去报告说明中国时号改正数精度已经达到国际先进水平，希望应用部门能够使用。回来后，上海天文台向中国科学院申请对“综合时号改正数”进行技术鉴定，结果来的是中华人民共和国科学技术委员会（65 国中科研字第 001 号）鉴定，这在当时是非常罕见的事情。1965 年 8 月 3 日，“综合时号改正数”通过了由吴有训副院长和武汉大学校长夏坚白院士主持的国家级技术鉴定，最后的鉴定书上写道：

> 鉴定委员会一致认为我国的综合时号改正数的精确度已经进入国际先进水平的行列，这就为我国应用部门采用我国自己独立的综合时号改正数创造了良好的条件。这是我国科学工作者在党的领导下，在科学战线上取得的又一次胜利。1963 年起，我国世界时服务的精确度就已进入国际先进行列。①

在鉴定会召开之前，“综合时号改正数”就已经获得郭沫若院长签发的中国科学院优秀奖证书，上海天文台时间纬度研究室被评为“中国科学院先进集体”。鉴定会召开后的 9 月 24 日，《新华日报》第三版以“我国天文台测时精确度达国际水平”为题报道了上海天文台的成就，“我国的授时系统是世界上最好的系统之一，已能满足当前国民经济建设和国

① D154-1040，研究成果鉴定书。资料存于中国科学院档案馆。

我国天文台测时精确度达国际先进水平

我国的授时系統是世界最好的授时系統之一，已能滿足当前国民經济建設和国防方面的需要

【新华社上海二十三日电】人們每天从收音机里听到广播的北京时間，总要对一下钟。但是，它并不是怎样标准的时間。这个时間的精确度一般不超过百分之一秒或十分之一秒。现在，我国授时系統测定的标准时間的精确度，誤差已經不超过千分之二秒，达到了国际先进水平。

这个精确度很高的标准时間，是用中国科学院上海天文台、南京紫金山天文台、北京天文台筹备处和在武汉的中国科学院测量与地球物理研究所等四个单位提出的测时、收时和守时的数据，最后由上海天文台綜合訂正，并由上海天文台通过专用电台，用无綫电訊号向全国和全世界播送。

最近在北京举行的国家鑑定表明：我国的授时系統已成为世界上最好的授时系統之一。它所规定的标准时間，已經能够滿足我国当前国民經济建設和国防方面的需要。

测定时間的标准以地球自轉为根据。用专門仪器观测地球在它自轉过程中所反映出来的某些星体东升西落的现象，从記录下来的数据里，就可以测定出地球所指示的标准时間。天文工作者从事的这項测定工作被称为授时工作。

标准时間对国民經济、国防和人民生活都有重要的意义。繪制各种精密地图、测定边界綫、勘探矿山資源、开发水利、远程的航海和航空以及人造卫星的观测等方面，都需要高度精确的时間。当輪船航行在茫茫无际的大海中时，就要根据当地的时刻和天文台发布的标准时刻得出的时差，来确定輪船所在的經度。然后再用观测恒星的方法来标出輪船所在的緯度。测繪精密地图对时間精确度的要求更高，如果时間誤差一秒钟，地面的差距就将近半公里。但是，测定时間的精确度往往要受季节、温度和地理环境等因素变化的影响，因此，高度精确的标准时間一般都是根据几个天文台、站的测定结果最后訂正出来的。

我国的天文工作者为了测定精确的时間，长年累月一絲不苟地进行了大量細致踏实的工作。不管严冬还是炎夏，每当晴朗的夜晚，研究人員便打开观测室的活动屋顶，用精密的天文仪器，观测一些星体經过天空某一点的刹那，然后由精密仪器記录下观测得到的数据。每个値班观测的研究人員一个晚上往往要在連續四五个小时内，观测六十颗左右的恒星。仅上海天文台，每个月就要观测几千个星次，并且进行大量繁复的計算，才能得出精确的数据。他們还想了許多办法，克服了不同的人用同样的仪器而观测結果会产生差异的"人差"现象，提高了测时的精确度。

解放前，我国连时間都是"舶来品"。一八七三年，法国人在上海徐家汇設立了天文台。他們从事的授时工作，一直是为帝国主义的軍艦和商船服务。当时研究人員都是外国人，测定时間的精确度也很低。解放后，国家陆續更新了上海天文台的全部测定时間的仪器，南京紫金山天文台也添置了测时的新設备。从一九五九年起，上海天文台就开始用上海和南京两个台的資料发布我国测定的标准时間。接着，北京、武汉两地的授时台也在一九六一年和一九六三年先后建成并投入工作，使我国初步形成了一个更为完整的授时网。随着授时工作的发展，一支年輕的科学技术队伍也已經成长起来。

· · ·

上海試制

【新华社上海二十一日电】上海电子管厂試制成功一种能显示数字的电子管——"SZ-1型数字

图 2-5　1965 年《新华日报》的报道

图 2-6　郭沫若签字的获奖证书

防方面的需要"①。1965 年 12 月 25 日，国家科委下达第 1155 号文件，文件同意鉴定结论，并宣布自 1966 年 1 月 1 日起全国各个应用部门一律采用上海天文台所刊布的综合时号改正数。②

"终于把这个国家任务解决掉了"，当叶叔华谈起当年的这些事情时，表情平静、语气淡然，似乎在说一件不值一提的事，"我们的时间系统做得好，绝非某人或某一个小组的能力，后来我们建立了 5 个观测点，大家一起合作，非常用心。每年我们会请一些测绘队员来讲野外测绘的艰辛，以此鼓励大家。大家也以这份工作为荣，团结一

① 张嘉懿：1950-1965 年中国现代授时系统的建立。硕士论文，2016 年 5 月，指导教师：宁晓玉。

② D154-1040，同意"综合时号改正数"的鉴定结论。资料存于中国科学院档案馆。

致，一直工作了好多年才有了最后的结果”。[①] 她更不愿意居功自傲，而是将成就归功于集体。对于和自己一起奋战过的组员的成就，她也给予了高度的评价。1970 年初，吴守贤奉命调离上海天文台参加陕西天文台的筹建工作时，叶叔华为他写下了这样的评价：

> 1960—1970 年期间，吴守贤同志担任综合时号改正数组组长。综合时号改正数是建立我国世界时系统的核心课题。该组的研究为我国世界时系统的建立的各项科研成果做出了主要贡献，而吴守贤是实际承担此项研究的完成者。许多研究报告由他完成。若干重要的报告由叶叔华与吴守贤共同署名。[②]

局外人是不太容易理解局内人的甘苦，要说叶叔华为建立“综合时号改正数”所遭遇的种种不易和她在其中所起的作用，当年批评过叶叔华，后来又与她共同奋战过的韩天芑理解最深：“1963 年，我们（武昌时辰站）也参加了（综合）时号改正数的工作，我与老叶的联系就更密切了。我们称她是‘盟主’，自己是‘诸侯’。我们在一起开会虽有争论，但决定下来的事情，大家就互相配合，丝毫不扯皮，这都与‘盟主’叶叔华的组织能力及个人魅力有关系。她说话大家都听，这是不容易做到的事情。1965 年由国家科委组织鉴定，那是国家级的鉴定，鉴定书是国科 001 号，这是很不容易的。这次鉴定会确定我们国家采用我们自己的标准时间，这是国家科委下的号令，我们从事这项工作的人员的心情都非常舒畅。应当说，我们是在老叶的领导下，花了十年的时间达到了国际水平。”[③]

1966 年，当上海天文台的党总支书记周尊博问叶叔华，时间工作已经走在了世界前沿，上海天文台接下来应该做些什么，叶叔华提出了研制激光陀螺。周尊博很快就将研制激光陀螺的计划报到了华东分院和中国科学

① 叶叔华访谈，2014 年 11 月 24 日，上海。资料存于采集工程数据库。

② 漆贯荣：吴守贤（1934- ）。见：叶叔华主编，《20 世纪中国知名科学家学术成就概览·天文学卷》第二分册。北京：科学出版社，2014 年，第 95-103 页。

③ 韩天芑访谈，2011 年 12 月 2 日，武汉。资料存于采集工程数据库。

院。国际上激光陀螺产生于1963年，是当时光学技术方面取得的最引人注目的进展之一。这种陀螺仪在测量惯性空间的旋转运动时，不像普通陀螺那样利用旋转的质量。陀螺性能不受加速度影响，它的传感速度非常高，且精确度也很高，而且它还具有不需要特殊的冷却、功率消耗低以及结构简单等优点。如果能够将这种激光陀螺用来测量地球自转参数，那么它的精度要比经典的方法高出很多。叶叔华之所以提出研制激光陀螺的想法事出有因。1961年，上海精密光学机械研究所诞生了我国第一台红宝石激光器，她和周尊博书记曾经一同前往参观。她想如果有上海光机所的技术协助，那么研制一台能够测量地球自转变化的激光陀螺还是有可能的。不幸的是，不久之后爆发了“文化大革命”，华东分院和中国科学院的科研干部大部分被打入了牛棚，研制激光陀螺的计划终归搁浅。然而，叶叔华始终将眼光盯着世界天文技术发展前沿，随时都希望尝试和研究新技术，且不甘人后的精神和品格已经出现端倪。

“文革”岁月

五六十年代，世界范围内的天文学发展可谓风起云涌，而中国科学家却由于各种各样的政治运动难得片刻的安宁，“大跃进”运动中，打着“独立自主、自力更生”的旗号，他们被迫与世界科学发展的潮流隔离了起来；“思想改造”运动让很多科学家被迫改造世界观，逐渐失去了思想自由和独立精神；“文化大革命”中多数科学家被扣上资产阶级的反动学术权威、牛鬼蛇神等帽子，他们挨整、被批斗、被关入牛棚，不仅没有进行科学研究的权利，甚至失去了人身自由。叶叔华的家庭成分很早就被定为资本家，父亲又曾经在香港经商，大哥小弟又在美国生活。她自己不仅在香港上过学还在香港教过书，被定为“内控人员”而不被信任。好在因为国家对高精度时间工作的需要，叶叔华曾经在这方面为国家做出过卓越贡献，“文化大革命”开始的时候，她所遭遇到的冲击并不是很大。单位的年轻人出去串联也带着她，她由上海串联到了重庆、再到了北京，在北京她亲眼目睹了群众批判部长的场面。当她脑子里还糊里糊涂，弄不明白为什么领导干部要遭受群众的批判，回到上海，她发现自己也慢慢被疏远隔离，接受革命小将的审查、批斗，批判她整天只知道“转”（地球自转），转来转去，根本就转不出来了；批判她是资产阶级学术权威，臭知识分子。最后她也被关入牛棚，离开了她心爱的工作岗位。她最主要的工作是在佘山劳动，任务是打扫图书馆的卫生。在当时的政治高压下，叶叔华断绝了与香港亲人的一切往来，她甚至不能见到自己的丈夫和年幼的儿子。此时，叶叔华内心的孤独与苦闷外人很难猜想。但她心中牵挂的仍然是我国天文事业的发展。

丈夫程极泰在交通大学的境遇稍微好一些，因为积极追求入党，没有受到多少冲击，但是也游离于革命队伍之外，属于散兵游勇一类。并且大学停止招生，也没有什么学生可以教，除了政治学习和参加运动之外，程极泰也基本处于无事可做的状态。

“文化大革命”期间，图书馆被关闭，国外的报刊、书籍都加以封存，研究人员甚至都不敢进入图书馆，但是根据罗时芳先生的回忆，“文化大革命”期间上海的一些出版社还在偷偷地复印国外一些科学杂志，国外天文学的一些主要期刊杂志，上海天文台图书馆还能够看到。趁着打扫图书馆的机会，叶叔华翻开了久已无人问津、积尘满满的国外杂志，看看天体测量的世界前沿已经走到了哪里。世界天体测量新技术的飞速发展让叶叔华感到吃惊：什么甚长基线干涉仪，以前听都没有听说过，观测精度却比传统的仪器要高出一个量级。以前用过的观测仪器口径最大也不过 10 厘米，而甚长基线干涉仪所用的射电望远镜口径都是几十米，这真是闻所未闻。空间激光测距技术竟然能够将光打到几千千米的卫星上去，这也是难以想象的事情。这些新技术的出现让叶叔华坐不住了，她觉得这些“必定要做的，而且一心就想做这个事情，好像不做都不行。”可是，身处牛棚的她什么也不能说，什么也不能做。

“文化大革命”中期，中国科学院副秘书长武衡到上海各个研究所巡视，当问及天文台的研究人员都在哪里时，她被台里的革命小将推出来与武衡见面。见面仅仅几分钟，只是见面，叶叔华没有任何机会开口讲话。会议结束后，看着领导离去的背影，叶叔华内心百感交集，忧心如焚。这对叶叔华这位“敢说敢做”的科学家来说，这种场合下的“有话不能说”无异于一种精神折磨。叶叔华隐忍着、坚持着、等待着时机的到来。

第三章
心系中国的 VLBI 网

60 年代，在叶叔华等一批天文学家的努力下，中国不仅独立自主地建立了世界时系统还使得其进入了世界先进水平。1970 年，我国研制成功了世界上第一台光电等高仪；1974 年开始，经过进一步改进后的光电等高仪陆续安装在我国各大天文台并参加了测时等工作，取得了良好的结果。我国光电等高仪的成功研制把等高观测技术向前推进了一步，同时更加保证了中国世界时系统的稳定性和先进性。提高授时精度和建立世界时系统都是为了完成国家任务，解决国防和经济建设的迫切需要，在解决国家需要的同时，中国的天体测量学一枝独秀，获得了优先发展的机会，这种状况一直持续到 80 年代中期，它对

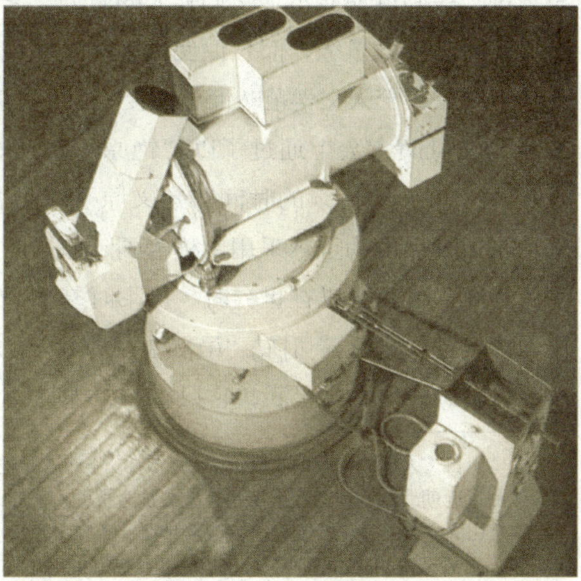

图 3-1　中国研制的 II 型光电等高仪

中国天文学的发展产生了巨大的影响。

> 我国天体测量学是从一个极其薄弱落后的基础上，在国家任务带动下发展起来的，三十多年来走过一条“任务带学科”的发展道路。它一方面推动了学科发展，使得在国家处于百废待兴的情况下能对本学科给予较大支持，在“国家任务”的精神支柱下，科研人员有明确奋斗目标和紧迫感，更能团结一致，从而在三十年来出了一批重要成果，在地球自转服务领域中一直居于国际重要地位。另一方面，强调任务，也给学科发展带来明显的不平衡的局限性。①

天体测量学是研究天体的位置和运动的学科，是天文学最老的一个分支，研究的内容包括授时、星表、天文常数等，一些工作由于具有很强的实用性而在各国政府获得重点支持和发展。进入 20 世纪，这门老学科的发展与新兴天体物理学的相比不仅要缓慢得多，而且在授时、天文导航、天文大地测量等方面的工作也被更高级、更尖端的技术所取代，有些甚至超越了天文学科本身。例如，1954 年美国的氨分子钟和 1955 年英国的铯原子钟一经问世便显示了它们强大的威力，它们不仅把时间测量的精度一下提高了几个数量级，而且促使时间测量领域发生了划时代的变化：时间测量传统上属于天文学范畴而现在变为属于物理学范畴②。1967 年，第 13 届国际度量衡大会上通过了以“铯原子跃迁时发射或吸收电磁波的频率 9192631770Hz 所持续的时间”定义原子时秒长，1971 年，国际计量局的平均原子时尺度为全球采用，称为国际原子时。原子时被认定为国际时间测量基准，代替了以往世界时、历书时基准。天体测量学最重要的星表工作的情况进展也乏善可陈，“虽然通过 300 年的努力，现在人们获得的恒星位置最精确的是 FK_4 星表，它只有 1535 颗星，内符合为 0.05″到 0.10″，系

① 出自《天体测量近期战略座谈会纪要》，由钱志瀚先生提供。1985 年 10 月 16–18 日，我国天体测量近期战略座谈会在上海举行，参加会议的有来自北京天文台、陕西天文台、云南天文台、紫金山天文台、上海天文台、武汉测地所、南京大学天文系、乌鲁木齐天文观测站等单位的代表 20 人，会议由叶叔华主持，中国科学院数理学部副主任王绶琯、天文处沈海璋参加了会议。

② 吴守贤，漆贯荣，边玉敬：《时间测量》。北京：科学出版社，1983 年，第 16 页。

统差大致同数量级”“恒星自行的测定情况也不太佳，现在的内符合精度大致为0.0007″/年到0.004″/年，系统差大致同数量级，而且星数太少……在天球上的分布也很不均匀”，视差的测定也进展不大，“虽经人们多年持续的努力，迄今只测量了7000颗左右，其精度约为0.013″”，[①] 由于进展不大，有些天文台甚至停止了视差工作，这使视差测量星数的增加将更加缓慢。不仅如此，天体测量各种经典技术也发展到了一个瓶颈期：“其测定精度在20世纪70多年的时间里只提高了三四倍。观测精度不能大幅度提高的原因当然是多方面的。除了仪器本身的局限性以外，还受到各种偶然误差和系统误差的影响，在目前可能分离的误差来源中，尤以近地面大气（包括仪器周围大气反常折射）的影响最为复杂，它似乎已经使经典方法的测定精度达到了极限。”[②]

与经典天体测量学遭遇的没落境况相反，空间天体测量学却呈现出一种方兴未艾的态势，这与1957年苏联发射第一颗人造卫星，1969年美国成功实施“阿波罗登月计划”，并由此掀起了国际间，尤其是苏美两个大国之间的“太空竞赛”有很大关系。人造卫星的升空、各种太空探测器的发射，还有一种类似于GPS定位系统的出现，对地球在宇宙中的位置、地球自转的速度以及天文基本参考系提出了更高的要求，迫使天体测量学从观测仪器到观测方法，乃至观测要素发生了根本性的变革。在新技术的冲击下，中国原来工作多年、并为国家争得荣誉的经典观测技术将逐步退出地球自转服务（ERP服务），作为中国时间工作领军人物的叶叔华对此有着清醒的认识，对经典天体测量学发展的前景也有着深刻的了解：不前进就必然落后，甚至被淘汰！不能让这得来不易的世界先进水平旁落，必须为此寻找新的出路和突破，这恐怕是叶叔华日后百折不挠地在中国推动甚长基线干涉测量、月球激光测距和人造卫星激光测距等新技术的直接动因。

---

① 中国科学技术情报研究所：《出国参观考察报告：法国天文地球动力学》。北京：科学技术文献出版社，1979年。

② 吴守贤，漆贯荣，边玉敬：《时间测量》。北京：科学出版社，1983年，第16页。

寻找天体测量的世界前沿

在“文化大革命”进行了五六年，中国科学遭到重创的情况下，1972年7月14日，杨振宁等一批海外华裔科学家访华，周培源作陪。这些爱国学者向周恩来总理提出“我国对基础理论研究不够重视，基础理论研究水平十分落后”。周总理听取了他们的建议并即刻做了“关于加强基础理论研究”的批示，并嘱咐周培源在《光明日报》上也发表文章进行呼吁。①作为基础理论学科之一的中国天文学的发展迎来了一段“小阳春”。叶叔华和其他一批天文技术专家走出了牛棚，开始正常工作，一些被停止的项目与研究陆续恢复。1973年6月21日—7月16日，天文座谈会在北京召开，全国的天文机构和其他相关科研院所共34个单位，99人参加了这次座谈会。这次座谈会对全国天文研究工作逐步恢复具有重大意义，揭开了中国天文学再发展的序幕。②

虽然叶叔华走出了“牛棚”，恢复了工作，但是“文化大革命”还远没有结束，她仍然属于不被信任的人员之列，只能站在政治思想靠得住的同事金文敬的身后从事工作。这时候上海天文台佘山站的万籁、何妙福等人已经开始与上海光学精密机械研究所合作研制人造卫星激光测距。那么，徐家汇站应该做些什么呢？叶叔华再次提议研制激光陀螺仪，由上海光学精密机械研究所协助，研究计划报上去，很快就被列入了科学院1971年重点发展项目。③当时，科研单位大力提倡研究和生产结合，刚刚从牛棚解放出来的叶叔华还要下工厂参加劳动，为了激光陀螺的研制，身材娇小的她甚至抡起了大锤，砸开安装激光陀螺的水泥基座。在叶叔华和其他

① 吴守贤，漆贯荣，边玉敬:《时间测量》。北京：科学出版社，1983年，第16页。

② 宁晓玉，孙小淳：20世纪中国天文学。见：叶叔华主编,《20世纪中国知名科学家学术成就概览·天文学卷》。北京：科学出版社，2014年，第1–58页。

③ 在《中国科学院第四个五年计划期间科学研究重点项目表》(第六部分，1971年2月)中，天文共列入五项，其中“时间、标准频率、极移研究”中就列有“开展激光陀螺研制”和“用激光测距研究历书时”等项目。

人员几年的艰苦努力下，激光陀螺的研制取得了部分进展，成功获得了干涉条纹，只是还存在着容易受到外部环境的影响而不太稳定，用于测量地球自转参数的精度不够等缺点，最后研制激光陀螺的项目在进行了四五年后不得不放弃。叶叔华承受了任务失败后的挫折与委屈，还有一些不满与非议。激光陀螺在国际上的研究进展同样也不顺利，直到 90 年代新西兰和德国才先后研制了能够测量地球自转和极移的激光陀螺，即便如此，新西兰的激光陀螺在实验过程中，羊群经过的震动也会让仪器出现大的变化，最终取得有价值的科研成果要等到了 21 世纪。

除了下工厂参加劳动，叶叔华最喜欢做的事情就是在图书馆翻看国际天文联合会的报告，这是了解国际天文界发展动向，掌握天文学家当前关注的热点问题、前沿问题的最佳途径。只不过她再也不用偷偷摸摸地去看，而是可以正大光明地翻阅这些国外资料。她注意到了一件这样的事情：1967 年美国和加拿大分别研制成功了一种叫作甚长基线干涉仪的东西，可以把宇宙中非常遥远的致密射电源的毫角秒精细结构描绘出来，但是由于它耗资巨大，技术上还没有完全成熟，国际天体物理学界对此反应冷淡。然而，有两位美国科学家凯勒曼（K. I. Kellermann）和科恩（M. H. Cohen）却对此项技术抱有极大的热情和信心，他们四处游说加以推广。在国际天文联合会（IAU）大会期间，他们俩甚至游说到了第 19 专业委员会，即地球自转专业委员会。IAU 第 19 专业委员会的一些成员对这项最新出现的技术和在天体测量上的应用前景也有点保守，他们只是搪塞说新技术研制开发耗资巨大，天体测量界用不起，他们能做的就是充分利用好现有的经典测量方法从事传统的研究，至于开发研制这些新技术还是由别人去做好了。第 19 专业委员主席却是一位有远见卓识的人，委员会成员对发展新技术的反应令他非常不满，他警告大家说：如果本组专业委员会再不争气，继续死气沉沉地维持原状，那么 IAU 就要取消这个组了。叶叔华还注意到，IAU 报告里已经提出空间探测和空间定位技术要求的是数量级的改变，要提高一个到两个量级才能满足要求，现有的经典仪器是完全不可能达到这个精度，只有依靠甚长基线干涉和激光测距等空间技术。

通过对国际天文学前沿发展的了解，叶叔华敏感地觉察到：经典仪器与方法前景有限，只有发展新型观测技术，中国才能在已经取得优势的学科上立于不败之地。她继续忖度着中国天体测量学现有的状况：国际上能够达到的精度中国已经达到，南京天文仪器厂研制的光电等高仪其观测精度已与美国最好的经典仪器相差无几，即使再做进一步的努力，精度的改变也不可能达到数量级以上。叶叔华用了一个形象的比喻来说明问题：“精确度由原来的千分之三变成千分之二，就相当于跳高运动从一米二跳到一米二一，或者短跑运动员跑步速度的提高，只能一秒一秒的提高，这些改变都是有限的。”另外，当时世界上天体测量还有一个巨大的改变，因为随着光速被精确测量，光速已经成为一个基本度量单位；其次，随着原子钟的发明，测量时间、频率已经变得容易且更精准，这样就使得距离测量成为了一种趋向，天体测量已经从传统意义上的角度测量转化成了距离测量。根据叶叔华的判断，随着这些新技术和新方法的出现，天体测量的时代已经变了，如果再墨守陈规，迟早要被世界所淘汰。对以天体测量为主要学科支柱的上海天文台来说，如果不在世界天体测量发生转机的时候，抓住机遇发展新技术，将来真的会走投无路。

叶叔华把眼光放在了甚长基线干涉仪技术上，她有自己的理由：甚长基线干涉仪技术是当前天文观测中分辨率最高的技术，因为分辨率高，所以天体测量和天体物理都可以用，前途不可限量。它还有参考系上的优点，上海天文台正在进行的人造卫星多普勒观测和激光测距都是以人造卫星轨道为参考，反求地球点位以及地球的自转运动与地壳运动，人造卫星轨道的微小变化因此都将带入结果中。月球测距是以月球轨道为参考，轨道变化的问题虽然比人造卫星好很多，但是月亮本身运动的复杂情况与地球相差不多，所以在测定结果中，两者精细运动可能难以界分，而甚长基线干涉仪观测是以遥远的河外射电源为参考系，克服了以上实测技术的缺点。

甚长基线干涉技术的发展历史

甚长基线干涉仪（Very Long Baseline Interferometer，简写 VLBI）是诞生于 20 世纪 60 年代射电天文学领域的一项新技术。干涉仪的分辨能力与组合天线的距离有关，天线距离越远，干涉仪的分辨率越高，观测天体越清楚，所以要提高分辨率，就需要延伸天线之间的基线长度，但是基线不可能无限延伸，它受到连接射电干涉仪各个天线之间电缆长度的限制，当距离超过几十千米，用连接电缆不仅造价昂贵并且实现起来也很困难。随着科学研究的深入和发展，人们对于进一步提高分辨率的愿望越来越迫切，正是在这种强烈需求之下促成了 VLBI 技术的诞生。VLBI 的主要特点是干涉仪的两端完全独立，不需要任何电缆连接，两端都有自己独立的本振系统，被接收的信号则用磁带记录器记录下来，以后再放到一起进行相关处理。由于 VLBI 天线系统之间不需要电缆连接，因此基线延伸就不再受到限制，可以把不同的天线放在地球的任何一个地方，需要的话甚至还可以放到地球外的某个地方上去。①

VLBI 最早出现在 1965 年，当时美国佛罗里达大学一个研究组为了探测木星爆发的区域使用了各自独立的磁带记录干涉仪，结果获得了很不错的分辨率 0.1″。现在看来，这个干涉系统设备简陋且精度不高，但这却是 VLBI 技术的首次尝试。在接下来的一年中，加拿大和美国差不多同时研制出了两种不同的 VLBI 系统：加拿大系统采用电视录像机作为记录终端来记录模拟信号，美国则采用通用的磁带机来记录数字化的信号。两个系统各有优缺点：加拿大系统虽有频带宽、灵敏度高的优点，但是模拟信号的处理很不方便，因此后来就不采用了；美国系统虽然频带窄（360kHz），但它记录的是数字化信号，能和计算机配合使用，所以数据处理和存储起来比较方便灵活，后来发展成为美国国家射电天文台 VLBI Mark I 系统。

① 中国科学技术情报研究所:《出国参观考察报告：美国天体物理学研究概况》。北京：科学技术文献出版社，1977 年。

美国国家射电天文台又吸取了加拿大系统频带宽的优点，也采用了电视录像机作为记录终端，但却是记录数字化信号，这样就产生了后来比较普遍使用的 VLBI Mark Ⅱ系统，不过 Mark Ⅱ系统必须要用专用的处理机来处理数据，而这种 Mark Ⅱ的处理机当时只有美国有，而且只有两台，因此凡使用 Mark Ⅱ观测得到的资料都必须到美国去处理。20 世纪七八十年代，世界上大约有近 20 个射电天文台有 VLBI 的终端设备，大部分是 Mark Ⅱ，也有一部分是 Mark Ⅰ，它们经常进行国际性组网观测。美国一方面利用 VLBI 技术研究一些类星体、星系以及分子云等致密源的精细结构及其演变，以探索一些天体演化方面的重大课题，另一方面还用于地球物理和天体测量，有时被称为测地 VLBI。由于 VLBI 技术应用在测地方面有些特殊的要求，因此初期的 VLBI 技术最先是应用在天体物理研究方面，测地 VLBI 直至氢钟作为本振用于 VLBI 以及 VLBI 系统的稳定性及相位校正技术有了改进之后才使这方面的实际应用有了可能。①

20 世纪 80 年代初，VLBI 在地球动力学方面的应用日益活跃，美国和欧洲空间中心都投入了较大的资金和人力在 VLBI 测地技术的发展上和应用上，仅仅美国组织的计划就有 3 个：首先是 VLBI 用于地球测量的 Aries 计划，由美国喷气推进器实验室（JPL）主持，包括用 NASA 的美、西、澳三个深空间跟踪站口径 64 米的射电天线每周测定世界时、极移以及射电源位置供飞往木星土星的宇宙飞船导航定位之用；又配备小口径流动射电望远镜在全球几十个点观测，监测断层活动以及控制大地测量网，已经用口径 9 米的流动天线进行中间试验，正在改用口径 4 米的天线作为流动站。其次是太平洋板块运动实验（简称 PPME），由美国西部、夏威夷、阿拉斯加和日本的射电望远镜作 VLBI 观测，测定世界时、极移与板块运动。最后是用 VLBI 测定极移计划（简称 POLARIS），由美国海洋大气局的大地测量部主持，预计在美国本土建立 3 个 VLBI 站，测定世界时与极移以支持流动站的工作，该计划还将扩展到国际上。根据 1977 年的结果，美国东西岸 3900 千米基线 10 次测定的符合精度已达 ±7 厘米。欧洲空间

① 中国科学技术情报研究所:《出国参观考察报告：美国天体物理学研究概况》。北京：科学技术文献出版社，1977 年。

中心也有相应的活动，瑞典、荷兰的有关机构成立了一个称为天文大地测量 VLBI 工作组（AGRAM），正在开展工作。①

为了中国的 VLBI 技术

中国天文学家更多的是看到了 VLBI 在天体测量学和大地测量方面的应用前景，这从上海天文台在《实验甚长基线干涉测量系统》对 VLBI 应用价值的论述之中可以看得出。

> 人们又发现用 VLBI 能够精密测量射电源的位置和基线向量，因而能够在天体测量和天文地球动力学方面发挥重要作用。在天体测量方面，由于它对射电源的定位精度已达到百分之几的角秒，并且具有千分之几角秒的潜力，所以可以以此来建立以河外射电源为基础的更理想的基本参考系：可以测量银河系射电源的自行和三角视差；可以更精确地测量天文常数：岁差、章动。在天文地球动力学方面，可以精确测量全球性运动，如极移、地球自转及固体潮等，也可以测量地壳相对运功，如大陆板块漂移、断层移位等。经过多次实验证实：VLBI 对于几千千米长度的基线测量，已经达到几厘米的精度（内部符合）；在一千米多的短基线上已达到毫米级的精度，所以它也是大地测量的一种新型测量方法。在这方面，VLBI 具有很多优点，如全天候工作；纯粹几何方法，不受重力场影响；以河外致密射电源的位置为参考系，它是目前已知的惯性参考系的最好的近似；测量的是相位差，所以潜在精度应能达到其工作波长的小数，因此，该方法已受到了人们的很大重视。②

① 中国科学院上海天文台编：《天文地球动力学文集（1978）》。北京：测绘出版社，1979 年。

② 射电天文研究室：实验甚长基线干涉测量系统。《中国科学院上海天文台年刊》，1980 年第 2 期，第 117–129 页。

之所以把 VLBI 的应用主要定位于大地测量大致有两方面的原因，其一是中国 50 年代对授时工作和地球自转研究，60 年代对地球运动、地震研究等的重视，国家给这两方面的研究重点支持，这使得它们的发展必然具有延续性和惯性；其二是希望在这些已经取得优势的领域追求新技术、探索新方向、寻求新突破。与经济、科技实力雄厚的欧美国家相比，70 年代初的中国要想发展 VLBI 技术困难重重，但也不能说毫无条件，VLBI 需要的设备主要有口径约 30 米左右的射电望远镜、高稳定性能的本征系统（一般用原子钟来实现）、磁带记录器和数据处理终端，该技术自发明后经过几年的改善与提高，到 70 年代所需要的天线口径已经缩小，其他设备也有所简化，但是耗费巨大、技术复杂仍然是制约 VLBI 技术普遍推广的主要因素。尤其是要用高稳定度的氢原子钟来实现本振系统，而当时只有美国和少数几个国家能够制造氢原子钟，购买氢钟不仅价格昂贵，而且国际上对中国禁运，唯一的解决办法只有依靠国内力量研制氢原子钟。

上海天文台的授时工作和 VLBI 的研制都将依赖于氢原子钟，而研制这种钟在上海天文台已经颇有年头，最早是龚惠人先生于 1958 年提议研制氨分子钟，1970 年任务结束并取得了成果。1969 年 9 月 30 日，当周恩来总理了解到国际上已经采用了原子时标准而中国还尚无此标准时，他当即指示“要独立自主建立我国的原子时系统”，研制氢原子钟计划由此启动。经过 3 年艰苦卓绝的努力，实验组获得了氢原子的振荡信号，又经过 3 年，实验组终于在 1975 年 9 月研制成功了我国第一台氢原子钟，准确度达到 7×10^{-12}，稳定度达到 3×10^{-12}。① 氢原子钟的研制成功为中国 VLBI 实验扫清了最大的障碍，提供了 VLBI 实验最基本的条件之一。1974 年开始的“实验甚长基线干涉测量系统（6 米天线）”研制项目，使用的就是国产的氢原子钟。为了进一步提高国产氢原子钟的性能指标，使它能够很好地服务于 VLBI 系统的需要，已经担任上海天文台台长的叶叔华特意派遣翟造成赴美国施密松天体物理天文台学习深造，因为这里是世界上氢原子

① 王绶琯，刘振兴主编:《20 世纪中国学术大典 · 天文学 · 空间科学》。福州：福建教育出版社，2003 年。

钟制造技术最先进的地方。翟造成在美进修学习期间，叶叔华乘她出国机会屡次看望他，并鼓励他努力学习先进经验，制造出中国高质量的氢原子钟，因为中国的VLBI技术等着要用。1984年翟造成学成归来，叶叔华特拨专款给他，希望他在已有工作的基础上研制新型氢原子钟。翟造成及其团组不负众望，在1987年完成制造出了实用型氢原子钟，这是一台集物理和电器部分于一体集成式氢原子频率标准，稳定度为 2×10^{-13}—4×10^{-13}，准确度为 5×10^{-13}，达到了国际同类产品的先进水平。迄今为止，实用型氢原子钟已经被陆续安装在佘山、乌鲁木齐、昆明和密云四个VLBI观测站，且运转良好，满足了VLBI观测的需要。这是后话。

图 3-2　上海天文台研制的氢原子钟

1973年3月，天体测量座谈会在上海举行，同年4月射电天文座谈会在北京举行，两次会议上海天文台都提出了“8年内要在我国用甚长基线干涉仪研究地球自转以及宇宙射电”的建议，建议获得了通过，上海天文台和有关单位被要求在共同调研后，提出在国内布点实施方案。1973年6月，上海天文台交出了“关于开展甚长基线射电干涉工作的请示报告”，正式提出了研制VLBI的计划，这份报告是上海天文台与南京大学天文系射电组认真讨论后撰写的第一份有关甚长基线干涉仪的正式报告。报告分两个部分，第一部分重点论述“甚长基线干涉仪的应用”，主要从国际上射电天文与天体测量方面对这一技术的应用出发进行了论述，最后报告指出：“甚长基线干涉技术的用途非常广泛，从大宇宙的结构与演化以至地月系的演化，地球的构造与运动，从基本理论到各种实际应用，都大有好处”。第二部分是关于“在国内外开展甚长基线干涉的设想”，其中对我国

图 3-3 1974 年叶叔华提议在中国建立三个 VLBI 站

开展这项技术所需的和已经具备的条件，正是这项技术可行性的反映，报告中指出："我国开展甚长基线干涉具有相当条件，上海已能成批生产口径 15—25 米的抛物面大天线，虽然跟踪设备尚未配套，天线精度也没有作过细致的测试，但已有良好的基础。氢钟的研制已有一定成果，几年之内，成批投产是没有问题的。磁带记录据了解也并不困难，而大型通用电子计算机以及相应的数据处理技术，都是可以做到的"。报告对工作进度的安排也给予了考虑，希望在"8 年后期建立上海、陕台、喀什甚长基线干涉网，各配备 20 米口径天线以及原子频标……""整个技术总造价 300 万元，预期在 1978 年开展甚长基线干涉工作"①。

如果考虑到当时正值"文化大革命"，科学技术研究遭到很大破坏，再考虑到中国天文界与国际天文界隔绝已经有些年，那么就可以理解这份报告的出台不仅相当难能可贵而且具有雄心抱负。上海天文台持续不断的努力终于获得了中国科学院的重视，在制定 1974—1975 年重要科学研究项目计划时，中国科学院将甚长基线干涉仪的调研、考虑试验方案和组织研制列为重要项目。1975 年 12 月，叶叔华要求以万同山为首的一室射电组又提出了"关于在我国开展甚长基线干涉工作的论证和有关建议"，该文对于建设我国 VLBI 系统的技术方案和技术路线提出了初步设想，为下一步 VLBI 测量系统建设总体方案的设计提供了很好的参考②。"甚长基线射电干涉仪"课题列入了中科院天文 8 年发展规划，以上海天文台为主，联

① 关于开展甚长基线干涉工作的请示报告，1973 年 6 月，上海天文台。此文件为个人保存。

② D154-00646-001，关于在我国开展甚长基线干涉工作的论证和有关建议。存于中国科学院档案馆。

合陕西天文台共同承担该课题的研究工作。此后，VLBI 系统的研制任务还被列入 1978—1985 年全国科学技术规划 108 项重点项目之一。

四处奔波

获得思想上的重视很重要，获得经费支持则更重要。为此，叶叔华一面四处游说向业界人士呼吁发展新技术的重要性，一面四处奔走寻找可能的经费支持途径。刚出牛棚的她顾不得别人对她的怀疑，直接跑到北京寻找到了中国科学院二局（现在的基础局）分管数理天文科的局长戴中榕。这位戴局长曾担任过阎锡山地下电台的台长，是一位十分厉害的人物，同时又是一位没有官架子的人。她跟在戴局长后面，一刻不停地向他磨叨甚长基线干涉仪是如何重要和先进，我国一定要发展这些新技术。此刻的叶叔华就像一枚钉子，钉在自己所要达到的目标上，丝毫也不退让。由于经受不住叶叔华的磨叨，虽然没有完全理解她要干的事业，戴局长最后同意了叶叔华的建议，让她回去组织立项。使戴局长没有想到是，叶叔华所说的甚长基线干涉仪使用的射电望远镜竟然是直径至少 25 米的大家伙，而一般物理上使用的干涉仪都是些小型仪器，不需要花很多钱。所幸其他天文台的工作尚未完全恢复启动，叶叔华得到了天文口能够动用的全部科研经费，甚长基线干涉仪的研制项目自此进入实质性阶段。

尽管获得了中国科学院和国家的重视，但是甚长基线干涉仪的项目仍然有一段很长的路要走。首先，国际上 VLBI 技术主要应用在天体物理研究方面，而将 VLBI 用于测地的技术，即便是在美国也还处在摸索经验之中。其次，VLBI 技术所需的口径 25 米的大型抛物面天线，不仅造价高昂，而且技术难度也比较大。VLBI 一时受到了天文学，甚至地学界专家们的怀疑。时任上海天文台党委书记的周尊博对此心里也没有底。周尊博是一位尊重知识分子，谦虚好学的老共产党员，叶叔华每每提起他都会说："他是一个很好，很好的人。"周尊博不能判断 VLBI 技术的应用前景，他决定向武昌时辰站的韩天芑求教，他对韩天芑说"老韩，你和老叶是多年的战友和好友，老叶坚持要搞 VLBI、人造卫星激光测距空间技术，你又强调经典方法仍然有它的用武之地。你给我说句交底的话，空间的技术到底有没有前途？”韩天芑诚恳地对周尊博说：“你还是听老叶的吧，老叶的意见是对的。老叶有能量、有本钱，可以搞空间技术。我这里只是一个小小的工作站，没有能力发展空间技术。如果我也跟着喊经典技术过时了，只有搞空间技术有前途。那么我手下的人，岂不要散了心，我今后还怎么搞工作”。① 周尊博听了韩天芑的一席话，觉得两人说的都有道理，他决定支持叶叔华发展空间技术。有了上海天文台党委的支持，叶叔华背后就有了最坚实的靠山。

要发展人造卫星激光测距和 VLBI 空间技术需要公布上海天文台的地心坐标。国际上的天文台坐标都是公开的，例如日本水泽纬度站的地心坐标、大地坐标、天文坐标随便都可以查得到。可是上海天文台的地心坐标却是国家机密，总参不同意公布，上海天文台 VLBI、人造卫星激光测距、月球激光测距等项目因此没法开展。为此，叶叔华跑去中科院院部找郁文秘书长，去时正好碰到郁文出去开会了，秘书让叶叔华在办公室等着。叶叔华枯坐在郁文的办公室一直等到了 11 点多。办公室的秘书是位女同志，她深深地体会到了叶叔华的执着和不容易，就给她出主意：“快下班了，郁秘书长肯定会回来，你等着、跟着他走，并把你找他的原因告诉他。”叶叔华听从了秘书的建议。郁文果然回到了办公室随后回家吃饭，叶叔华紧跟着到了他家。郁文请叶叔华吃饭，叶叔华不肯，只是坐在旁边一边看着郁文吃饭，一边向他说明来意。叶叔华对郁文谈到了上海天文台发展 VLBI、人造卫星激光测距的重要性，并再三强调公布地心坐标的必要性。郁文被叶叔华说服了，也为她的执着感动了，他同意给总参反映情况，请求公布地心坐标。就这样，发展 VLBI 技术上的又一个棘手的问题被叶叔华克服了。

80 年代初，上海天文台 VLBI 项目终于正式上马了。甚长基线干涉仪所需要的抛物面天线至少要 25 米，而我国制造这样大口径天线的是当时的第四机械工业部（电子工业部），于是叶叔华再跑到那里去求助。当她向一位处长询问能不能建造一个 25 米的天线时，坐在办公桌前的这位处长直截了当地回答了她两个字：“不行！”随后便一言不发。叶叔华遭遇

① 韩天芑访谈，2011 年 12 月 2 日，武汉。资料存于采集工程数据库。

了自己人生中“最尴尬的 15 分钟”，她在这里谁也不认识，谁也不能替她说一句话，除了怔怔地站在这位处长的办公桌前。不过叶叔华后来觉得这位处长让她经历“最尴尬的 15 分钟”枯站也能够理解，她说：“当时这么做也是很大胆。别人也不知道你是好人还是坏人，不知道你有什么企图”，但是这样的尴尬和冷遇不是一般人能够承受得了的，绝大多数人遭遇这样的情况都会选择放弃，可是叶叔华没有，“我所做的一切，都是为了国家”，她必须全力以赴，只有所有的路都走绝，她才会放弃。叶叔华的坚持换来了这位处长的回心转意，当他再次询问叶叔华究竟要做什么时，叶叔华直接提出她要见部长。第二天，叶叔华如愿见到了第四机械工业部副部长王士光。① 王士光是位老革命家，是新中国电子工业的开拓者和奠基人之一，那部家喻户晓的电影《永不消逝的电波》就是以王士光的故事为原型拍摄的。王士光待人谦和，当他耐心地听完叶叔华的来意时，他直接对叶叔华说“可以”。叶叔华终于松了口气，使她没有想到的是，见部长反而比见处长容易多了。②

后来当有人问及叶叔华为什么要这样不顾一切地做时，她说：“我觉得坚持不懈很重要，因为不论什么事情大家都会遇到很多障碍，而且主观愿望跟客观实际往往不一致。比如你要求的经费太多，或者需要的技术太难，好像东也碰壁，西也碰壁，这时大家还不谅解你，在这种情况下有时候会心灰意冷。这时候就觉得我何必去做呢？何必费这么大力气？可是到了晚上躺下来想一想，这些计划确实是对国家有好处的。是不是一点路子都没有了？是不是所有的路都走过了？尽力了没有？我觉得还没有尽力。所以第二天起来，还继续去碰钉子，继续去努力。我觉得宁愿这样做。”发展 VLBI 技

① 王士光（1915–2003），原名王光杰，电子技术专家，我国电子工业的奠基人和开拓者之一，长期从事军事通信和电子工业的领导工作。50 年代后组织领导电子工业建设，组织筹建了电子工业第一批研究所和设计所，为我国军事电子装备的研制和生产、“两弹一星”工程做出了重要贡献；在北京电子对撞机工程建设中受到国务院嘉奖。

② 在一些媒体报道中，这件事情通常被认为发生在 70 年代初。笔者通过研究王士光生平发现，“文化大革命”一开始，王士光就被打倒，关进秦城监狱达八年之久。1977 年恢复工作，继续担任电子工业部副部长。因此叶叔华不可能在 70 年代初去电子工业部找王士光。另外，上海 25 米天线的立项是在 80 年代初，只有项目立项才可能开始建造 25 米天线。根据以上事实，笔者推断这件事情应该发生在 80 年代初。

术，对美国这样的超级大国来说也许不算是什么难事，而对于刚刚经历过十年“文化大革命”，社会和经济正处在慢慢恢复的中国来说其难度可想而知，就是由于叶叔华不顾一切的坚持，才使得 VLBI 技术得以在中国落地生根。

美国之行

没有经验、没有技术、没有必需的器材，叶叔华必须全力以赴去解决这些实际困难。她想到了“请进来、派出去”的策略，即走国际合作路线，向外国同行学习先进的经验。好在时间已经到了 1976 年，“文化大革命”即将结束，1978 年又迎来了“科学的春天”，大批的海外科学家可以回国讲学、中国的科研人员也可以方便地踏出国门。1978—1979 年叶叔华获得了更大的自由度和行动能力，她担任了上海天文台基本天体测量研究室室主任，两个月之后，她又被中国科学院上海分院任命为天文台台长。1978 年，叶叔华终于等到了与国际同行接触与交流的机会，她首先想到赴法国考察“天文地球动力学”的研究状况（详见第四章），其次就是这次美国之行。

1978 年，美国哥伦比亚大学教授、国际著名地球物理学家郭宗汾教授回国访问。[①] 郭宗汾这次访华途经上海，他希望能够与上海地理学界的科学家们进行座谈。上海市科学技术学会一时找不到合适的接待单位，紧急电话打到了上海天文台，要求必须在当日下午两点派人去科协接待郭宗汾教授。叶叔华接到这个电话，时间已经是上午 11 点，她来不及准备，来不及向党委汇报就急匆匆赶到了科协。后来的事实证明，这真是天助叶叔华！没有这次突如其来的外事接待，叶叔华不可能接触到郭宗汾，就不会有后来叶叔华访美，中国的 VLBI 和激光人造卫星测距项目的研制都可能要大大延缓，正是在郭宗汾教授的帮助下，叶叔华开始与美国地球物理学

① 郭宗汾（1922– ），浙江杭州人，1949 年赴美国留学，1958 年在斯坦福大学获哲学（地球物理学）博士学位，1964 年起在哥伦比亚大学任职。从 70 年代开始，他为推进中美科学技术交流与合作，为中国人才的培养做了大量工作，获得中国政府的“外国专家友谊奖”。参见孙鸿烈：《20 世纪中国知名科学家学术成就概览 · 地学卷 · 地球物理学分册》。北京：科学出版社，2010 年。

界、地球动力学界、大地测量界建立广泛的联系，为今后与美国的科技合作开辟了道路。叶叔华向郭宗汾介绍了上海天文台正在研制的 VLBI 技术、激光人造卫星星测距、激光测月等项目。她的介绍让郭宗汾大为吃惊，他没有想到上海天文台跟世界前沿如此之紧，想法和步子迈得如此之大。热情的郭教授鼓励叶叔华应该走出国门去看看世界的发展，并说他认识美国麦克唐纳天文台以及美国宇航局搞 VLBI 的专家，他愿意从中牵线搭桥推荐叶叔华去那里看看。叶叔华 1978 年的美国之行就这样促成了。

郭宗汾和麦克唐纳天文台台长史密斯（H. J. Smith）博士是老朋友，他回国后马上把叶叔华介绍给了史密斯台长。很快，叶叔华收到了史密斯台长热情的邀请信，信中写道：

叶夫人：

一个月以前，哥伦比亚大学的郭宗汾教授到奥斯汀和我们度过了一天，谈到你和你的同事对于激光测月及其有关应用感兴趣。他和西尔弗贝格（Eric Silverberg）教授和我详细地讨论了与你们天文台合作的可能性。我想以麦克唐纳天文台的名义正式邀请你和你的同事访问我们的天文台。访问时间足够长，以便彼此有利于交换科学上的意念，比如说，两个星期或者更长一些，看对你怎样合适而定。

我们现在把工作扩展到用激光测人造卫星的距离，由于人造卫星一般比月亮近得多，这种“雷达”式的工作就容易了大约百万倍。把测月技术转为人造卫星，可以使设备更简单、更小、更便宜而测距精度却更高（约 1—3 厘米）。这两种激光技术都可以用于取得发射台站的位置，其精度与测距精度可相比拟——较之目前竞争中的甚长基线大地测量技术（除了非常昂贵的甚长基线射电干涉方法）至少好一个数量级。……

你和你的同事能来访问奥斯汀的天文系和麦克唐纳天文台使我们很高兴。我们乐于作为东道主承担你们在德克萨斯的一切费用，并且尽时间所能允许，尽量完全地提供天文台、仪器设备、观测和归算技术的详细情况。

我们，包括我的同事西尔弗贝格教授（他主管我们的激光课题）希望你能够接受这个邀请。我们藉此也能够稍为回报一些去年10月份中国天文学家对我们格外厚意的欢迎，这将尤其使我感到欣慰。

哈伦·史密斯

麦克唐纳天文台台长

1978年9月1日①

11月24日叶叔华回函表示感谢并接受史密斯台长的邀请，她在信中写道：

史密斯博士：

看到你9月1日热情友好的来信，我深受感动。我和我的同事非常愉快地接受您的邀请，并且希望我们在麦克唐纳天文台和德克萨斯大学天文系的访问有助于促进我们两个天文台的友谊，而且为两台的科研合作开辟道路。

麦克唐纳天文台的激光测月工作是举世闻名的。9年来，你们的观测资料已经对某些天文常数和月亮运动的研究作出了卓越的贡献，并且显示了激光技术对地球动力学的潜力，结果是很有希望的。我们十分高兴地获悉您台流动人造卫星测距仪即将完成的消息，这样小巧而高精度的测距仪，将为天文学、大地测量和地球物理学的研究提供新的前景。

上海天文台对激光测月和人造卫星测距都很感兴趣。由于郭宗汾教授的促进和您去年夏天的成功访问，我们两台友好的科学联系正在加强。为此我本人对您，对Silverberg博士和郭宗汾教授表示衷心的感谢。

……

上海天文台台长

叶叔华

1978年11月24日②

① DA-001-100，史密斯写给叶叔华邀请函。资料存于采集工程数据库。

② DA-001-072，叶叔华关于接受访美邀请复函。资料存于采集工程数据库。

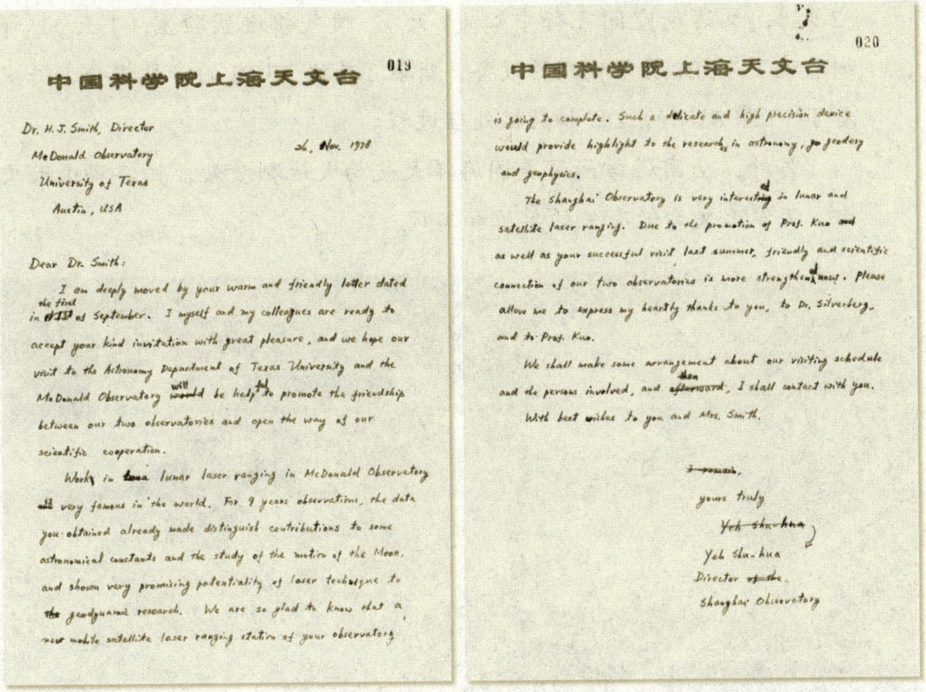
中国科学院上海天文台 019

Dr. H. J. Smith, Director
McDonald Observatory
University of Texas
Austin, USA

26, Nov. 1978

Dear Dr. Smith:

I am deeply moved by your warm and friendly letter dated in the first of September. I myself and my colleagues are ready to accept your kind invitation with great pleasure, and we hope our visit to the Astronomy Department of Texas University and the McDonald Observatory will be helpful to promote the friendship between our two observatories and open the way of our scientific cooperation.

Works in lunar laser ranging in McDonald Observatory is very famous in the world. For 9 years observations, the data you obtained already made distinguish contributions to some astronomical constants and the study of the motion of the Moon, and shown very promising potentiality of laser technique to geodynamic research. We are so glad to know that a new mobile satellite laser ranging station of your observatory

中国科学院上海天文台 020

is going to complete. Such a delicate and high precision device would provide highlight to the researches in astronomy, geodesy and geophysics.

The Shanghai Observatory is very interested in lunar and satellite laser ranging. Due to the promotion of Prof. Kuo as well as your successful visit last summer, friendly and scientific connection of our two observatories is more strengthened now. Please allow me to express my heartly thanks to you, to Dr. Silverberg, and to Prof. Kuo.

We shall make some arrangement about our visiting schedule and the persons involved, and then, I shall contact with you.

With best wishes to you and Mrs. Smith.

yours truly

Yeh Shu-hua
Director
Shanghai Observatory

图 3–4　叶叔华关于接受访美邀请的复函

第二年的三月，访美代表团成立，为了争取时间，增加专业活动的机会，代表团分为激光测距与 VLBI 两个小组，每组四人，激光测距组全部由上海天文台派出，VLBI 组的四人除了叶叔华和万同山，还有四机部第十研究院的两位专家。4 月 17 日代表团成员在北京集合，经过了中科院外事局简单的礼仪培训，借好了出行的服装之后，4 月23 日代表团启程赴美。这次考察的行程和内容大致如下：

1. 有关激光测距专题的单位是，得克萨斯大学及麦克唐纳天文台（14 天），夏威夷大学天文研究所和哈列卡拉天文台（3 天），戈达德空间飞行中心（1 天），详细参观了人造卫星激光测距仪，月球激光测距仪，并进行了专业讨论，观看了几次观测。

2. 有关 VLBI 专题的单位是，加州理工学院及欧文斯谷天文台（10 天），哈佛射电天文台（1 天），麻省理工学院和赫斯台克天文台

（2天），戈达德空间飞行中心（1天），喷气推进实验室（1天），详细参观了 VLBI 射电观测的设备，听取了有关 VLBI 的专题报告，并观看了 VLBI 观测的过程和数据处理过程。

另外，全团还访问了美国海洋大气局大地测量处，帕洛玛山天文台、海军天文台等有关的单位和工厂。①

图 3-5 叶叔华参观美国喷气推进实验室（1979 年）

70 年代末 80 年代初的中国科学家在海外遇到的困难远远大于现在，语言的问题，国内外环境的悬殊差距，还有一些对中国的不信任等因素都可能成为考察中的障碍，跨越这些障碍、融化沟通上的壁垒主要靠爱国华裔科学家、留学生，还有一些对中国友好的外国科学家。得克萨斯大学的曹赞文夫妇、马给民夫妇、沈嗣钧都在叶叔华一行的考察中发挥了重要作用。他们热情地帮助叶叔华他们，协助业务翻译，解决在美国的交通等问题，组织与其他台湾、香港学生座谈，并且多次招待考察团成员吃饭、赠送计算机、帮助购买器材，一直照顾到考察团离开美国大陆。麦克唐纳天

① DA-001-073，激光测距、VLBI 赴美考察代表团情况汇报。资料存于采集工程数据库。

文台台长哈伦·史密斯是叶叔华这次访问的主要邀请人，他们夫妇对中国来的客人极为友好。听说中国考察团即将抵达，史密斯特意从外地出差途中赶回天文台迎接叶叔华一行，并在奥斯汀多次招待他们。加州理工学院的科恩教授负责安排叶叔华他们在洛杉矶地区的访问，科恩教授应该算是叶叔华他们的老朋友了，1978 年上海天文台曾经邀请科恩在台里讲学一周，对 VLBI 的课题研究帮助很大。科恩努力向加州理工学院争取，让院方承担了中国考察团在加州的绝大部分生活费，并促成了学院和上海天文台的多项协作事情。科恩还在自己家里两次设宴招待考察团成员，亲自驾车五六个小时，翻过崎岖的山路送考察团前往欧文斯谷射电天文台。

图 3-6　1978 年科恩教授（右五）在上海天文台讲学与工作人员合影

郭宗汾还为叶叔华他们联系了美国宇航局。当时美国宇航局正在进行空间对地观测，他们热切希望能够有其他国家，尤其是亚洲国家参与进来一起做。因此，当美国宇航局得知上海天文台也在进行这样的项目时，也盛情邀请叶叔华去访问。叶叔华到美国的第二天，郭宗汾就亲自带领他们前往美国宇航局，接待他们的是美国宇航局下属的地球科学分部的领导，接待规格也是非常高，讲台下坐满了该部门的专家。除了这些单位，叶叔

图 3-7 1979 年叶叔华等人在美国考察，与大气海洋局的专家（中排左二）合影

华还访问了喷气推进实验室（JPL）和美国德克萨斯大学空间研究中心（CSR）。

考察过程中的困难依然不小，除了语言问题，成员们都没有出国经验，一踏上美国国土，个个感觉既新鲜又兴奋，东走西看，激动得像个小孩，因此要保持团里八名成员行动一致，不在美国走丢要花很大力气。美国的饮食对成员们也是个挑战，不仅吃不好，而且吃不饱。麦当劳汉堡包经常是充饥之物，饭量小的人，一个就可以解决问题；而对饭量大一些的人，就要饿肚子，而且那时候中国人也吃不惯。细心的叶叔华把这个问题看在眼里，她悄悄地嘱咐沈嗣钧对美国人讲一声，拿汉堡的时候允许大家多拿几个，要让大家先吃饱才好。还有一些意外状况：德克萨斯大学中国学生会邀请与叶叔华他们座谈，叶叔华爽快地答应了，她没有想到中美隔绝多年带来的误解以及港澳台留学生对祖国大陆的不了解可能会让她陷入危机之中，直到晚会前沈嗣钧才提醒她也许会有人捣乱。叶叔华没有慌乱，她想："如果我真诚地与大家沟通交流，真实地介绍国内的科技发展情况，估计大多数的人都会理解和接受的"。她登台侃侃而谈，谈邓小平对中国科学技术的支持，谈中国的"哥德巴赫猜想"热潮，凭借着真诚的态度和出色的口才，叶叔华征服了当天晚上的听众，座谈会举办得非常成功。

这次美国考察访问收获丰硕，用叶叔华自己的话来说就是"这回真是开了眼界"，6 月回国后，考察团撰写了厚厚的《激光测距、VLBI 赴美考察代表团情况汇报》，报告共分五部分：考察任务与国内准备经过；代表团的组织与主要考察的单位；专业考察主要结果（分激光测距专题和 VLBI

专题）；合作可能的探讨；对今后工作的建议。其中关于 VLBI 方面的建议值得注意：

> VLBI 技术由于观测目标是河外射电源（近于惯性参考系），而且采用了干涉方法，和其他许多新技术比较有着基本的优点，因而有了很大的发展，预期的测量精度不断得到证实，它未来的作用也已为科学界所公认，但这种技术尚未很广泛采用，一个重要的原因就是相对地比较昂贵，有人已经提出了“小型化干涉终端地球测量”的方案，但是基本的 VLBI 观测固定站仍将是不可少的。
>
> 我国关于建立 VLBI 网的方案原定建三个站，现在根据调整的方针我们建议先建一个站（1982—1983），为 VLBI 工作打下基础，以后再建其他的站，建站主要是解决天线和基建，其他设备可以逐步完善。①

去美国考察之前，1978 年 12 月 31 日至 1979 年 1 月 10 日，中国科学院数理学部和四机部十院联合组织召开了“甚长基线射电干涉测量系统的总体方案”评审论证会，确定了在我国建设上海—昆明—乌鲁木齐三台站 VLBI 测量网的总体方案（详见下文）。美国考察之后，叶叔华他们重新估量了在中国建设 VLBI 网的困难，形成了上面更加切合实际的建议，此后中国科学院调整“中国 VLBI 系统的建设”方案、VLBI 的建设过程基本也是按照这个思路进行的。

建设中国的 VLBI 网

1972 年，叶叔华萌生了在中国建设 VLBI 系统的想法，次年 2 月上海天文台即在时间纬度研究室内组建了射电天文组，主要成员有万同山、邬

① DA-001-073，激光测距、VLBI 赴美考察代表团情况汇报。资料存于采集工程数据库。

林达和梁世光等。在叶叔华的不懈努力下，1974 年中国科学院正式下达研制甚长基线射电干涉仪中间试验（6 米天线）任务，由此启动了中国 VLBI 的研制工作。从想法到行动仅仅用了两年的时间，这是叶叔华决断力和执行力的体现。用 6 米天线组成短基线干涉仪来“搞中间试验，摸索清楚技术路径再搞上去更为稳妥”，其实是在一边学习，一边实验。原计划用于中间试验的 6 米射电望远镜的天线系统，是上海天文台与上海科技大学合作研制的，1975 年签订了合作研制协议。但是设计完成后，进行外协加工的进度较慢，为了争取早日开展中间试验，1977 年射电组决定自己动手，研制两台简易的 6 米网状抛物面天线。1979 年，由上海天文台自行研制两台 6 米网状天线、L 波段接收机、氢原子钟、基于国产计算机的 VLBI 相关处理系统及与中国科技大学合作研制的实验 VLBI 数据采集系统组成的“实验 VLBI 系统”在上海天文台徐家汇园区内建成，并进行了多次干涉试验，获得干涉条纹，这标志着中国首次完成了以氢原子钟为频标的独立本振 VLBI 原理实验。实验 VLBI 系统的建成，获得 1979 年度中科院科技成果二等奖，它为进一步开展国际合作 VLBI 实验和中国 VLBI 系统建设总体方案论证积累了宝贵经验。

1981 年，上海天文台与上海科技大学合作研制的 6 米射电望远镜终于建造完成，一台安装在上海天文台徐家汇园区，另一台于 1982—1983 年安装在佘山。这台厘米波射电望远镜天线由敷铜网的玻璃钢制成，天线效率 53%，天线噪声约 25K，可在观测室内通过控制台操纵天线转动，是国内口径较大、性能较好的厘米波射电望远镜。当时国内还从未进行过 VLBI 观测实验，同时天线口径也比较小，所以决定寻找国际上大口径天线合作进行跨国 VLBI 实验。中国首先找到的合

图 3-8　上海天文台 6 米射电望远镜

作单位是德国马普射电研究所。1978 年 11 月，中国天文代表团访问马普射电天文研究所，双方根据中国科学院与马普学会签订的关于射电天文学领域的协议议定了这次洲际 VLBI 干涉实验。这其中还有一层缘由，1977 年，美国射电天文学家凯勒曼（K. I. Kellermann）担任了德国马普射电天文研究所的所长（1977—1979 年），而他正是六七十年代发展和推广 VLBI 技术最有力的人之一。当他获悉中国也在研制 VLBI 系统，他给予了中国热情的帮助，直接促成了 1981 年与西德进行跨欧亚大陆的国际联测。1981 年 11 月 27—29 日，德国马普射电天文研究所的 Effelsberg100 米射电望远镜和上海天文台的 6 米射电望远镜相配合，在 21 厘米波段上用 VLBI MK Ⅱ 系统进行了首次横跨欧亚大陆的 VLBI 实验，这次观测实验引起国际 VLBI 界的极大关注[①]。1982 年“中国—西德洲际甚长基线射电干涉测量”也获中国科学院科技成果奖二等奖。

图 3-9　叶叔华与联邦德国应用大地测量所威尔逊（左二）合影（1982 年 6 月）

图 3-10　叶叔华了解中日 VLBI 联测情况（1985 年）

① 万同山，钱志瀚，邬林达，等：上海—埃弗尔斯堡（西德）甚长基线干涉（VLBI）实验的综合结果。《天文学报》，1982 年第 4 期，第 376-383 页。

1982 年 5 月，叶叔华与同事钱志瀚参加了在日本东京召开的国际大地测量协会（IAG）学术会议，会后他们一起访问了日本通信综合研究所（CRL，现为日本国家信息通信技术研究所，NICT）的鹿岛分部。这里是日本主要从事 VLBI 技术研发的单位，已经建成了口径 26 米的射电望远镜。这次访问开创了上海天文台与日本 CRL 在 VLBI 及时间频率方面的合作。1985 年 9 月，中国和日本两国在上海和鹿岛之间建立了 VLBI 干涉系统，成功地进行了首次 VLBI 联测。这次联测由叶叔华和日本若井登博士共同指导完成，联测取得了丰硕的成果，测定了上海天文台和鹿岛观测站之间的基线长度，测量精度达到 3 厘米，基线各分量的测定精度好于 10 厘米。由于中日 VLBI 干涉系统两个观测站基线具有特殊性，它成为在西太平洋地区开展天文地球动力学实测和研究的有力手段。①

这两次颇有成效的国际联测让上海天文台的 VLBI 技术在国际上崭露头角，这为后来中国加入国际网铺平了道路；同时两次联测也使中国同行认识到了中国发展 VLBI 技术条件已经成熟，VLBI 技术在天体测量方面应用前景广阔，打消了人们对这项造价昂贵的设备的种种疑虑，大大加速了中国 VLBI 技术的发展。

在这两次 VLBI 国际联测之前，上海天文台就已经构想出了中国 VLBI 网未来的蓝图。1978 年，射电天文小组从一室独立出来，组成了上海天文台射电天文研究室（又称第五研究室），人员从原来的几个人发展成了几十人。这时候他们面临的一项重要任务就是组织完成“甚长基线射电干涉测量系统的总体方案”的论证。在叶叔华的直接领导和关心下，射电研究室很好地完成了论证会需要的所有技术文件的准备工作，包括一个主报告文件和十个附件。《总体方案（草案）》包括引言、VLBI 系统的科学目的、系统指标、布网方案、总体技术设计和工程计划进度、经费概算及主要措施六个部分。根据《总体方案》的设计，我国建立 VLBI 系统的科学目的主要在射电天体测量、天文地球动力学、月球测量和空间科学、射电源精细结构的研究以及时间和频率的比对等方面；根据拟定的系统设计的总原

① 万同山，吴怀玮，钱志瀚，等：中日首次甚长基线干涉测量（VLBI）。《中国科学（A 辑）》，1986 年第 8 期，第 875-881 页。

则和技术指标，确定在上海、云南和新疆各建立一个 VLBI 观测站，构成一个 VLBI 三角网；根据工程进度的安排，“1985 年建成上海—昆明—乌鲁木齐甚长基线干涉测量网”；整个工程的经费估算总计“前置放大器方案Ⅰ，国内经费 3112 万元，外汇 42 万美元；前置放大器方案Ⅱ，国内经费 2752 万元，外汇 63 万美元”。①

1978 年 12 月 31 日至 1979 年 1 月 10 日，中国科学院数理学部和四机部十院联合组织召开了规模超前的“甚长基线射电干涉测量系统的总体方案”评审论证会，会议共有 24 个单位参加，包括中国科学院各个天文台（站）以及南京天文仪器厂、武汉测地所、四机部和邮电部有关研究所（厂）、中国科学技术大学、北京大学、南京大学等相关单位。总体方案论证报告由钱志瀚负责报告，其他相关人员做了专题报告。会议最后形成了“论证会纪要”，纪要中写道：

> 通过大家讨论认为沪—昆—乌三角网布站方案是一个合理的方案……会议还一致认为，总体方案是基本可行的，系统的指标是先进的。系统建成后，将填补我国在这一领域的空白，并且能接近 80 年代初期的国际水平。对于实现我国天文学科的现代化、为国民经济和国防建设应用方面可提供一定的基础，同时也为开展国际合作创造良好的条件。②

1979 年 3 月 26 日，中科院二局发文［〔79〕科二字 021 号］，批转甚长基线干涉测量系统总体方案论证会议纪要事，中国 VLBI 网的蓝图由此绘就并得到了中国科学院的认可与支持。

经过了千难万难，中国 VLBI 技术的发展终于走过了“中间试验”阶段，也有了未来的发展宏图，一切看起来都在往好的方向发展，然而此

① 甚长基线干涉测量系统总体方案（草案），1978 年。钱志瀚先生提供。

② “甚长基线干涉测量系统总体方案论证会议纪要”及“批转甚长基线干涉测量系统总体方案论证会议纪要事”文件均可见于《关于发展中国 VLBI 网的建议书》，上海天文台，1986 年 1 月。钱志瀚先生提供。

后建设过程所遇到的困难更是难以想象，单单“没钱”一项就成了难以逾越的障碍。80年代初，我国改革开放刚刚开始，以经济建设为中心的基本路线，使得国家首先要保证关系国计民生的重点发展项目，基础科学研究经费投入大大缩减。从1981年到1985年，政府对天文口的投资总数为1850万元，这对各个天文台站正在如火如荼建设的工程犹如杯水车薪，中国科学院决定调整中国VLBI系统的建设项目进度，采取逐步推进的技术路线，分期实施，首先建设上海天文台VLBI系统，待取得经验后，根据经费情况，再建设总体方案中的其他项目。就这样，原来的VLBI总体方案大大缩水。上海站30米天线调整为25米，配备接收机（18、13/3.6、6、2.8及1.3厘米波段）、VLBI Mark Ⅱ型相关处理机及氢原子钟等。

1981年4月10—15日，上海召开了“25米射电望远镜天线系统总体方案审定会”，审定会认为该天线设计方案可行、合理。同年5月，中科院数理学部和四机部十院联合发文批转了审定会纪要，要求四机部1039所与上海天文台“在研制过程中要团结协作、精益求精，按期保质地完成任务。”四年后，25米天线在眉县的1039所加工完成并在那里进行安装调试，上海天文台派出了测试小组进行试观测，他们与北京大学合作，对哈雷彗星进行了两期试验观测，获得了哈雷彗星18厘米羟基谱线，这是我国首次对于太阳以外天体的射电分子谱

图3–11 叶叔华在上海佘山25米射电望远镜前

线的成功观测。1986 年 7 月 4 日，25 米射电望远镜天线系统通过部级鉴定，随后从眉县拆卸后运到上海佘山站完成安装。25 米天线和它配置的 18、13/3.6、6 及 2.8 厘米波段的接收机，VLBI Mark Ⅲ数据采集系统及氢原子钟，形成了国际标准的 VLBI 站。同时，上海天文台徐家汇本部建成了 VLBI Mark Ⅱ相关数据处理中心，它可以独立完成 VLBI 的 Mark Ⅱ观测数据相关处理和射电成图处理。1987 年 10 月，上海天文台举行了 25 米射电望远镜和 1.56 米天体测量光学望远镜的揭幕式。1989 年 1 月“上海天文台 VLBI 系统”通过院级鉴定，翌年被评为 1990 年中科院十大成果之一，获得 1991 年中科院科技进步奖一等奖，1993 年国家科技进步奖二等奖。

“所谓 VLBI，就是多天线的联合同步观测”，这就意味着在上海 VLBI 站之后，中国至少还要再建一个站才能形成实际意义上的射电干涉系统，单个 VLBI 站除了参加国际 VLBI 网，增加中国的权重之外是不能独立发挥作用的。那么，这第二个站应该建在哪里呢，是昆明还是乌鲁木齐？放在昆明有云南天文台作为依托，70 年代末 80 年代初云南天文台经过两期扩建，已经成为我国第三大天文台；而且云南天文台距离昆明市只有二十几千米，交通方便，如果放在那里方便使用、管理和维护。新疆乌鲁木齐天文站最先只是一个人造卫星观测站，地处偏远、基础设施简陋，又缺乏相关人才和技术，使用、管理和维护起来都很不方便。权衡了两个地方的种种利弊之后，叶叔华选择了乌鲁木齐，她的理由很简单，就是追求分辨率最大，其他的因素都要靠后。

> 在勉强建成第二个 VLBI 站之后，我已经断定会没有钱做第三个。假定你只能建两个站，你怎么选择？你只在中国找一个基线最长、分辨率最高的地方来建站，上海距离昆明只有近两千千米，分辨率有限，而乌鲁木齐距离上海有三千多千米，能做到分辨率最大，所以我就坚持放在乌鲁木齐。①

① 叶叔华访谈，2014 年 6 月 12 日，上海。资料存于采集工程数据库。

1985年9月，叶叔华院士来到乌鲁木齐，与乌鲁木齐天文站的人一起讨论了在那里发展VLBI的设想，随后她指导射电天文研究室“关于发展中国VLBI网的建议书”，[①] 提出了新建乌鲁木齐25米射电望远镜VLBI观测站；改建云南天文台10米太阳射电望远镜为VLBI观测站；改进上海佘山25米射电望远镜VLBI观测站；建设上海Mark Ⅲ VLBI数据处理中心等建议，以此为基础，形成了VLBI网二期工程的主要内容。1986年5月，中国科学院天文委员会组织召开“VLBI学术讨论会”，重点讨论VLBI网二期工程的可行性，会议最后确定在乌鲁木齐建设中国的第二个VLBI站，在上海建设VLBI数据相关处理中心。二期工程经过天文委员会的推荐最终得以在中国科学院立项，并被确定为天文口“七·五”期间重大项目，为此还专门批准成立“甚长基线干涉网工程技术总体组”。乌鲁木齐南山基地建站得到了乌鲁木齐天文站站长张晋的大力支持。1986年7月19日，在乌鲁木齐召开了有关台（站）长、数理学部天文处、天文委员会负责人和工程技术总体组的联席会议，确定工程管理由台站长联席会负责，联席会召集人和工程总负责人为叶叔华。在上海天文台与乌鲁木齐天文站的密

图3-12　1999年乌鲁木齐25米摄电望远镜验收鉴定（二排右七为叶叔华）

① 上海天文台：关于发展中国VLBI网的建议书。1986年1月，未刊稿。资料由钱志瀚提供。

切合作下，乌鲁木齐 VLBI 站于 1994 年 10 月建成揭幕，揭幕仪式由叶叔华主持。1999 年 9 月，在乌鲁木齐天文站南山基地召开了“乌鲁木齐 25 米射电望远镜系统”验收鉴定会，陈建生为验收鉴定专家组主任，叶叔华参加了会议。

“如果把我们的两个 VLBI 站和 EVN 联系起来，不仅可以大大增加观测的分辨率，且可有一定的射电源成图能力。……沿着这条路走下去，我们的孤独的 VLBI 站就成活了”，循着这条路线走下去，上海佘山站和乌鲁木齐南山站均成为欧洲 VLBI 网的正式成员、国际天测 / 测地 VLBI 网的重要测站，上海天文台是国际天测 / 测地网的数据处理分中心之一。它们为我国 VLBI 技术的进一步发展奠定了良好的基础，培养了一批国际水平的 VLBI 技术开发和课题研究的人才。

VLBI 网二期工程中曾经有改建云南天文台 10 米太阳射电望远镜为 VLBI 观测站的内容，但是经费不足始终掣肘 VLBI 工程的建设，即使后来再次追加经费，也难以实现既定目标。为了将有限的经费使用的更合理，项目组决定集中力量建设好乌鲁木齐南山站、改进上海佘山站和建设上海 Mark Ⅲ VLBI 数据处理中心，暂时放弃建设昆明 VLBI 站，昆明站的建设就这样被搁置下来。事有凑巧，80 年代后期，苏联科学院应用天文研究所（IAA）正在实施一项名为“Quasar”的 VLBI 计划，计划除了在本国建设 3 个 32 米的 VLBI 站外，还打算在苏联国内建设 6 个 VLBI 站。为了寻求 VLBI 网国际合作伙伴，1989 年 5 月，应用天文研究所所长芬克尔斯坦（A.M. Finkelstein）访问了上海天文台。中方苦于经费问题没法建设昆明 VLBI 站，苏方为了寻找合作伙伴来到中国，双方一拍即合，决定中苏两国共同建设昆明的 Quasar 站，建成之后双方共同拥有使用权。1991 年 7 月 10 日，关于共建“Quasar”中—苏昆明站上海会谈的议定书在上海正式签署，中方代表为上海天文台台长叶叔华，苏方代表为苏联科学院天文中心主任、世界实验室加里宁分部主任尼古拉耶夫。这是一项双赢的合作项目，叶叔华距离自己的梦想“在中国建成 VLBI 三角网”只有咫尺之遥了。然而，就在各项谈判均已完成，苏联应用天文研究所已经派人到昆明预选的站址进行了无线电环境的测试，双方政府

图 3-13 1991 年叶叔华、副台长何妙福（左二）、钱志瀚（右一）会见 IAA 副所长（右三）一行

正要准备签署《中华人民共和国和苏维埃社会主义共和国联盟政府关于在“世界实验室”范围内射电干涉测量境域合作的协定》的时候，1991 年 12 月苏联宣布解体，中苏联合建设昆明 32 米射电望远镜 Quasar VLBI 站的合作项目就此化为泡影。

VLBI 网应用于“探月工程”

中国的 VLBI 网还是没有实现预先描绘的上海—昆明—乌鲁木齐的三角网的蓝图，叶叔华心里放不下这件事，她在寻求、等待新的机会。念念不忘，必有回响，只要不放弃，机会还是可以等来的，叶叔华等到了机会——中国的 VLBI 网不仅由此得以完成，而且还在其中崭露头角并大显身手，这个机会就是中国的探月工程。

中国人的飞天梦做得不算太短，从远古时期“嫦娥奔月”的神话传说，到明代官员万户的飞天尝试，都反映了中国人围绕着这个离我们最近的天体产生的种种梦想，这个梦想直到美国阿波罗登月计划成功实施后就变得切实起来。1970 年 4 月 24 日，随着我国“东方红一号”人造卫星发射成功，载人航天也成了中国人的梦想。卫星上天后的 3 个月，毛泽东批复了一份发展我国载人航天的报告，1971 年 4 月，80 多家单位、400 多名航天专家来到北京京西宾馆，对载人航天进行了深入讨论，确定了“714 工程”发展载人航天。时任国防部五院院长的钱学森将飞船命名为“曙光一号”，计划在 1973 年年底发射升空。但在那个政治动荡、经济困难的年代，实施这样宏伟的载人航天计划不切实际。此后十多年，载人航天的计划虽被束之高阁，但中国学者对于月球的研究，对于到月球上去看个仔细的梦想从来没有停止。90 年代初，科学界又在悄然推动着中国探月计划，航天领域首席科学家闵桂荣院士提出了中国也要搞月球卫星的建议，[①] 上海天文台也开展了 VLBI 技术应用于空间探测的预研工作。我国真正意义上的探月构想是在 1994 年提出的，以航天一院为主提出了我国开展月球探测的建议，并组织有关单位参加方案论证，上海天文台参加了该项方案的论证工作，主要承担的任务为奔月轨道设计和 VLBI 测轨。此构想自从提出后，经历了十年反反复复的论证过后终于尘埃落定，2003 年 9 月，中央最终同意并批准了这个计划，2004 年 1 月，绕月探测工程正式立项并被命名为“嫦娥工程”。

绕月探测工程的主要任务是发射“嫦娥一号”月球卫星，它将是我国自主研制、发射的第一颗绕月卫星。此前我国发射的卫星都是绕地球卫星，最远距离大约是 8 万千米，而“嫦娥一号”发射要跨越 38 万千米的路程，这给卫星的测控带来了挑战：对于地球卫星来说，以往的测控设备及射电望远镜，只要通过发射和接收卫星电磁波就能较精确地测定其轨道；而对于“嫦娥一号”来说，则要站在地球上“看”清月亮旁边一颗正以每秒 1000 多米速度飞行的人造卫星，这对测控设备“视力”的要求一下子提高了 1—2 个数量级，而这样远距离、高精度的观测要求当时只有我国的天文台才能达到，对中国天文学来说，探月工程提供了一个绝好的机遇：

---

① 新京报：探月四十年。中国网，2007-10-14。http://www.china.com.cn/tech/zhuanti/tygc/2007-10/14/content_9050572.htm。

它让天文学研究能够服务于国家重大科学目标。[①]

自从 20 世纪 90 年代中期，上海天文台就提出了将 VLBI 网用于“探月卫星”测轨的初步设想；本世纪初，在国防科工委（现为国防科工局）组织航天、总装、中科院等有关单位进行探月一期工程的总体技术方案的讨论和论证之时，上海天文台再次提出了“改造 VLBI 测量网，承担探月卫星测轨任务”的建议。为了提高探月卫星的轨道测定精度和保证高可靠性，探月工程总体组采纳了上海天文台关于 VLBI 测轨的建议，将 VLBI 技术作为一种测轨手段列入了总体技术方案。接来下，如何把天文观测系统运用到对人造卫星进行测轨的航天工程将是中国天文科学家面临的挑战。

VLBI 网用于“嫦娥一号”测轨任务主要技术思路是应用 VLBI 技术制造一台“超级望远镜”，这样即使某台射电望远镜的口径只有 25 米，联网观测之后的口径就相当于各望远镜之间的地理跨度。一旦北京、昆明两个 VLBI 站建成，并与已有的上海、乌鲁木齐站实现联网，4 个 VLBI（站）点组成的这台“超级望远镜”的口径就就能达到 3000 千米左右。各射电望远镜在不同角度测量的卫星数据，经上海天文台 VLBI 数据处理和指挥调度中心汇总处理后，再传至北京飞控中心，就能够为“探月一号”测轨定轨服务，整个系统被称之为“VLBI 测轨分系统”。密云站的天线口径为 50 米，是国内天线口径之最。昆明站于 2005 年 8 月动工兴建，2006 年 5 月投入运行，配备的天线口径为 40 米。两个新站都是专门为“嫦娥工程”而建，用以接收探月卫星的科学数据并参与完成对绕月卫星的精密测轨。对“嫦娥一号”卫星测轨还有一个技术难题就是观测数据的即时处理。这个问题不难理解，如果用望远镜观测状态缓变的天体，数据处理是否及时无关紧要；而对于一颗高速运转的卫星进行测轨，那么即时性和精确性就同等重要，为此天文学家们采用了 e-VLBI 技术，即将各 VLBI 测站的观测数据实时传送至上海 VLBI 数据处理中心，10 分钟内完成观测数据相关处理及后处理，再将 VLBI 时延、时延率及测角数据发送北京航天指挥控

① 中国科学院办公厅编:《创新年轮攀登足迹：中国科学院第十届科星奖获奖作品选》。北京：科学出版社，2009 年，第 92 页。

制中心，这样 VLBI 网就具有了“准实时”测轨的能力。

2004 年，探月工程“嫦娥一号”卫星任务正式立项实施，上海天文台与其他参与的天文单位即刻开始了 VLBI 网建设和适应性改造工作：北京和昆明两个新站要建设，要研制或者购买新的 VLBI 设备、要进行设备安装调试及试运行；上海和乌鲁木齐两个已有的 VLBI 站要进行改造，尤其是上海天文台的 VLBI 观测调度和数据处理中心要特别适合探月工程准实时的工作模式要求，需要研制硬件和软件相关处理机以及各种配套的应用软件系统，需要建设 VLBI 各个观测站至数据处理中心的高速数据通信网络，还需要对各个观测站系统之间进行联调和试观测。经过 3 年艰苦卓绝的努力，“嫦娥一号”卫星工程测控系统 VLBI 测轨分系统终于建成并具备了对于“嫦娥一号”卫星的全程准实时的测轨能力。

2007 年 10 月 24 日，“嫦娥一号”卫星在西昌成功发射，自 10 月 26 日 24 时调相轨道段起，至 11 月 6 日卫星进入月球轨道，到 12 月 17 日的在轨测试，共计 53 天时间里，VLBI 测轨分系统每天进行全程准实时跟踪测量，VLBI 测量数据平均 6 分钟内发送至北京指挥控制中心，为保证卫星精准进入月球轨道、圆满完成探月“嫦娥一号”卫星任务，发挥了重要作用。在随后一年多的期间里，VLBI 测轨分系统继续参加每周 2—3 次测轨观测。这在我国是首次将 VLBI 技术应用于航天工程；在国际上也是首次将 VLBI 技术应用于探月卫星的奔月轨道段和在轨测试段的准实时轨道测量。由于在绕月探测工程中的突出贡献，上海天文台被中华全国总工会授予“全国五一劳动奖状”荣誉称

国家科学技术进步奖

证书

为表彰国家科学技术进步奖获得者，特颁发此证书。

项目名称：绕月探测工程

奖励等级：特等奖

获奖者：中国科学院上海天文台

中华人民共和国国务院

2009 年 12 月 23 日

证书号：2009-J-24201-0-01-D29

图 3-14　国家科学技术进步奖特等奖证书

号，“VLBI 测量应用于嫦娥一号探月卫星的精密测轨”获得上海市 2008 年的科技进步奖一等奖。同年 12 月，绕月探测工程被工业和信息化部授予特别奖；次年 12 月 23 日，获得国家科学技术进步奖特等奖，其中上海天文台都是主要参加单位。①

2007 年，叶叔华正值八十华诞。“嫦娥一号”卫星发射那天，她去了发射现场，亲眼目睹了“嫦娥”升空的情景，她说“我并不在意自己的寿辰，人的生命在宇宙长河中不过是一粒尘沙而已；我所激动的是自己终于等到了这一天，中国‘冲出’地球，而且是一次成功”。尽管已经不再年轻，但是看到当年沥尽心血建成的 VLBI 网能够在国家的重大科学项目中派上用场，叶叔华心里感到无比的满足，这似乎比给予她重大奖励都令她高兴，“没想到我们真的帮上忙了，参加了探月工作，我想以后还有机会参加更多的空间探测，我们要把天文台建到月亮上去。”每当人们盛赞她所取得的成就与获得的荣誉时，她要么说：“所有的工作都是和同事们一起做的，我只是带个头”，要么说：“这些都已经成为过去，不值得再提”。个人的努力和奋斗，成就与失败的种种经历往往会被最后事业辉煌和荣誉的光环所掩盖，让人看不到科学家个人在其中发挥的作用，也无从理解科学家他们自身的价值，而真正能够理解这一切的，只有那些共事多年、志同道合、心意相通的朋友。钱志瀚自 1976 年进入上海天文台工作以来，一直就是 VLBI 网建设的重要技术人员，后来 VLBI 网参与“嫦娥工程”，他在其中也发挥了重要作用。钱志瀚这样谈论叶叔华在整个 VLBI 网建设中的作用：

有关 VLBI 具体的想法、方案都是由课题组来实施，但是有关这个项目的宣传和取得支持都是叶先生去争取，特别是在一些高层会议上，向一些特别重要的人解释这个项目的意义和重要性都是叶先生去做。项目进行到哪一阶段，我们都会定期向叶先生汇报。VLBI 技术当时虽

---

① 钱志瀚：VLBI 起步经历及探月工程。见：中国科学院上海天文台官网，上海天文台成立 50 周年暨建台 140 周年征文集，2012-07-20。http://www.shao.cas.cn/tq/zgxy/201207/t20120726_3621782.html；中国科学院上海天文台编：“我台 VLBI 技术成功应用于我国首次探月工程”。见：中国科学院上海天文台编,《创新中的上海天文台（2002-2012）》，内部资料。

然在国际上有应用但还没有普及，国内甚至都没有太多的人知道这项技术，所以在早些时候就有人持怀疑态度，VLBI技术有没有用，值不值得花那么多钱去做？而且这项技术不是单站观测，而是需要几个站联网观测，数据处理还要送出去，所以要得到结果的时间就很长。要打消国内科学家对这个项目的疑虑，争取主管部门如国防科工委，航天部门认可，都需要靠叶先生；而对于我们从事具体技术的人员来说，就是将工作做得更加细致，能够按时拿出切实可行的方案来。

九十年代末国家酝酿“探月工程”，我们从国家需要掌握这个技术的层面提出了用VLBI网进行“嫦娥一号”卫星的测轨，负责整个“探月工程”总装、测控的专家们也感觉这个技术有用，所以他们决定发展这个技术。当然，从另一方面来说，我们参与探月工程，将来参与火星探测工程对我们天文台的发展也起了很大的作用。因为航天工程的支持力度比较大，所以由于参与这个项目，上海天文台也有了很大的发展。由于我们在“探月工程”中的突出表现，上海市领导接见了我们。乘此机会，叶先生向上海市领导提出了在国家大科学工程遴选中落选的65米望远镜项目，获得了领导们的重视。如果没有叶先生的乘机提出，也就没有这个项目了。65米望远镜建设对上海天文台的发展至关重要，25米望远镜在80年代初建成，现在已经太老了。现在其他天文台的发展也很快，国家天文台的云南天文台有了40米，国家天文台密云站有了50米，如果我们还守着原来那个摊子，在国内天文界必定落后。

我提到的这几个项目的来历说明，叶先生一是能够看到学科的发展方向，同时还能够掌握时机。掌握时机很重要，一旦错失良机，什么都成了空谈。平时与叶先生闲聊，她常常说要有危机感，上海天文台如果还是做原来那些东西的话，别的天文台的发展很快，我们就要落后了，不仅国内落后，国际上也一定落后。所以她千方百计地去想一些新的发展方向，她确实是将自己的全部身心放到了天文台的发展上了。①

① 钱志瀚访谈，2011年12月23日，上海。资料存于采集工程数据库。

30 年中国 VLBI 网的建设犹如一出情节曲折的大戏，主角、配角先后登场，充分发挥了各自的聪明才智，演出精彩纷呈，高潮不断。大幕落下，站在台上接受观众掌声与喝彩的是在剧中扮演角色的演员们，执导这场大戏的人却默默地退守到了幕后。叶叔华在中国 VLBI 网建设中的贡献应当铭记：

> 叶叔华从 1973 年在我国提出发展 VLBI 技术的建议，到 2003 年 VLBI 网二期工程通过验收，整整 30 年时间，叶叔华一直是上海天文台 VLBI 工程建设的主要负责人，在争取项目立项和经费支持，开拓和发展国内外合作，工程组织管理及人才培养等方面，她都起到了关键的或主导的作用。她是中国 VLBI 技术发展的开拓者和奠基人。①

① 叶叔华院士学术成长资料采集小组:《叶叔华院士学术成长资料采集工程研究报告》。2012 年 11 月，未刊稿。资料存于采集工程数据库。

第四章 天文地球动力学思想

1978 年 12 月 8—26 日，由上海天文台和南京大学天文系共同筹办的中国第一届天文地球动力学年会在上海举行。这次天文地球动力学讨论会，是我国天文界与地学界相互渗透、相互促进的开始。叶叔华在会上做了《天文地球动力学的研究现状与展望》的报告，明确地阐述了天文地球动力学概念。

我们所认识的天文地球动力学，是用天文手段研究地球的各种运动状态及其力学机制的一门新生的学科。所研究的运动，包括地球作为一个整体而言的自转与公转，以及地球内部与地壳、海洋、大气等的物质运动。其中地球自转速率（世界时 UT）与极移，关系到地面观测站在空间的精确位置，是精密地面测绘与空间飞船跟踪所必要的数据。板块运动与断层位移，是大地测量、地震监测所需的资料。除了明显的实用意义之外，这些运动状态与机制的研究，联系到地球内部结构和地球内外的引力场、电磁场，以及地球与太阳系的起源与演化，在理论研究上也有重大意义。在这些研究中，天文学起着三方面的作用：①精确测定地球的各种运动；②提供测量所需的参考坐标系；③研究这些运动的状态与机制。

地球动力学原来是研究地壳运动及其力学机制的一门学科，形成于19世纪。长期以来，一则由于难以直接探求地球内部的结构与运动；二则由于实测资料只限于地质构造，而其运动周期往往以几百万年为单位，难以进行短期实验，因而使地球动力学一直停留在以推理为主的状态中。60年代以来，随着空间研究与海洋探测的发展，一方面对于观测站在空间的位置、地球重力场、大地水准面、地磁场的测定，要求愈来愈精确；另一方面，空间新技术新手段的出现，又有可能使实测精度产生飞跃；板块学说的出现，改变了我们对地壳运动的认识。这些因素使地球动力学转而成为一门既有丰富的实测内容又有系统的理论研究的学科，大大扩展了研究范围，并且成为天文学与地学部门的一个边缘学科。也是在同一届年会上，叶叔华认为我国开展天文地球动力学的条件已经具备，她热情地呼吁天文学界与地学界紧密合作，大力发展天文地球动力学：

在我国自然科学学科8年规划中，天文地球动力学是天文学科的重点项目之一，在实测手段方面，正在努力研制建立激光测距，VLBI和多普勒观测等新手段。理论研究上也开始作一些探索。从研究队伍上看，我国的地质、地震、地球物理、地球化学、测绘、气象……都有经验丰富的老前辈和广大的科技工作人员。国防测绘、地震预报，以及有关的地球科学与天文学的基础研究都需要我们大力发展地球动力学，在我们的国土上需要建立有关的实测手段，而我们又具有多学科多兵种协同作战的可能，我们深信，通过一次一次的讨论会，可以做到不同学科的相互渗透、相互促进，可以大力发展我们的天文地球动力学为祖国的四个现代化作出我们的贡献！①

① 中国科学院上海天文台编:《天文地球动力学文集1978》。中国科学院上海天文台出版，1979年。

天文地球动力学思想的形成

叶叔华提出“天文地球动力学”的概念与思想并不是凭空而来，而是与她早年从事时间服务工作、研究地球自转一脉相承。让时间再次回到50年代初叶叔华刚参加工作的那些年。那时候李珩先生主持佘山观象台，陈遵妫先生主持徐家汇观象台，两台相距甚远，交通不便，因此彼此之间的学术交流很难开展。叶叔华在回忆她当年如何开始从事天文学研究的时候说道：

当时我非常想，除了日常的时间工作之外，研究方面还能做什么？所以，很早就去调研与时间、纬度相关的问题的是什么，当然就是地球自转。那么，地球自转有什么问题？调查之后，我就写了一个调研报告，发表在刚刚创刊的《天文学报》。当时资料都没有，也没有人教我。和我同年毕业的万籁在佘山有李珩先生指导他，而我所在的徐家汇观象台，陈遵妫先生数学很好，但是他做编历的工作，其他的人还没有研究的能力。后来进台的一批大学生更是懵懵懂懂，我还比他们懂得多一些。因此，在研究上我只能是自己摸索着走，但是心里还是知道有哪些东西是可以做的。[①]

叶叔华提到的那篇调查报告就是1954年6月发表的《地球自转的不均匀性及目前的研究状况》(《天文学报》，1954年)，这是一篇具有综述性和前瞻性的文章，也是她的第一篇学术论文。叶叔华概括了地球自转速率长期变化和周年变化的发现过程、引起地球自转变化的原因，以及国际上此方面的相关研究。在文章末尾，叶叔华提出了对地球自转变化研究的见解和看法：

---

① 叶叔华访谈，2014年6月12日，上海。资料存于采集工程数据库。

> 总之，地球自转速率变化的原因，不论在长期性或周年性方面都还没有找到一个正确而圆满的答案。在地球表面上，一切的经度纬度常常发生变化，作为变化原因之一的地极移动，其起因同样被认为由于周年性的大量物质位移所生的地球惯性矩变化以及地心的黏滞性而生。因此，地极的移动（地球自转轴对于地球表面的移动）应与地球自转速率的变化一同解决。而此两者与地磁（地磁变化的情况与地球自转变化有平行现象）、地震、以及地球刚度（昌德勒周期与地球的刚度有关）的关系，说明了整个的解决，非得要地球物理、气象、海洋、天文各方面科学工作者的合作不可。①

简洁明了是这篇文章的特点。发表此文时，叶叔华 27 岁，专业技术职称尚未正式定级。当我们把这段文字与上文叶叔华在 1978 年阐述天文地球动力学概念的讲话相比较，还是能够体味得出某种相似性和一致性。十年后，叶叔华发表另一篇论述地球自转的文章《1958—1961 的地球自转不均匀》，主要是对 1958—1961 年的照相天顶筒与等高仪观测所定的世界时以及 5 个源自标准所确定的原子时相比较，研究地球自转的不均匀情况，文章指出："几年来，不但地球自转速率的不规则变化比较厉害，历年来季节性的差异也很大"，文章还逐年给出了地球自转速率改变的数值。② 这篇论文有数据、有图表、有分析、有方法，是一篇专业技术非常强，成熟精到的研究论文。

在此期间，叶叔华还做出一个颇具影响的发现。1959 年，巴黎天文台的丹容（André Danjon）发现在 1959 年 7—8 月间，地球自转速度约有千分之一秒的减慢。结果发表后，引起了国际天文学界很大的争议，大家都不太相信这个结果。中国天文学家也在南京开会讨论这个问题，会后，李珩先生就让叶叔华去研究研究这个问题。叶叔华答应了，她用台里的几座大石英钟与观测进行比对，果然发现在 7 月份的时候有个很大、很清楚的

---

① 叶叔华：地球自转的不均匀性及目前研究的情况。《天文学报》，1954 年第 1 期，第 75–82 页。

② 叶叔华：1958–1961 年的地球自转不均匀。《天文学报》，1963 年第 2 期，第 100–114 页。

跳动。他们的发现发表在1960年《天文学报》上，文中说“我们发觉在1959年7—8月间徐家汇观星台的石英钟的日差有一次突变”，这一发现有力地支持了丹容的观点。此后，又有人建议这一发现可以发到《科学通报》和院刊上，叶叔华照办，《科学通报》和院刊也相继发表了叶叔华他们的文章。[①] 这引起了《人民日报》（海外版）的注意，他们让叶叔华写一篇关于地球自转变化的介绍文章。叶叔华写的介绍通版刊登在了《人民日报》（海外版）上，虽然台里的人还没有注意到，但是叶叔华在柬埔寨的亲戚却看到了这篇文章，并告诉叶叔华和她的父亲，他们看到了叶叔华的名字和文章上了《人民日报》。

叶叔华关于地球自转的研究同时也引起了李四光办公室的关注。50—60年代，李四光及其创立的地质力学在中国受到了强烈的重视和广泛的宣传，他本人也成为中国地质学的权威和代表，担任了中国地质部部长、中国科学院副院长等重要职务。李四光地质力学中的某些观点与地球自转速率的变化有很大关系，例如他在1926年发表的论文《地球表面形象变迁的主因》中，提出了“大陆车阀”概念，认为地球自转速率在重力控制下时而增大时而减小的变化是地壳运动的主要原因的观点；1928年李四光在论文《古生代以后大陆上海水进退的规程》中认为：“海水的进退应该在时代上和造山运动有一定的关系，并且提出了一个规律，即在造山运动发生以前，地球的转速增加，低纬度的海进伴随着高纬度的海退；在造山运动期间或以后，地球的转速减小，高纬度的海进伴随着低纬度的海退。”[②] 也许就是这些原因促使李四光办公室的人员要求叶叔华提供地球自转变化方面的资料，由此触动了叶叔华研究欧美大陆经度变化。

国际上，自从魏格纳（Alfred Lothar Wegener）提出了大陆漂移学说之后，科学家们一直都在努力为它寻找可靠的证据。地球上不同地点的经度变化与地壳的水平运动有直接的关系。1926年和1933年国际上进行了两次国际经度联测，其中的一个课题就是用经度的结果来验证魏格纳的

① 叶叔华，萧宝亲：地球自转速度的突然变化。《科学通报》，1960年第1期，第68-69页。

② 李四光：古生代以后大陆上海水进退的规程。《国立中央研究院地质研究所集刊》，1982年第6期，第2-3页。

大陆漂移学说。最早通过国际经度联测结果研究地壳运动是国际时间局的 Stoyko. A.，后来日本人也做。1957 年，“国际地球物理年”开展的经纬度测定是第三次国际经度联测。徐家汇观象台在李珩研究员主持下开展了“国际地球物理年”经纬度测量工作，目的是国际联测经纬度，重新确定地球上经纬度基点，研究地壳、地极及地球自转的变化，项目组进行了大量经纬度测量，后来中国退出了这次国际经纬度联测，大量的经纬度观测数据不再寄送国外。在观测数据基础上，叶叔华开始了经纬度研究，除了上文提到的 1961 年 12 月发表《徐家汇观象台的经度改正值》，叶叔华还发表了《1935—1960 年的欧美大陆经度变化》。叶叔华的研究相对法国、日本人的研究要晚一些，但是她涉及的材料多、时间长，而且由于她一心想着既然开始的比别人的晚，就一定要做得比别人好，所以她的结论更加可靠。在这篇论文中，叶叔华用大量的数据证明：“自从 1922 年—1961 年以来，用不同年代，不同台站组合的资料，都得到共同的趋向：即美洲向欧亚大陆西端接近”。① 李四光去俄罗斯参加国际会议带去的就是叶叔华的这篇文章，文章被排进了报告日程，叶叔华没能去参加这次会议。叶叔华发表在《天文学报》上关于经度研究的论文引起了国际同仁的注意，Stoyko. A. 就在一次国际地壳运动的会议上专门介绍了叶叔华的研究，会后还把会议纪要寄给了她。就这样，叶叔华和法国天文界的一些人成了未曾谋面的朋友，虽然不曾见面交流，但是彼此的名字还是熟知的。②

“文化大革命”期间，除了授时年报、公报的出版因为是国家需要，不能停辍之外，叶叔华的研究工作受到了干扰，但她还是与其他同志合作发表了《关于地球自转速率的分析》等论文。1978 年，在她的领导下撰写了《我国经度起算值确定以及综合系统调整》与《从 1950 年—1976 年几种综合时号改正数的系统归算》两篇论文，提供测地部门应用，取得明显效益，为此荣获两项全国科学大会重大成果奖。

---

① 叶叔华：1935-1960 年的欧美大陆经度变化。《天文学报》，1964 年第 2 期，第 189-195 页。

② 叶叔华访谈，2015 年 6 月，上海。资料存于采集工程数据库。

法国之行

法国在人造卫星大地测量和地球动力学中的应用研究方面仅次于美国。早在 1963 年，法国就建立了专门的研究组，利用卫星的光学照相观测，开始进行卫星大地测量的实验。1965 年，美国进行卫星激光测距试验的第二年，法国也进行了卫星激光测距实验。1966 年，法国发射了第一颗大地测量卫星——王冠卫星。为了加强大地测量的研究，1971 年成立了法国空间大地测量研究组（简称 GRGS），1974 年成立了法国天文地球动力学研究中心（简称 CERGA），两个机构都由著名天文学家 J. Kovalevsky 教授担任领导。

上海天文台脱胎于法国传教士建立的徐家汇观象台和佘山观象台，即使后来中国政府接管了这两座天文台，这里的中国天文学家与国际学界已经断绝关系多年，估计法国人还是不会忘记他们在殖民地时期建立的这座远东天文台的。除了历史因素之外，叶叔华早年从事时间工作曾经给法国时间局按时寄送徐家汇的观测资料，以及后来她关于经度研究的论文受到法国同行的认可，使得叶叔华对法国的天文机构感觉更加熟悉一些，因此她将“文化大革命”后自己第一次出国考察访问的目的地选在了法国。

1978 年 9 月 29 日—10 月 21 日，接任上海天文台台长的叶叔华带领由吴守贤（陕西天文台）、黄坤仪（紫金山天文台）、杨福民（上海天文台）和姜崇国（云南天文台）组成的中国科学院天文地球动力学考察组前往法国进行学术考察，目的是了解法国天文地球动力学、天体测量方面的最新进展，这是大家第一次踏出国门去了解国际同行的工作。法国的天文学研究工作隶属于法国科研中心

图 4-1　1978 年中国天文地球动力学代表团访问法国

（CNRS），在 CNRS 下面设立了国家天文学与地球物理学研究院（INAG），主持和协调天文学和地球物理学方面的研究。INAG 下面有 17 个天文机构，叶叔华他们访问了包括法国天文地球动力学中心在内的 10 个天文研究机构，还有 7 个密切联系的科研机构，如法国时间局、法国经度局和国家地理研究院等。通过访问和交流，叶叔华他们对法国天体测量学和天文地球动力学方面正在进行的研究计划和规模，研究水平和发展趋势有了比较深入的了解。

叶叔华率领的考察组考察的重点是“卫星观测的科学应用的发展方向问题”，他们为此与新建的法国天文地球动力学研究中心主任 J. Kovalevsky 教授，空间大地测量组的负责人 F. Barlier，国际时间局的负责人 Guinot 等进行了长时间的交流。叶叔华他们了解到：卫星大地测量和卫星在地球动力学上的应用是当前卫星观测的科学应用的主要发展方向，卫星大地测量也已经逐步深入到地球动力学领域；鉴于激光测距精度提高的潜力和多普勒观测的高精度和全天候特点，这两种方法成为 70 年代以来卫星地面观测注意的重点；卫星空间跟踪手段是近年来获得迅速发展的新技术。

针对上海天文台正在开展的和将要开展的几种天体测量的新技术，如人造卫星多普勒观测、激光测卫、激光测月和 VLBI 技术，叶叔华他们也广泛听取了法国同行的意见。对叶叔华最为关心的 VLBI 技术，法国同行表达了如下看法：

> 甚长基线干涉仪（VLBI），目前被认为是最有前途的新方法。它能全天候观测，又不需要其他的改正量作为先决条件。过去认为其价格昂贵，现在认为与激光测月相比较并不见得昂贵。过去认为大气影响是限制 VLBI 精度的要害问题，而 Guinot 认为由于台站相距很远，各自的大气条件是独立的，可以看成是偶然的效应。目前，VLBI 感觉到氢钟的精度不够用，虽然目前有的实验室氢钟已达到的精度，但是还要提高到才能更好地解决 VLBI 的需要。就目前量子频标研究进展来看，不久就会出现适合于要求的氢钟。[①]

① 中国科学技术情报研究所：《出国参观考察报告：法国天文地球动力学》。北京：科学技术文献出版社，1979 年，第 49 页。

尽管法国同行看好 VLBI 技术，但是由于法国国土面积比较小，并且与法国邻近的德国和瑞典都在开展 VLBI 技术，所以法国再去发展这种技术意义不是很大；再则法国也没有射电天文学家对此表示出兴趣。三个星期的法国考察给叶叔华他们留下了深刻的印象，回国后他们撰写了《出国参观考察报告——法国天文地球动力学》，把对法国天文地球动力学印象和观感都写进了报告中。

天文地球动力学研究中心

1995 年，上海天文台根据中国科学院对研究所改革的要求撤销了原基本天体测量研究室、射电天文研究室（部分）、卫星动力学研究室，组建天文地球动力学研究中心。这看起来是一个新成立的机构，但是无论是从其历史渊源，还是从其学术带头人来看，或者从其研究人员的学术背景、中心所进行的研究工作来看，这都是一个具有浓厚学术传统的研究团体，而开创这个传统的就是叶叔华。如果把天文地球动力学研究比作一棵大树，那么叶叔华提出的天文地球动力学思想是流动在树干里的汁液，滋养着这棵树的枝枝叶叶；天文地球动力学研究中心是大树的树干，支撑起了这门学科并形成建制；研究中心进行的课题及其成就便是树上结出的硕果；给天文地球动力学研究中心正式挂牌无非就是对这棵已经成长起来的大树进行命名，让它更加名实相符。叶叔华担任了中心的主任，三年后，她将这个重任交给了自己倾注大量心血培养的新中国第一位天文学博士黄珹，由他继续自己未竟的事业。

追根溯源，天文地球动力学研究中心的开端就是徐家汇观象台时期的测时组。1959 年，叶叔华成为了测时组负责人，当时测时组有研究人员 3 人，工程技术人员 2 人，业务助理人员 9 人，总计 14 人。测时组在完成了国家“提高授时精度”的任务后，又承担着“建立综合世界时系统”的国家任务，叶叔华他们出色地完成了任务，让中国世界时系统在 1963 年达到了世界第二。同年 3 月，上海天文台在原来测时组的基础上组建时间纬度研究室，叶叔华被任命为时间纬度研究室副室主任，其工作内容主要还是围绕着测定世界时、提高测时精度和国内世界时服务而进行。1977 年起，随着研究领域的不断扩大和研究工作的逐步深入，该室研究内容做了调整，主要从事天文地球动力学，地球自转参数服务，世界时测定以及星表、天文常数的研究，该室改名为基本天体测量研究室，叶叔华任室主任。基本天体测量研究室研究课题有：地球自转参数的确定和服务——主要探讨地球自转参数的归算方法，不断提高我国确定世界时的精度；用新技术确定地球自转参数以及各种技术所得结果之间的相互比较。天文地球动力学研究——用经典技术和新技术测定的地球自转参数和基线长度变化来研究地球自转不均匀性及其机制、地极运动规律及其激发机制，板块运动速率的测定及其驱动力，地球自转变化和厄尔尼诺现象、地震的关系等。星表与天文常数的研究——主要进行基本星表的改进，开展射电参考系和光学参考系之间联系的研究，以及星表自行和新技术研究天文常数如岁差、章动常数等①。天文观测的积累是天体测量学科发展的关键。基本天体测量研究室在 30 年中共计观测了 74 万星次，并且在世界时、极移和纬度变化、星表与天文常数、观测误差与气象因素的关系等方面做了大量的研究。开展了用甚长基线干涉测量和激光测人卫资料测定地球自转参数和天文常数以及地月系动力学的研究。

新成立的天文地球动力学中心，还包括射电天文研究室一部分、卫星动力学研究室。射电天文研究室原来就是时间纬度研究室内的一部分，即射电天文小组。卫星动力学研究室的前身是佘山观象台的理论天文组和人造卫星组，前者主要从事小行星群和人造卫星的运动理论和轨道计算方法的研究；后者主要从事人造卫星的目视和照相观测。70 年代初，研究组开展人造卫星观测新手段的研究，后来发展成为卫星激光测距和卫星多普勒观测组，1979 年组建卫星动力学研究室。这个研究室自建立以来，在人造卫星激光测距系统的建立和提高、中国 SLR 网的组织和协调、卫星多普勒观测的应用研究、卫星的精密定轨和激光测距资料的应用研究方面成果丰硕。②

① 叶叔华:《奋进中的上海天文台（1872-1992）》。上海：中国科学院上海天文台编印，1992 年。

② 黄珹：天文地球动力学学科的创建与发展。中国科学院上海天文台官网，2012-07-13。

整合后成立的天文地球动力学研究中心拥有一支结构合理的高水平学术梯队和一批有重要影响的学术带头人，中心有专门研究地球运动的人员，有 VLBI 观测应用人员、激光测距（SLR）人员、卫星精密定轨人员等，这为从事天文地球动力学研究打下了坚实的组织基础，多种力量凝成一股合力，使它更有能力承担综合型、跨学科、多层面的课题任务。中心主要研究领域包括：

> 地球自转变化的检测、分析和预报；全球板块运动和区域性地壳形变的测定和研究；空间飞行器精密定轨理论和应用的研究；北斗等其他卫星导航定位系统的理论和应用研究；卫星激光测距及新技术研发；地球重力场的检测、模拟，和精密重力场模型的建立研究；研究和开发空间行星探测技术与方法；各种空间技术的观测和数据处理的理论、误差分析、数据处理软件系统的建立和改进研究。①

国际地球自转联测（1980—1985）

国际地球自转联测（Monitor Earth Rotation and Intercompare the Techniques，简称 MERIT 联测）是国际天文学联合会（IAU）和国际大地测量和地球物理联合会（IUGG）发起和组织的测定地球自转参数的国际性科学合作活动。70 年代，多普勒测速、激光测距和射电干涉等天体测量新技术先后获得成功，并应用于地球自转参数的测定，它们从原来的角度测定改为距离测定，能给出一天内甚至几小时之内高精度的地球自转参数值。国际时间局（BIH）于 1978 年就开始采用这些新技术资料确定地球自转参数。于是，在经典测量技术与空间测量技术交替之时，需要解决新技术观测的正规化问题，考虑如何对这些观测台站布网和收集、分析数据，需要判定新老技术之间可能存在的系统差，这些需要解决的问题促成了 1983—1984 年的国际联测。这是一次国际天文界的大规模联合行动，全球共有二十多

---

① 天文地球动力学研究中心。中国科学院上海天文台官网，2013-09-29。

个国家的六十多个天文台参加，计划于 1980 年 8—10 月间进行短期联测，1983—1984 年间进行主联测。

1979 年 8 月，叶叔华与中国天文代表团前往加拿大蒙特利尔参加第 18 届国际天文学联合会（IAU），商谈恢复中国天文学会会籍问题。此外，她还参加了 IAU 讨论“MERIT 计划”的学术会议，了解了这项计划的详细过程和主要内容。她敏感地意识到，即使中国还没有被 IAU 重新接纳为会员，但是如果能够参加这次国际联测，不仅是中国天文学家向国际学术界表明了愿意合作的态度，也是中国天体测量力量在与国际隔绝 20 多年后的一次展示，这无疑对恢复中国的会籍有很大的帮助。回国后，叶叔华立即协调和组织我国天体测量界的力量参与这次国际联测计划。

我国的各大天文台从事地球自转、地极移动的观测研究工作已经有多年历史，经典观测保持着国际先进水平，对全球地球自转参数测定有重要的作用。为了加强学术领导和国内协调，经中国科学院数理学部批准，专门成立了在学部领导下的国际地球自转联测工作组（共有 14 名成员），叶叔华担任工作组组长，吴守贤等为副组长，上海天文台为组长单位，组织和领导北京天文台、紫金山天文台、陕西天文台、天津纬度站和武汉测地所 6 个天文台站，12 台经典测时测纬仪器（5 台光电中星仪、3 台光电等高仪、3 台丹容等高仪和 1 台天顶仪）和上海天文台的 1 台卫星激光测距仪、2 台卫星多普勒接收机参加 MERIT 国际联测，全国参加这次国际联测的科研人员有一百多人。

叶叔华作为这次联测的总负责人，她积极组织、精心安排，不仅使我国的经典技术在国际上继续保持领先地位，同时大大推动了新技术的发展，其中人造卫星激光测距精度迅速提高到国际第三代水平，跻身世界先进行列。此外，由于她的积极争取和努力，联测中我国承担了五种技术，即 SLR、激光测月（LLR）、VLBI、多普勒及经典技术的全球资料处理中心工作，建立了全球资料处理的软件。新老技术全面开花，取得重要成果，世界上只有少数国家有能力这样做，这表明我国在资料分析处理方面已进入世界先进行列。在 MERIT 联测的国际总结大会上，叶叔华代表上海天文台全面提出了新老技术全球观测资料的处理结果以及各种技术的综合解、精度分析和最优观测台站分布等重要论文报告，受到国际同行的瞩目，为国家赢得了荣誉。

“MERIT 联测是相当成功的，并取得了丰硕成果……任务带学科，使整个地球动力学研究向前跨了一大步。这与 1964 年我国世界时系统通过国家鉴定，具有同等重要的意义”。1987 年，也就是 MERIT 联测后的第二年，国际天文学联合会和国际地球物理与大地测量协会（IUGG）共同决定把地球自转参数的国际合作全部改用新技术，不再采用原来的光学观测。当年要不是叶叔华极力倡导发展天体测量新技术，我国在这方面将全军覆没。[①] 国际上，几十个用原来的光学技术测量世界时和纬度的台站，也都停止工作，一部分转为观测星表或其他。几年之后，都已停止工作。通过这次联测，国内同行越来越深刻地意识到发展新技术与组网观测的重要性，例如关于人造卫星激光测距（SLR），“目前，我国已有的或将要有的 SLR 仪器为数不少。如能组织成网，不仅可为测定 ERP 服务，同时可为测定基线、地心坐标等测绘工作作出贡献”；关于 VLBI，“从国际上发展的趋向看，VLBI 将是今后工作的主要工具，因此，在国内建立 VLBI 网是十分重要的……应尽快利用现有条件开展工作，并进一步完善国内的 VLBI 网，这对改善我国 ERP 服务将有重大意义”。[②] 叶叔华主持的 MERIT 联测是全国各大天文台天体测量力量的第一次联合演习，是天文地球动力学研究结出的丰硕的果实。

从“攀登计划”到 APSG

叶叔华曾说过一句这样的话，“我平生做过的最满意的事情就是‘攀登计划’”。然而，叶叔华获评中国科学院院士靠的不是“攀登计划”，而是建立中国世界时系统的卓越贡献；十年“攀登计划”最后是几个子课题研

① 金文敬，周瑞仙：叶叔华（1927−）。见：叶叔华主编，《20 世纪中国知名科学家学术成就概览 · 天文学卷》第一分册。北京：科学出版社，2014 年，第 357−369 页。

② DA−001−316，国际地球自转联测（MERIT）总结会纪要。资料存于采集工程数据库。

究获得了国家科技进步奖二等奖，这并没有给叶叔华自己带来多大的殊荣；“攀登计划”影响范围也仅限于国内，它不像MERIT联测是国际之间重大科学协作项目，在国内外都是影响巨大。为什么叶叔华会如此看重这个项目？带着这个疑问，笔者访谈了上海天文台天文地球动力学研究中心主任黄珹博士——他不仅是叶叔华的得意门生，而且当年也是“攀登计划”项目的主要科研人员。黄珹博士用简洁的语言冰释了笔者心中的疑团：“如果把上海天文台的天文地球动力学研究看作是一枝独秀，那么通过‘攀登计划’项目十多年的施行，天文地球动力学研究现在已经是春色满园了”。

“攀登计划”：现代地壳运动和地球动力学研究

“攀登计划”是国家“八五”期间基础性研究的重大项目计划，也是指导性和指令性相结合的计划，其目标是：加强人才培养，大力提高研究人员的素质和水平；增强中国学术界在主要基础学科领域和新兴学科、交叉学科领域的学术地位，在主要的学科领域跟上世界发展的步伐，在一些基础较好的学科领域有所创新、有所建树；不断增强解决中国国民经济和社会发展中重大问题的能力，在农业、能源、材料、信息以及人口、医学、资源、环境、生态、重大自然灾害等方面开展多学科的综合研究，为重大问题的解决提供理论依据和技术基础。基础性研究计划优先支持的原则是：对国民经济、社会发展有重大和广泛应用前景的、当代活跃的学科前沿项目；能充分发挥中国智力资源、自然资源优势或地理特色的项目；已有较好的基础，接近或达到国际先进水平的项目。[①]

到90年代初，上海、长春、武汉、北京都有了激光测距仪，可是这些设备分属于不同单位，有中国科学院的，有国家地震局的，也有国家测绘局的，各家守着各自的仪器过日子。除此之外，上海天文台也已经建成了首座VLBI站。国家投了大量资金进去，建设了那么多的观测台站和观测设备，却形不成合力，而且研究内容也易重复。叶叔华觉得这些拥有天

① 黄光壁主编:《中国近现代科学技术史》。长沙：湖南教育出版社，1997年。

体测量新技术的单位，应该改变一下单兵作战的现状，要联合起来为国家做一点大的事情。这个想法已经有很长时间了，1979 年访美回国后，他们就在赴美考察报告中写道：

> 天文地球动力学计划，在美国是由宇航局、美国基金会、国防部、国家海洋与大气局的大地测量处等共同协作的。为了做好统筹协调，远近兼顾，避免重复，加快进度。我们建议在国家科委下设立地球动力学小组，协调天文、地震、大地测量、空间研究、地球物理各方面的工作，做好分工……①

1989 年年底，叶叔华前往北京办事。多年往返北京让她形成了一个习惯，每到北京必定要去中国科学院院部转转，看看有什么新闻，或是有什么机会。很偶然地，叶叔华听说了国家科委正在遴选 10 个“攀登计划”项目，由国家重点支持，每年每项 100 万。如此大的支持力度前所未有，这让叶叔华听后非常激动，她马上找到主管部门咨询，得到的回答却是“你来晚了，项目都已经分配好了”。她急忙要来申请章程阅读申请条件，这不正是她想做的事情吗？叶叔华内心焦急万分，她不能让这个千载难逢的机会白白消失。为了最后能够挤进这条“攀登计划”的船，叶叔华使尽了浑身解数，她一方面找来国家测绘局、总参测绘局、国家地震局和中国科学院四大部委的人来协商申请事宜，一方面要给国家科委反复做工作，好让他们能够在过了申请截止日期的情况下参选，每一件事情都是难上加难。

什么样的研究能够让四大部委的力量联合起来共同进行呢？叶叔华想到了地壳运动。20 世纪 70 年代末，由美国宇航局（NASA）牵头组织了全球规模的地壳动力学计划（CDP），发展了观测地球各种变化的空间技术，使观测精度由米级提高到厘米级，并取得了一批重要的成果。90 年代初，美国宇航局继完成 CDP 计划之后又开始组织未来 10 年的固体地球动力学计划（DOSE）。80 年代中，西欧组织提出了旨在研究地中海地区地壳运动、

---

① DA-001-073，激光测距、VLBI 赴美考察代表团情况汇报。资料存于采集工程数据库。

海平面变化和冰川后期地壳反弹的 WEGENER 计划。如果我们国家能够进行地壳运动研究，一方面可以把中国的地壳运动情况，包括国家地震带的监测、板块运动的监测做好；另一方面还可以参加国际合作，提高中国的理论研究水平。

叶叔华把自己的想法和盘托出之后，立即获得四大部委专家们的响应，他们一致同意这是个好事情，并推荐叶叔华来主持项目申请与将来的研究工作。她组织身边的几位同事，不辞辛劳地与其他部门沟通、交涉，夜以继日地商讨申请书的起草，最后在不到一周的时间内完成了申请书，并命名为“现代地壳运动和地球动力学研究”。“攀登计划”因经费支持力度大，竞争异常激烈，项目评审需经过初审、复审、书面评审、函评、口头答辩，层层过关，才能筛选出最终的 10 个项目给予支持。“现代地壳运动和地球动力学研究”在叶叔华的运筹帷幄之下，层层闯关成功，最后以排名第五的战绩获得了资助。

叶叔华的坚持与执着，给参与项目的中国科学院武汉测量与地球物理研究所许厚泽院士留下了深刻印象，他说：“叶先生有句名言让我奉为座右铭。她说办一件事假设只有 40% 胜算的机会，如果停止不动，胜算的机会就会慢慢降低到 20%，最后归于零；如果积极争取，胜算的机会就会增至 60%、70%，最后就有可能搞成了。”在“攀登计划”的申请上，叶叔华用实际行动证明了她所言不虚，这也许是她战胜困难的秘诀。她迎着困难走过去，毫不退缩，困难也只好给她让路了。

现代地壳运动和地球动力学研究，主要是应用空间技术，精确测量地球在空间的整体运动、地球各圈层的物质运动与形变，定量地给出地球的形变过程，确定多种运动与形变过程的相互关系，探索它们的演化过程和动力学机制。自 20 世纪 70 年代以来，国际上相继提出并实施了多项国际性和区域性的空间地球动力学计划，并取得了具有世界影响的重要成果。我国自 20 世纪 80 年代以来首先建立了 VLBI、SLR 等空间观测系统，参加了多项全球性国际合作计划。随后，我国建成的 SLR 网由上海、武汉、长春、北京、昆明 5 个固定站和两个流动站组成，VLBI 网由上海、乌鲁木齐两个固定站和一个流动站组成。此外，上海天文台不仅装备了 VLBI、

SLR 系统，而且还配备了 GPS 和高精度测距测速仪（PRARE），非常有利于开展现代地壳动力学的测量与研究，并推动了多学科的共同发展。

鉴于该项目基于空间测量技术来测量和研究我国大陆的地壳运动及其动力学，对全球背景和重要地区分别加以研究，并以重力场和水准面的研究为补充，测量技术和数据处理方法为支持，而设立的一项大型综合基础研究项目。该项目共分六个子课题：①中国地壳运动全球背景研究；②中国大陆主要活动带现今地壳运动及动力学研究；③青藏高原岩石圈现今变动与动力学研究；④中国沿海地区陆地与海平面垂直运动研究；⑤中国地区重力场与大地水准面研究；⑥现代地壳运动的空间测量技术和数据处理方法研究。

国家重大基础研究攀登项目“现代地壳运动和地球动力学研究”，于 1991 年立项，2001 年结题，历时十载。10 年来，该项目取得了诸多成果，绘出了中国大陆地壳运动的初步图像，并出版了论文集《现代地壳运动与地球动力学研究》，按 6 个子课题编为 6 卷，刊载重要研究成果和论文。《现代地壳运动与地球动力学研究》是我国第一部有关天文地球动力学方面的专著，全面系统地介绍了各种空间天文大地测量技术、归算方法及其在监测和研究地球自转整体运动（地球自转和级移）与局部运动（如大气、海洋、地壳等）及变化的应用，集中反映了近年来地球运动学研究在空间天文测量新技术推动下的学科前沿和所取得的最新进展，并展望了 21 世纪天文地球动力学领域的研究方向，特别是我国在天文地球动力学研究领域的丰硕成果。①

该项目在研究期间及结题验收后，先后获得了中科院、国家地震局、国家测绘局、军队科学等多方面及国家级的多项重要获奖成果。这是大地测量、地球物理、地质、地震及天文的多学科交叉，是百人联合共同奋斗的结果，它不仅促进了国家重大科学工程“中国地壳运动监测网（CMONC）”的建设，也推动了“亚太空间地球动力学（APSG）”国际合作计划的建立。②

① 叶叔华主编:《现代地壳运动与地球动力学研究》。北京：地震出版社，2001 年。

② 杨玉德：现代地壳运动和地球动力学研究的立项。中国科学院上海天文台官网，2012-07-15。

“Madam Ye”与“APSG 计划”

在美国，叶叔华有两位特殊的朋友——沈嗣钧和赵丰。沈嗣钧在叶叔华访美期间曾主动请缨为其当向导；赵丰作为美国宇航局（NASA）唯一有中国文化背景的华人曾接待过叶叔华一行。叶叔华与他们维持了终生的友谊和合作关系。两人谈起与叶叔华的相识经过，都会不约而同地讲起他们最先听到“Madam Ye”这个称呼时的感受，对于叶叔华他们都是未见其人，先闻其名。

沈嗣钧，美籍华人，现任美国俄亥俄州立大学空间大地测量和遥感实验室主任、教授，长期从事卫星轨道确定、地球重力场、卫星测高及遥感方面的研究。谈起他和叶叔华的相识过程，沈嗣钧说：“我在德克萨斯大学毕业后又念了博士，之后去俄亥俄州立大学工作。在那里有个比较有名气的大地测量的系，是美国唯一的一个，我记得系里有几个年纪比较大的科学家，他们之前就已经认识叶先生了。当时我一提到上海天文台，说我是在上海出生的，他们就会说，‘哦，那个 Madam Ye。’当时世界上很有名的科学家都尊称叶先生为 Madam Ye。”①

赵丰，现任台湾中研院地球科学研究所所长，20 世纪 80 年代曾在美国宇航局工作。因为美国宇航局与中国的合作，他认识了叶叔华并渐渐成为好友。在很多国际项目的策划与开展中，他都予叶叔华大力帮助。谈起与叶叔华的相识经过，赵丰说：“因为我从 19 世纪 80 年代开始就在美国宇航局 NASA 工作，工作后慢慢接触到一些国际的合作计划……中国方面的代表人讲起来都只有一位，那时候大家都不认识，但谈起来都只有说到一位女士，是叶先生。很有趣的是，在 NASA 大家都叫她 Madam Ye. 我第一次听到这个称呼很有趣，因为通常我们都会说 Professor Ye 或者 Doctor Ye，而称呼叶先生却使用另外一种更加尊敬的称呼 Madam Ye，我当时对这个印象很深。”②

① 沈嗣钧访谈，2011 年 7 月 20 日，上海。资料存于采集工程数据库。

② 赵丰访谈，2011 年 7 月 20 日，上海。存地同上。

“Madam Ye”的称呼反映了叶叔华在国际天文界与测地界的威望和影响力。凭借这些，叶叔华要将“攀登计划”项目打造成世界品牌，要把中国的天文地球动力学研究带到国际上。90年代中期，当“攀登计划”项目还正在进行中时，叶叔华又开始酝酿新的研究计划——亚太空间地球动力学计划（APSG计划）。她与时在NASA工作的赵丰等人仔细地聊了自己的想法，赵丰至今都清楚地记得当时的情景：

我印象很深，叶先生在对我讲的时候，她自己一边想，一边不疾不徐地说：“地球上更大的地方，就是我们亚太地区。我们这个地区里面发生的地震、火山、造山运动、板块运动现在都是靠亚太以外的人来监测和研究，为什么我们自己不做呢？现在大家的条件都慢慢变好了，已经有这样的能力，我们就应该组织起来做自己这个更大的地区。”①

赵丰听了叶叔华的想法非常激动，长年在NASA工作，让他早已经习惯了那里的思维方式和工作方式：“NASA与其他地区的合作，通常是找到当地政府或者研究机构进行合作，就可以把事情做起来。如果要继续合作，只要再到那里去就可以了。”而叶叔华提出来的亚太合作计划却是号召这个地区的国家组织起来自己做，这是一种全新的国际合作方式，而且叶叔华所说的地区不限于亚洲，而是亚太，它还包括太平洋地区，而太平洋的另一岸就是美国NASA。如此大范围内联合开展地球动力学研究，美国NASA当然就是重要的合作伙伴了。与赵

图4-2　叶叔华与赵丰在NASA

① 赵丰访谈，2011年7月20日，上海。资料存于采集工程数据库。

丰等人讨论之后，叶叔华酝酿的这个计划有了名字——“APSG 计划”，全称“亚太空间地球动力学国际计划”。

在亚洲，日本在天文地球动力学方面的设备和研究还是比较强大的。早在 20 世纪 70 年代，国际上有一个“国际地球动力学”（简称 GDP），是由国际大地测量地球物理联合会及国际地质科学联合会共同提出，由国际科学联合会组织实施的一个国际计划，当时美国和日本都是其中的成员国之一，分别制定了相应的研究计划。当时，国际空间对地观测技术，美国最强，欧洲次之，亚太地区最弱。那些主持国际合作项目的国家，总是希望亚洲建更多的观测站，把观测数据都给他们，由他们分析数据写文章。这样一来，亚洲国家就沦为干活的傻瓜，而与最后的成果无缘。尽管当时的参加者都感觉到不公平，但是没有人愿意站出来改变现状。叶叔华就是看准了这种情况，利用自己参加国际会议的间隙，开始在日本、澳大利亚等同行中游说，“我们应该联合起来，不能总让美国人占便宜”。她的看法获得了大家的赞同。从 1994 年 6 月开始，叶叔华组织中国专家小组，就建立“APSG 计划”，专门向亚太地区各个国家进行讨论和征求意见，得到近 20 个亚太国家和地区的积极响应和支持。

到此为止，“APSG 计划”还停留在一个想法上，要获得国际同行的认可，把它推到国际合作的平台上还有许多工作要做。1994 年 9 月，由国家科委主持的“联合国亚太地区社会与经济委员会（ESCAP）的空间技术应用与持续发展”的部长级会议在北京召开，会议主题是“空间观测和平利用”。参加会议的人员除了各国政要以外，会前还有专家学者的学术会议，为部长级会议作科学参考。叶叔华不顾昂贵的会议注册费，独自冲出去报名参会，果然不虚此行，叶叔华强烈地感觉到会议倡导的事情与“APSG 计划”实在是再适合不过了。她拿出与申请“攀登计划”项目一样的劲头，在专家学术讨论会上正式提出了“APSG 计划”，并且是受中国政府支持的一项新提案。但是，在会议闭幕前的全体会议上逐项通过会议决案时，叶叔华发现“APSG 计划”并未列入议决案。眼看着一项项决议随着主席敲下铁锤，叶叔华心急如焚。她迅速查看所有议决案，终于找到一条与“APSG 计划”切合的议案，当主席读完这个议案要求表决之前，叶叔华立即举手要求发言。她说明了“APSG 计划”与该议案完全切合，要求将其增加到该议决案中。最后，会议主席说可以单独把“APSG 计划”列为会议的第 25 条决议。

通过努力，“APSG 计划”成了中国的提案，被列入联合国决议第 25 款。随后，国家科委也高度重视，把“APSG 计划”列入了“中国空间应用促进可持续发展行动计划”中，并特别指出：“‘APSG 计划’作为攀登项目的延伸和发展，要力争纳入中国 21 世纪议程，成为其中的一个优先项目”，同时，还要“积极筹建亚太地区天文地球动力学研究中心”。就这样，“APSG 计划”得到了联合国的道义支持和国家科委的重视。中国机构能做的事情也仅限于此了，要想让“APSG 计划”在国际上得到真正实施，还需要找一个国际组织作为依托。

叶叔华决定第二年到国际大地测量和地球物理联合会（IUGG/IAG）大会上去碰碰运气。该会议每四年一届，1995 年是第 21 届，在美国科罗拉多州召开。机会难得，叶叔华决定走一遭。正当一切手续办妥准备出发时，老伴程极泰不幸摔伤，要更换股骨颈，这是一项不小的手术，住院手术需要亲人陪伴照顾。叶叔华被夹在亲情和工作之间难以决断：去吧，不忍心抛下病中的老伴；不去吧，四年一次的机会实在不能等。最后，老伴所在的上海交通大学数学系书记答应照顾老伴，她才咬咬牙，狠狠心，踏上了去美国的飞机。没有人知道叶叔华是怎样度过在美国开会的那几天，她一面为“APSG 计划”进行着紧张激烈的论辩，一面又为国内住院的老伴牵肠挂肚，焦灼、不安、内疚与担忧在内心交战。

叶叔华向国际大地测量和地球物理联合会正式提出了“APSG 计划”，并在赵丰的帮助下组织了一个晚间讨论会。结果开会的当天晚上却出了意外，帮助组织、安排晚间讨论会的赵丰因飞机故障不能按时到会。叶叔华顿时着急起来，这人都到哪里去了？客人都要来了，主人却迟迟不现身，这下可乱套了。就在这十分紧急的关口，赵丰的电话来了，他告诉叶叔华自己已经把所有的事情安排妥当，到时只需按照日程安排行事就可以了。一切都有惊无险，自助晚餐准时开席。餐后的讨论会争论的异常激烈，与 NASA 合作的各国该领域的重要人物能来的都来了，他们不相信中国人能干得了这种事情。因为疑虑，他们质询了很多问题。自小熟读《三国》的叶叔华仿效诸葛亮来了个舌战群儒，针对一个个问题，她一一作答。

“为什么要有这个计划？”

叶叔华答道：“亚太地区，特别是中国、日本和南亚所在的西太平洋边缘地区，自然灾害很多，本世纪以来，中国已发生了7级以上地震120余次；最近几年，中国和日本的地震，菲律宾的火山喷发，都造成了很大的人员伤亡和损失。因而该地区最适合、又最需要研究地壳运动，研究自然灾害的发生规律，从而对灾害趋势做出预报，为采取防范措施提供依据。”

“由中国来领衔主持实施这个计划，条件是否具备？”

叶叔华自信地回答道：“从1982年，我们中国就和国外同行合作研究项目，请让我举例说明……”

最后，美国宇航局的专家站起来说道：“我们完全支持这个计划！”

在叶叔华有理有力的争持下，NASA当局和各国专家支持并通过了中国的“APSG计划”。拿到了这张重要的通行证，并在会后四位外国专家的主动帮助下，叶叔华连夜起草了决议案草稿，送交大会秘书处。国际大地测量和地球物理联合会当年就以第4号决议通过了“APSG计划”，并确定由叶叔华领衔组织实施这项国际合作计划。这样“APSG计划”就正式在国际大地测量协会备案了。1996年5月，“APSG计划”启动大会在上海举行，参加该计划的国家和地区有中国、美国、澳大利亚、日本、韩国、俄罗斯、德国、法国、印度尼西亚和中国香港等近20个国家和地区，首届执委会由中国、日本、美国、澳大利亚、俄罗斯和印度尼西亚6国组成，叶叔华当选首届APSG执委会主席，APSG中央局总部设在上海天文台。在以往的国际合作项目中，中国都是参加者，而这次中国天文学家成了不仅是发起者，而且还是东道主。这是中国科学家的骄傲与光荣。

“APSG计划”主要合作内容是用空间技术监测欧亚、太平洋、印澳、菲律宾和北美等板块间的相对运动，包括板内和板块边缘的地壳形变；研究西太平洋边缘地区之岛弧—海沟构造体系、青藏高原和东南亚造山带的地壳运动演化图以及动力学机制；利用空间技术（包括卫星测高技术）与验潮方法对亚太地区海平面变化进行监测，并对海平面变化规律及其起因进行研究，进而对全球洋面起伏及其机制开展研究；展开地球各圈层的物质运动与地球在空间的整体运动之间相互关系的研究以及研究该地区大尺度自然灾害与地球运动变化的关系，对灾害趋势作出预报，为采取防范措施提供依据。“APSG 计划”的实施是对该地区天气预报、台风预报、地壳形变监测、海平面升降趋势预测、地面测量参考系建立等提供必要的依据，为预报和减轻自然灾害作出贡献。对该地区的经济建设也具有重要的指导意义。“APSG 计划”自启动以来，已召开了多届工作会议。这些会议加强了国内外老朋友的联系与学术交流，扩展了与各国学者进行地区性的学术合作。通过“APSG 计划”，国内组织了一支高水平、多学科的研究队伍，其中两院院士就有十几位。

我国自“APSG 计划”发起之日起，始终起着核心作用，负责两个专题研究组和一个观测技术组，还承担建立数据中心和资料分析中心的任务。APSG 中央局除了组织国际联测、国际会议，出版会议文集外，在 APSG 网页上发布新消息与 APSG 数据处理结果，连接相关数据中心等，供查阅使用。针对国际上当时热点研究领域，叶叔华还在 1999 年 2 月以“APSG 计划”名义向美国宇航局（NASA）提出了“亚太地区地球动力学、自然灾害和海平面变化研究”的项目建议书，其中包括 30 个子课题，由十几个国家参加，内容极为丰富，现在该项目建议书虽获NASA批准，①但没有特别的经费支持。因此，APSG 只能做到每一、二年在不同的国家召开会议交流工作，还无法组织联合的观测与研究。

中国人含蓄内敛，不善交际几乎已经成为国际公认的国民特征，而叶叔华在国际圈子里活动却如鱼得水、游刃有余，这首先得益于她幼年打下的良好的英语基础，而且还与她喜欢唱歌、喜欢古典音乐有很大关系。“音乐是世界的语言”，从小对古典音乐情有独钟的叶叔华对此有很深的了

① 黄珹：国际合作计划——亚太空间地球动力学（APSG）计划启动始末。见:《上海天文台成立 50 周年暨建台 140 周年征文集》。

解，每次“APSG”年会闭幕典礼，叶叔华总是鼓动大家表演节目，而且她自己总是第一个登台，歌声、笑声把紧张的会议气氛一扫而空，各国科学家也会一改开会时严肃认真的模样，在这个其乐融融的“APSG”大家庭里尽情欢乐，就是在这样的氛围中，诞生了“APSG”之歌。沈嗣钧对此感受颇深，他说：

> “APSG”年会，我80%以上的会都参加了。每一次去时都想，我一定要练习唱歌、跳舞。因为叶先生有一个出了名的做法，就是在会后宴会时，每个人都要唱歌，表演节目，并且每次她都是第一个去唱歌。这次在澳大利亚开会，叶先生有事不能去，所以就没办法唱歌了。[①]

从1978年叶叔华在上海举行的中国第一届天文地球动力学年会上首次阐述天文地球动力学概念，到1996年叶叔华在上海推动举办首届亚太地区空间地球动力学研究计划（APSG）国际会议，近20年的时间过去了。20年里，中国建立了VLBI系统，拥有了卫星激光测距系统等天体测量的高技术手段，在国内、国际分别进行了“攀登计划”“APSG计划”，这一切都标志着天文地球动力学已经成为天文学领域内一门重要的分支学科。在由王绶琯院士主编的《20世纪中国学术大典》（天文学卷）“天体测量及天文地球动力学研究”一条中写道：“天文地球动力学的概念是中国天文学家叶叔华在1978年首先提出的，当时的主要思想是用天文学的手段研究地球各种运动状态和力学机制。经过20年的发展，天文地球动力学的内涵有了很大的扩展。”它的学科价值和意义在于“天文学（特别是天体测量学和天体力学）介入地球科学研究，为天文学找到了大量的基础研究与应用研究并重的课题，是天文学这门经典的基础科学开辟出了与人类生产和生存密切相关的联系实际的研究领域，因而大大推动了天文学本身的发展”。[②] 叶叔华作为一门新学科的开创者而名载史册！

---

① 沈嗣钧访谈，2011年7月20日，上海。资料存于采集工程数据库。

② 王绶琯，刘振兴主编：《20世纪中国学术大典·天文学·空间科学》。福州：福建教育出版社，2003年，第1-2页。

第五章
从台长到 IAU 副主席

自 50 年代以来，上海天文台一直承担着我国的标准时间、频率发播的任务，为天文学、大地测量、人造卫星发射、航海、国民经济及国防建设提供了卓有成效的服务，天体测量学也一直是上海天文台的科研支柱。1978 年是中国现代天文学发展的分水岭：在此之前，中国天文学的重点是天体测量学；在此之后，中国天文学发展的重心逐渐转移到了天体物理学方向上来，天体测量学势必要转向新的研究方向。国家天文学发展重心的转移，再加上陕西天文台短波、长波授时台的建成，上海天文台面临严峻的形势。

1965 年，国家科委在"我国的综合时号改正数"鉴定书中不仅肯定了叶叔华等人为建立中国世界时系统做出的贡献，而且还提出了"建议中国科学院在西部地区从速增设一个授时台。"几天之后，中国科学院便选派上海天文台和天津纬度站的领导及科技人员组成西北授时台（暂名）选址工作组，赴新疆、青海、甘肃、陕西考察选址。从这个时候开始，上海天文台迟早将面临被这个新生机构分割的局面。1966 年 2 月 7 日，上海天文台受中国科学院委托提出《西北授时台（暂名）筹建方案》和《西北授时台（暂名）第一期基本建设设计任务书》，一个月之后，中国科学院便决定在陕西省关中地区筹建授时台，筹建工作由中国科学院西北分院负责，技术工作由上海天文台负责，主要技术力量从上海天文台（以苗永瑞、吴守贤为主）、北京天文台、紫金山天文台抽调支援。新建的天文台初定名为西北天文台，主要任务为天体测量，以开展时间和频率为重点，相应开展星表、纬度研究、人造卫星观测和用卫星确定地面绝对坐标的研究，与全国天文台合作建立我国独立自主的天体测量体系。短短 4 年之内，陕西的短波发射系统就基本建设完成。在上报国务院请求试播的文件中，周恩来总理批示道："这一与上海天文台互相配合的陕西天文台，在紧急情况下还要代替上海天文台的时间频率发播工作"。① 经过 10 年曲折的试播过程，BPM 短波授时台正式通过鉴定，交付国家使用。1981 年，国务院同意从 7 月 1 日起，陕西天文台的 BPM 短波授时台正式承担发播我国短波时号任务，上海天文台停止 BPV 时号发播。差不多与此同时，陕西天文台长波授时台也在计划酝酿之中。

1977 年，中国科学院成立天文学规划组，负责提出符合国际发展趋势和国家需要的天文学发展规划，王绶琯任组长，吴守贤任副组长。规划组召集全国天文学代表，通过充分讨论，制定了《中国天文学科八年发展规划（1978—1985）》，经国务院批准付诸实施。正是在这个天文学八年发展规划中，中国天文学发展的路径从原来的天体测量和天体力学逐渐与国际接轨，正式转向了天体物理；规划还决定将原来上海天文台的时间工作转移到已经成立的陕西天文台。这样一来，一向以时间工作受到国家重视和重点支持，又以天体测量的卓越贡献成为中国天文台站翘楚的上海天文台面临着真正的生存危机。1980—1981 年间，中国科学院又根据中央提出的从 1979 年起，用 3 年时间进行"调整、改革、整顿、提高"的精神，对各学科在五年内的任务进行了切合实际的安排，其中关于天文学发展再次强调："以天体物理为主要方向，重点开展以实测为基础的各个层次天体物理的研究。继续结合各项应用任务，积极开展天体测量和天体力学的研究。"② 无论如何，上海天文台必须在这轮调整与改革之中寻找新的立足点。

---

① 漆贯荣：《中国科学院陕西天文台 1966-2000》。西安：陕西天文台，2001 年。

② 《中国科学院》编辑委员会编：《中国科学院（上）》。北京：当代中国出版社，2009 年，第 149 页。

主持上海天文台

叶叔华就是在这个时候，开始成为上海天文台的掌舵人。在此之前的1978年6月21日，叶叔华曾被中国科学院上海分院任命为上海天文台台长，后来因为在“文化大革命”中受到错误批判的老台长李珩恢复名誉和工作，叶叔华改任副台长。1981年，叶叔华重新执掌上海天文台一直到1993年。她的这段任期，正逢上海天文台多事之秋。她至今都清楚地记得在1977年天文学规划组的那次讨论会上，大家提议把上海天文台与时间有关的工作全部移交给陕西天文台，她说“当时我正好要找王绶琯先生有其他的事情，就在会议室的门口边等边听里边人说。当听到这个计划要被通过时，心里都要急死了，我马上冲进去说：‘不行！’”。为什么不行呢？叶叔华解释道：“现在地球自转全部用新技术，这些陕西天文台都没有，上海天文台已经有了激光测距，并且还在研制VLBI。如果全部移交陕西天文台，我们有力使不上，他们没有基础跟不上。所以，我们要保留新技术的研制与应用。”当时与会的吴守贤开玩笑地说：“你们做大哥也不让着小兄弟”。“确实不能，新技术建立起来很费力，不是说一天就能做的，不晓得要磨多少年才能做成，所以我是坚决地不肯相让。王先生看我态度坚决后来也就算了。”

叶叔华还有更大、更具体的困难摆在面前。正如前文所述，早在20世纪80年代初，国际上已经开始使用新技术进行地球自转参数服务，新技术取代经典技术势在必行。此外，中国自

图5-1　1981年叶叔华在台长办公室

1949年以来重点发展天体测量学，所以多年来在这方面投入了大量的人力和物力，淘汰经典技术和方法，必然伴随着人员的分流和转岗，这将激起很大的反响和矛盾。当时，国内搞经典技术的有二三百人，从50年代初到80年代初的30年中，他们从青年步入老年。新技术时代来了，他们面临着被淘汰的危险，有不少人坚持认为经典技术还有用武之地，甚至不比新技术差。叶叔华看得很清楚：这是不可能的，新老技术在精度上有数量级的差别，相互更替不可避免。这是一个痛苦的过程，尤其在要涉及人员分流与淘汰的时候，选择、权衡、利益、矛盾、机会，无数不可知因素汇成了一股激流，叶叔华身处其中丝毫不能动摇，她说："还是让经典技术退出历史舞台吧。原来的人员进行各种分流，年纪大些的可以先退休，差不多的可以转到行政部门，年轻的如果能够跟上新技术就可以继续留在一线"。改革带来的震动与阵痛，作为一台之主的叶叔华必须得承受。与此同时，叶叔华还必须带领大家闯出一条新路，那就是大力发展新兴技术。众所周知，观测与研究是天文学的左膀右臂，观测靠的就是先进的仪器设备，没有先进的仪器设备，就没有出色的研究。为了与国际上的研究方向保持一致，上海天文台就必须使仪器设备更新换代；现在时间工作已经转移给陕西天文台，那么发展新技术更是迫在眉睫。叶叔华决心狠抓三项新技术：VLBI、激光测距和1.56米天体测量望远镜。

人造卫星激光测距

人造卫星激光测距是在上海天文台佘山站先搞起来的。1965年，中国科学院上海光学精密机械研究所研制成功了我国第一代数字显示红宝石激光测距仪，此后他们也打算研制人造卫星激光测距系统，但是却苦于找不到天上的卫星，只有与天文台合作才能进行这个项目。当时，人造卫星的观测、预报和跟踪，紫金山天文台力量最强，却没人对此项目感兴趣。佘山站的万籁、何妙福、杨福民、阎林山等人在得到这个消息后马上决定与光机所合作，上海天文台的人造卫星激光测距技术项目就这样启动了，时间大约在 1971 年。[1] 两年后，他们用口径 30 厘米的望远镜在嘉定测到了“BE–C”卫星的距离，随后完成了有关配套工作，开始了常规测距，成为了中国第一台完整的第一代人造卫星激光测距系统，可测量 3000 千米以内的近地卫星，测距精度在 ±1—2 米。人造卫星激光测距技术具有重大科学意义，可用于精密测定地球自转参数、地球引力场及其变化和板块运动以及区域性地壳形变等。

万籁[2] 和叶叔华是中山大学数学天文系的同班同学，他们差不多同时进入上海天文台，一个去了佘山观象台，一个到了徐家汇观象台。最初因为佘山与市区交通不便，他们之间的交流比较少，1962 年佘山和徐家汇合并成为上海天文台后，两人之间的交流和接触就渐渐多了起来。人造卫星激光测距对地球自转研究有很大的帮助，叶叔华非常愿意看到佘山站的人造卫星激光测距搞得更加出色。1979 年她带领上海天文台的人员考察美国时，其中一半人员是搞激光测距技术的，考察的重点包括美国激光测距技术最先进的麦克唐纳天文台。回国后，叶叔华一方面不遗余力地帮助佘山站人造卫星激光测距组去院里争取经费，一方面选派金文敬、何妙福、杨福民等技术骨干到 NASA、史密松天体物理台、德克萨斯大学、马里兰大学学习激光测距技术和资料处理。有了经费和技术的支持，佘山站对第一代人造卫星激光测距仪进行了大幅度的改进和提高，使之更加完善，更加精确。第二代人造卫星激光测距仪参加了“国际地球自转联测”

图 5–2　1984 年 4 月叶叔华与杨福民（左）、何妙福（右）在上海天文台激光测距仪前

---

① 何妙福访谈，2011 年 12 月 31 日，上海。资料存于采集工程数据库。

② 万籁（1924–2001），江西南昌人，天体测量学家，中国照相天体测量学科的奠基人之一。

的主联测（1983—1985），在其中发挥了作用。此外，从70年代末到80年代末10多年内，叶叔华还极力主张和推动全国的人造卫星测距系统联网观测，除上海之外的北京、武汉、昆明、长春都建立了人造卫星激光测距系统，再加两个流动站，全国形成了一个统一的人造卫星激光测距网，规模仅次于美国。上海天文台杨福民担任组长。

1.56米天体测量望远镜

佘山站的40厘米望远镜是1900年法国传教士安装的，直到80年代末，它一直是佘山的主要天文观测仪器，被用于照相天体测量观测工作，拍下了7000多张天文照相底片。在近一个世纪的岁月里，它虽累建功勋，但也早已成了“老掉牙”的设备了，瑞典天体物理学家阿尔文教授在看到它时毫不客气地说：“40厘米望远镜早该进博物馆了”，苏联天体测量学家也曾劝华东分院领导支持上海天文台更新望远镜。20世纪70年代初，随着我国天体测量工作的发展，万籁大胆地提出我国自行设计研制1.5米左右的天体测量望远镜。这是一项复杂的工程，它涉及到精密光学、精密机械、计算机和自动控制等多项尖端技术。按照当时的条件，建造这架望远镜困难重重，但是万籁坚持认为只要人力组织得当，再充分发挥上海市雄厚的工业基础，完全有可能研制出这样的望远镜。他四处游说，首先取得上海市政府的支持，又在叶叔华的帮助下到科学院争取立项，几经周折，终于在1974年得到中科院的批准。①

到1984年时，1.56米望远镜研制项目已经整整持续了10年，这时已经担任上海天文台台长的叶叔华给项目负责人朱能鸿②提出了一个非常严苛的时间节点，“要在哈雷彗星回归之前让1.56米望远镜能够用于观测”，这差不多是叶叔华给朱能鸿立下的“死命令”。按照当时的进展情况，按

① 金文敬：万籁（1924–2001）。见：叶叔华主编，《20世纪中国知名科学家学术成就概览·天文学卷》第一分册。北京：科学出版社，2014年，第305–313页。

② 朱能鸿（1930–），江苏苏州人，天文仪器与方法专家，中国工程院院士，现任上海天文台总工程师。

时完成任务有相当大的难度，但是叶叔华坚持认为：只要努力，还是有可能实现的。提出这样的进度要求，叶叔华有她自己的考虑：1985 年恰逢哈雷彗星回归，这是一个轰动世界的热门事件，IAU 为此专门组织了国际哈雷彗星监测，包括中国在内，全球有 51 个国家将参与这次联测。上海天文台如果能够乘此机会，把“十年磨一剑”的成果拿出来亮一下，一定能够引起很大的反响。

叶叔华给朱能鸿提供了最大的方便与支持，她动员了全台的力量来支持研制组的工作，还向科学院争取到了改建装配车间的经费，在装配车间内为能观测到哈雷彗星的方向修建了可开闭的天窗。朱能鸿和项目组成员更是加班加点赶进度，最终在叶叔华要求的时间内完成了任务。1.56 米望远镜可以用来观测了，再不像以前那样只是装在车间里一动不动的物件。不出叶叔华的预料，上海市的各级领导都对这 76 年才光顾地球一次的彗星有兴趣，叶叔华顺势邀请领导们前往上海天文台观测哈雷彗星。那天，时任上海市委书记的江泽民、上海市长朱镕基还有其他的领导都来到了上海天文台，朱能鸿及其组员负责接待，并向领导们介绍了 1.56 米望远镜的研制情况，这是我国自行研制的、当时口径最大的天文望远镜。领导们对这个新型望远镜也表现了极大的兴趣。

叶叔华的催促使得望远镜的研制进程也大大地往前赶了一步，1986 年 1.56 米望远镜终于走出了徐家汇的装配车间，安装到佘山进行调试和试验观测。1987 年 10 月，在叶叔华的主持下，上海天文台佘山站为他们的两件“新型武器”—— VLBI 和 1.56 米望远镜举行了隆重的揭幕典礼。1989 年 11 月，叶叔华又为 1.56 米天体测量望远镜组织了盛大的鉴定仪式，她请来了中国应用光学奠基人，有“中国光学之父”之称的王大珩院士做鉴定会的主席。朱能鸿在回忆王大珩先生在看到这架望远镜的情景时说道：“王大珩先生在看到我们自己能够建造一架这样大口径的望远镜，而且全部用的是国产器件时，他非常激动，亲自把我们拍的照片一张一张放在底片观测仪上，细致地观察照片效果和质量。他觉得很满意，在鉴定会上，给予了我们很高的评价，而且还赋诗一首表达他的心情。”

图 5-3 1.56 米天体测量望远镜揭幕仪式（1987 年 11 月）

朱能鸿毕业于同济大学建筑系，大学毕业时被分配到上海天文台，从希望自己成为一名出色的建筑设计师成长为一位优秀的中国天文仪器研制者，朱能鸿除了天赋异禀之外，还得益于上海天文台老一辈天文学家的影响，他说："进入上海天文台工作之后，我和老一辈的天文学家在业务上有很多接触，使我收到很多帮助。例如万籁先生的循循善诱，叶叔华台长敏捷的思路、明确果断的处事作风，都对我有很大的影响"。1995 年，朱能鸿当选工程院院士。①

1990 年，1.56 米天体测量望远镜获得中国科学院科技进步奖一等奖，1992 年获国家科技进步奖一等奖，它已经成为了中国天体测量领域内的"名镜"。

VLBI、人造卫星激光测距、1.56 米天体测量望远镜，这三件在 70 年

① 方鸿辉：朱能鸿（1939- ）。叶叔华主编，《20 世纪中国知名科学家学术成就概览 · 天文学卷》第二分册。北京：科学出版社，2014 年，第 434-446 页。

代初酝酿、80年代末开花结果的观测设备给上海天文台注入了新的发展动力，上海天文台由此焕发勃勃生机，以新的发展方向和研究领域站立在国际天文台之列。对于叶叔华为此付出的心血以及这三件仪器对上海天文台未来发展的意义，朱能鸿如是说："叶先生当时在三个仪器方面花了很大精力来领导工作，最后也都取得了成功。通过这三个仪器的研制，上海天文台的工作从传统的时间方面的工作转向了先进技术方面，也使得上海天文台在国际学术界有了一定地位。那时尽管我也是副台长，但是很多的主意，工作的领导跟叶先生是密切相关的，她当时是很注意这方面的发展。"①

调整研究方向

由于传统的时间工作和经典的天体测量工作基本上都移交给了陕西天文台，上海天文台决定将研究方向调整为重点开展天文地球动力学和天体物理及新技术在天文上的应用研究。为适应新的科研任务、形势和工作布局，时间纬度研究室更名为"基本天体测量研究室"；照相天体测量及恒星天文研究室更名为"天体物理与恒星天文研究室"；时间频率研究室名称不变。同时，新成立了天文仪器研究室、射电天文研究室、卫星动力学研究室、红外天文研究室筹备组、理论天体物理研究组、天文学史研究组和超导腔应用研究组。

上海天文台的天体物理研究主要开展疏散星团的结构、演化和动力学研究，球状星团变星研究，密近双星的分光与测光研究，耀星巡天、星系团的成员、结构和动力学研究，星系与宇宙大尺度结构的数值模拟，量子宇宙学及黑洞，星际物质和活动星系核等的起源和演化研究。疏散星团和球状星团研究以及星际物质演化的计算机模拟已具有相当高的水平。上海天文台还与西欧、美、苏、印等十多个VLBI站合作，进行了射电源的精细结构，脉泽源的特性和引力透镜检测等观测和研究，取得了可喜的成

① 朱能鸿访谈，2011年11月23日，上海。资料存于采集工程数据库。

果。上海天文台还利用高空气球远红外观测研究银心和恒星形成区的结构与演化；还开展相对论天体力学、小行星普遍摄动的计算机自动推导及天体测量史和古代天文仪器的研究等工作。① 通过几年的调整和十多年的发展，上海天文台的科研布局不仅克服了原来不均衡的缺点，而且发展出了与国际前沿研究接轨的新局面，与叶叔华合作多年的同事赵铭评价说：

作为学术领导人，大的潮流方向一定要准确握准，否则就会错失良机。我觉得她在这方面做得非常好。“文化大革命”以后，她基本上就把精力放在科研领导、管理方面，当时也有好心人劝她应该多写文章，多做科研，多出成果，而她却说“我现在做的事情比我写文章要重要得多”。她目标非常明确，无论是跑项目还是做其他事情，她都是全力以赴推进新技术的建设。现在回过头来看，她在宏观布局上做得非常到位，选择也非常正确。她没有考虑个人利益多发文章，她考虑的是整个国家学科的发展。②

走向 IAU

2009 年是国际天文年，叶叔华与同事傅承启特地编著《同一个星空——国际天文学联合会史》，献给国际天文学联合会成立 90 周年纪念，序言引用了 IAU 第二任秘书长、英国皇家天文学会会长弗里德里克·斯特拉顿（Frederick John Marrian Stratton，1881—1960）论国际天文合作时说过的一番话：

……在知识和理论的自由交换意义上，天文学在一般意义上分享

① 金文敬，周瑞仙：叶叔华传。《20 世纪中国知名科学家学术成就概览·天文学卷》第一分册。北京：科学出版社，2014 年，第 7-8 页。

② 赵铭访谈，2012 年 3 月 7 日，上海。资料存于采集工程数据库。

了科学的无国界。但是，在某种意义上，天文学基本上是国际性的科学：没有一个天文台能够看到整个天空，没有一个天文观测者能够持续地观测诸如太阳和超新星之类天体变化活动；恒星宇宙的最完整知识的获得仅仅来自全世界观测者和观测仪器的国际合作。[①]

这是国际天文联合会成立之初国际学界达成的共识，叶叔华引用这段话也是它在叶叔华精神、思想层面的共鸣，从她第一次考察法国的天文地球动力学研究、美国的激光测距及其 VLBI 之时起，走国际合作路线是她解决实际问题的主要手段；但是从她代表中国天文学会与 IAU 谈判，到她担任 IAU 经费委员会主席，再到连任两届 IAU 副主席，这不仅是中国天文学界与国际同行合作的姿态，而且也是一个国家天文实力逐渐壮大、国际影响逐渐增强的表现。

图 5-4　叶叔华在阿根廷 IAU 大会上（1991 年 8 月）

---

① 傅承启，叶叔华编著:《同一个星空——国际天文学联合会史》。上海：上海交通大学出版社，2009 年。

中国天文学会的 IAU 之路

1922 年 12 月 30 日，中国天文学会成立大会在现在的北京古观象台召开，当时共有会员 47 人。自成立之日起，中国天文学会就把与国际天文学界取得联系、加强国际合作当作一项重要工作。虽然因为经费紧张，支付不起会员参加 IAU 会议的差旅费，但是学会还是尽可能派遣代表参加 IAU 大会。中国天文学会的积极姿态和活跃的学术活动为加入 IAU 奠定了基础，而中国第一座现代天文台——紫金山天文台的建成为最后加入 IAU 铺平了道路。1935 年 7 月 10—17 日，在法国巴黎第 5 届 IAU 大会上，IAU 正式接纳由中国天文学会与中央研究院天文研究所共同组织的中国天文委员会，中国成为第 26 个 IAU 会员国。此后，由于中国经历了多年的抗日战争和连年内战，中国天文学会不仅无法参加 IAU 的活动，而且常年拖欠会费，个人会员数锐减，到 1948 年只剩下 2 名个人会员。

建国之初的几年，由于国际上对中国采取封锁和排斥的态度，中国天文学会也一直没有和 IAU 取得联系，直到 1955 年补齐了 6 年所欠的会费，中国天文学家的身影才再次出现在 IAU 大会之上，IAU 恢复中国会籍也成了顺理成章的事情。此后，中国天文学会还隆重参加了在苏联莫斯科举行的 IAU 大会。遗憾的是，国际政治纷争的影响波及到了 IAU：1959 年 9 月，IAU 执行委员会投票通过接受台湾成为会员国，这激起了中国天文学家的愤慨，时任中国天文学会理事长的张钰哲向 IAU 主席提出了义正辞严的抗议："台湾是中国领土不可分割的一部分……我代表中华人民共和国向您提出强烈抗议，并坚决要求 IAU 执行委员会废除它的非法决定……否则，我天文学会……将坚决退出 IAU"。[①] 可惜，IAU 在 1959 年 11 月的 IAU 简讯上正式通报台湾的会员国身份，中国天文学会于 1960 年 2 月 5 日退出了 IAU 及其所属各委员会，断绝了一切交往。

此后，中国与 IAU 的关系进入了长达将近 20 年的"冰河期"，直到"文

---

① 傅承启，叶叔华：《同一个星空——国际天文学联合会会史》。上海：上海交通大学出版社，2009 年，第 150 页。

化大革命”结束，中国的科学研究重新走上正轨。1979年，IAU执委会希望中国大陆和台湾的天文学家能够参加8月在加拿大蒙特利尔举行的第17届大会，并向双方发出了邀请，两位主席也分头做工作，希望双方能够妥协和让步。中国接受了邀请，派出了以张钰哲理事长为团长，赵先孜、叶叔华、洪斯溢、易照华和中国科协的一位官员组成的代表团参加大会。由于身份未定，中国天文学家只参加了其中学术讨论会，没有参加大会，会议气氛友好而又艰难。叶叔华回忆道：

图5-5　1979年中国天文学会蒙特利尔IAU参会代表团合影（右起为易照华、赵先孜、张钰哲、洪斯溢、叶叔华）

> 谈判不由张先生和我们做主，主要由紫金山天文台的党委书记等人在操办，围绕的焦点主要是中国大陆以什么名义重新加入IAU。台湾方面参与谈判的只有一人，是素有台湾“四大公子”之称的沈君山，此人不仅习天文、物理，又精通琴棋书画，最适宜这种场合。他不停地打长途向台湾通报进展情况。
>
> 至于为什么选派我们去，我想大概当时中国只有时间工作和人造卫星还可以说说，紫金山搞卫星跟踪、卫星轨道等，所以就选派了南京大学天体力学专家易照华。我们两个各自都在IAU专业委员会上作了报告，只讲与自己工作有关的事情。我们参加会议的主要目的是为了与同行见见面，建立关系。我早年从事时间工作，后来做VLBI，所以会上我接触的人一部分是原先做时间工作的，一部分是搞射电的。当时VLBI还是新技术，他们自己大力鼓吹，争取广泛支持，当他们了解到中国已经开始在做，就觉得很了不起，所以就把我拉进了射电

专业委员会里，这样我很早就参加这个组。因为天体测量、时间工作，大家都很了解彼此的工作，虽然没有见过面，但很快就很谈得来。①

蒙特利尔之行并没有解决中国会籍的全部问题，分歧依然存在，融冰还需时日，所幸会议达成的协议却为问题的解决迈出了至为关键的一步。中国 IAU 会籍全面恢复问题最终在 1980 年 5 月得到解决，并在 1982 年希腊帕特雷举行的 IAU 第 18 届大会上获得正式通过。此后，中国天文学家日益成为活跃在国际天文舞台的一支重要团队，也日益展示出了自己的风采。

成为 IAU 副主席

1985 年，第 19 届 IAU 大会在印度新德里举行，中国天文学会派出了叶叔华和王绶琯等人参加此次会议。时任 IAU 秘书长的瑞典天文学家 Richest West 对重新入会的中国天文学家很友好，他还亲切地送给叶叔华和王绶琯的夫人各一条印度袍子，也是这位友好天文学家热情地推荐叶叔华担任 IAU 财务委员会的主任。在此之前，中国天文学家还从没有人进过 IAU 的决策层，尽管叶叔华感到有些吃惊，但她还是大胆接受了。IAU 的绝大部分经费由会员国提供，由财务委员会审核。财务委员会由每个会员国的一名代表组成，每位代表对 IAU 的经费事务拥有投票权，对 IAU 预算和账目批准具有建议权。根据“IAU 工作条例”中关于财务事项的规定，财务委员会主任要在每届大会上报告经费状况。叶叔华在回忆她当年作财务报告时的情景，至今都感觉非常好笑，她说：

我的英文没有那么好，如果让我用英语写清晰、准确的报告我是写不出来的。好在有美国天文学会主席的帮忙，他直接替我写了这篇报告。他写，我上台去念是没有问题的。可是在大会报告时，我发现那里的讲台很高，我站着根本够不着麦克风，只有踮起脚尖才能对着

① 叶叔华访谈，2014 年 11 月 24 日，上海。资料存于采集工程数据库。

话筒讲话。即使这样，下面的人还是看不见我，只听到一个女人的声音，语速飞快地在做着财务报告。我流畅地讲完了，下面听的人感觉既吃惊，又有趣，因此就给大家留下了印象。

图 5-6　叶叔华参加新德里 IAU 大会期间在古天文台前（1985 年 11 月）

担任财务委员会主任期间，叶叔华在 IAU 经费使用上向第三世界国家做了些倾斜，她认为第三世界国家经济状况普遍不好，举行 IAU 地区会议有困难，所以应当给予经费上的支持。叶叔华的建议有人赞同，也有人反对，最后因为获得了秘书长 Richest West 的大力支持，她的提议还是获得了通过：在 IAU 总经费不变的情况下，划出一部分经费支持第三世界国家举办地区会议。现在回想起来，这个提议也未必正确，但是能够大胆对 IAU 的一些惯例提出改革的精神也是值得赞赏的。

在 1988 年 IAU 第 20 届大会举行之前，叶叔华突然收到了 IAU 主席 Jorge Sahade 的一封信，信中说道 IAU 特别提名委员会决定推荐她为下一届 IAU 副主席，这让她一下子陷入了进退两难的境地。按照国际天文学联合会的规定，IAU 特别提名委员会由本届主席、前任主席、即将离任的执行委员会的 1 名成员和各个学部主任推荐的 4 名会员组成，负责遴选和推荐下一届主席、副主席、秘书长和副秘书长等候选人，委员会投票决定出名单，再由主席通知每个当选人，这就是为什么叶叔华收到那封信的原因。碰巧的是，针对下一届 IAU 副主席人选的事情，中国天文学界内部也刚刚开了会，会上大家投票通过推荐王绶琯先生作候选人。中国天文学会的会议刚刚过去没有几天，叶叔华就接到推荐她为副主席候选人的通知，这让她不知道如何是好。她没有立即回信，只是将来信交给了中国天文学会的秘书长童傅，她隐隐感觉到，出现这种情况可能会引起国内天文学家们的误会。IAU 再次来信催促，叶叔华依然拿不定主意，她只有趁去北京出差的机会，把 IAU 主席的来信交给了中国科协管理外事的秘书长。IAU 第三次来信催促，并重申特别提名委员会已经开会决定了候选人，是不可能重新开会再更换人选。这时候中国科协也来了消息，“既然 IAU 已经根据他们自己的规则决定了人选，那你就接受了吧。”至此，叶叔华的焦灼的心才落了地。1988 年，第 18 届 IAU 大会在美国巴尔的摩举行，会上日本天文学家古在由秀（Yoshihide Kozai，1928—）当选主席，叶叔华当选副主席，成为当选这个职位的第一位中国人和第一位中国女性。3 年后，叶叔华获得再次连任。这件事情过去几年之后，一次叶叔华在 IAU 会议之余与一位印度射电同行聊天，无意间才从这位印度天文学家口里得知是他推荐了叶叔华，因为他认为在一个经济还不怎么富裕的国家发展射电天文是非常困难的，而当时中国已经开始发展 VLBI，所以他推荐了叶叔华。

前面有了叶叔华等人的努力，后面有了越来越多的中国天文学家担任 IAU 及其各专业委员会主席或副主席，还有中国天文事业的迅速壮大和发展，以及更多的优秀青年天文学家在 IAU 和其他国际学术会议上崭露头角，特别是南京大学方成院士当选为 IAU 副主席，后在他与中国天文学会主席苏定强院士的努力下，终于为中国赢得了在北京举办 2012 年第 28 届 IAU 大会的机会。大会期间，叶叔华在接受北京科技视频网的专访时说：

> 2012 年是中国天文学家的重大节日，不仅迎来了中国天文学会成立 90 周年纪念，而且迎来了 IAU 大会首次在中国召开，这是我们感到非常高兴和非常荣幸的事情……刚刚闭幕的举世瞩目的伦敦奥运会是体育界的盛会，它更多地倡导竞赛，当然也有合作；而即将在中国开幕的 IAU 大会是天文学界的盛会，它更多的是鼓励合作，当然也有各国之间的促进与竞争……我们欢迎来自五湖四海的天文学家，尽管我们有着不同的文化，但是我们研究天文目标是一致的，希望大家在 IAU 大会上展示自己的研究成果，讨论更大的合作机会和合作空间。

叶叔华谈国际合作

无论是在谈话中，还是在思想和行动上，叶叔华都把加强国际合作放在首位。70年代末，“文化大革命”的硝烟还没有完全散去，叶叔华就提出了要重建与国际时间局信息交流的联系，互相交换资料。这件事情现在看来不足为奇，而在当时提出来却要冒政治风险，是要突破禁区的问题。上海天文台党委召集开会专门讨论叶叔华的提议，会上党委领导认为：中国将自己独立测量的数据提供给外国人，这是前所未有的事情。外国人愿意交流是看中了中国这块肥肉，是有目的的，对这件事要慎重考虑。叶叔华据理力争，她认为：我们要进行国际交流，一方面是为了与全世界资料进行互补；另一方面要通过交流来提高我们自己，向国际先进水平学习。会议的结果并不如人所愿，但叶叔华也没有气馁，而是反复给党委领导做工作，反复强调国际合作的重要性，最后终于说服领导，实现了与国际间的交流。

从1978年到1993年，叶叔华担任副台长、台长期间，上海天文台开展了广泛的国际合作。除了参与国际MERIT联测以及中、西德之间的VLBI联测之外，1982年5月，叶叔华代表中国科学院与美国国家宇航局签订了合作研究建议书，于1982—1991年参加该局的地壳动力学研究计划。1983年1月，又与美国海洋大气局大地测量处共同拟订了“地球动力学合作备忘录”。1988年1月，上海天文台参加了刚成立的国际地球自转服务机构的工作，承担了卫星激光测距、甚长基线干涉测量、激光测月全球资料分析中心的任务。1989年4月，世界数据中心中国中心天文学科中心成立大会决定将该中心天体测量子库设在上海天文台。1991年2月，上海天文台参加欧洲空间局卫星的激光联合观测。①

叶叔华在谈到改革开放为科学发展带来的机遇时感慨地说：“我最大的感受是从前总是强调自力更生而忽视国际合作，其实，在科学上要走得快一

① 王扬宗，曹效业，主编:《中国科学院院属单位简史·第二卷（上）》。北京：科学出版社，2010年，第131页。

些，要借助外力，与国际合作。我当台长后与国际科学界进行过10多项合作，通过技术合作和学术交流在短时间内把本领域的水平提高很快，工作本身的进步又引起了国外同行的重视，带动本国事业走得更快。改革前，很多研究必需的仪器都不能买，现在没有禁令了，中国科学院鼓励科学家出国讲学和交流，这带来的好处很多。”① 在谈到激进年代“自力更生”口号对中国天文学的影响时，叶叔华讲起了她亲身经历的一个小故事：那时候她刚从牛棚出来，革命小将们不愿意使用国际天文联合会最新公布的天文常数，而是要坚持自力更生搞一套中国自己的天文常数，这一做法遭到了台里业务人员反对，双方坚持不下，只有叫叶叔华发言。叶叔华已然不顾自己“牛鬼蛇神”的身份，大胆直言，她说：“过去我们一直使用的是1896年国际天文联合会的数值，就如同拄着一根洋拐杖，现在无非是换一根更好的洋拐杖而已。我们要自己搞一套天文常数，精度无法与IAU的比，而且国际上也不肯承认，这样做又有什么意义呢？”叶叔华的话掷地有声，这场闹剧最终不了了之。如今我们用叶叔华的比喻来理解在科学技术领域内的国际合作与独立自主，不也是非常贴切和浅显易懂吗？

一个人只要勤奋努力，再加上合适的机会，怎样都会登上自己理想的山巅；但是假如一个人要为一个机构的发展掌舵，那就如同肩挑千钧重担，还要努力向前，这不是常人能办到的事情。它需要异乎寻常的意志力、决断力、忍耐力，还要有见识、有公心等，所谓“千军易得，一将难求”，说的就是这个意思。中国知识分子受传统文化的影响比较深，他们中有不少人宁愿守住自己的学问钻研一辈子，也不愿意置身于复杂的人事之中。在世人的眼里，一个人一旦权利在身，便陷在毁誉的漩涡里无法脱身。然而叶叔华却是例外，她在上海天文台的危难时刻挑起了重担，而且拼力向前，终为上海天文台谋得了发展空间。这位身材矮小的女性，还为恢复中国天文学会在国际天文学联合会的合法席位而奔走，以她那清晰、流畅的语言，敢说敢为的作风，自信乐观的性格赢得了同仁的尊敬，她担任了IAU财务委员会的主席，一直到她连任两届IAU副主席，她向世界展示了一位中国女性科学家的气度与风采。

---

① 许祖馨，常永平：《梦开始的地方》。上海：上海教育出版社，2004年，第136页。

第六章
老骥伏枥，志在千里

八十年的岁月弹指一挥间，越来越多的朋友、同事、家人会对叶叔华说"您现在年纪大了，应该更加注意身体，多多休息了。"叶叔华听了总是一笑而过，不会太放在心里。朋友们也不能理解，究竟是什么样的力量鼓舞着这位八十多岁高龄的老人以如此旺盛的精力投入工作，有时候甚至

图 6-1　2007 年天文地球动力学最新进展学术研讨会暨叶叔华先生八十华诞，叶院士与老同事在一起

连年轻人都自愧不如。只有当年曾与叶叔华为时间工作并肩奋斗过的老朋友罗时芳劝她“要注意身体”的时候，她才吐露了自己的心声：“我还有几个愿望要实现……等我做完这几件大事，我就能够安心地退休了。”究竟是哪几件大事情让叶叔华放心不下？

上海 65 米射电望远镜的建设

2007 年 10 月，“嫦娥一号”卫星发射升空，VLBI 测轨分系统在安全可靠地把卫星送入预定环月轨道发挥了重要的作用。然而，作为中国 VLBI 网龙头老大的佘山站却太老了，天线口径太小不说，而且已经超出了当时设计寿命（15 年），其他的配套设施也需要革新升级。事实上，早在 1993 年初，中国科学院数理学部和中国天文学会联合组织征集“中国天文学九十年代大型科学设备”提案后，叶叔华和天文台同仁就根据射电天文和深空探测的发展需要，提出了“建设 65 米全波段射电望远镜”的建议，这架望远镜的设计拟采用国际上大型天线的最先进技术，即主动面和无遮挡技术。提案通过了 11 月初评进入第二阶段的论证，并且得到了和北京大学罗先汉提出的“大型多功能射电望远镜的研究与应用”合并的建议，看起来大有希望获得支持。为了做好第二阶段的论证工作，1994 年 5 月，叶叔华带领上海天文台和合作单位的相关技术人员赴美国国立射电天文台（NRAO）考察那里正在建设的 100 米射电望远镜（GBT）。在那里，叶叔华不顾自己已经年近 70，爬上了高得可怕的天线架。比她年轻许多的赵丰陪她一同前往，他清楚地记得当时的情景：

> 我们去参观时 100 米望远镜还在建造尚未完工。100 米口径，你可以想象它有多大！我们去参观的时候有人给讲解，讲解完后我们可以自己爬到天线的架子上看细部结构。那个爬起来还是很可怕的，当我在下面还在犹豫要不要爬，能爬多高的时候，我就看到叶先生已经

爬了一半，她是毫不迟疑地就爬上去了。最后，她爬到最高的地方，而我只爬到一半。她的这种热忱真是令人钦佩，连我们这些年轻的人比不上。①

1994年7月，叶叔华还召集了20多位专家召开了65米多波段射电望远镜学术讨论会，对天文研究课题和工程技术方案进行专门讨论。10月，《65米多波段射电望远镜》建议书编写完成，主要建议人为叶叔华、钱志瀚、罗先汉、蒋栋荣。经过第二阶段论证和评审，65米射电望远镜项目在优选项目排行榜上进入了前四名。按照当时只能选出一项列入国家大科学工程项目的规定，排名第一的北京天文台的LAMOST项目入选，上海天文台65米射电望远镜遗憾落选。在这之后，叶叔华一直没有放弃65米射电望远镜项目，她鼓励大家继续坚持预研究工作，密切跟踪国际上大型射电望远镜的新技术、新发展。1998年5月，中科院数理学部和国家自然科学基金委数理学部在北京联合召开“二十一世纪初天文重大问题及突破手段研讨会”，会上“建设65米射电望远镜”的话题再次被提出，叶叔华、钱志瀚和蒋栋荣等人还做了相关报告，只是最后希望还是落空。

10年的时间悄无声息地过去了。2008年1月，机会再次降临。因为在“嫦娥一号”卫星任务中的突出贡献，上海市委书记俞正声和市长韩正接见了参与工程的科技人员代表，上海天文台台长洪晓瑜和叶叔华参加了接见，并汇报了VLBI测轨分系统在“嫦娥一号”卫星工程中取得的成绩及今后需要努力的方向。汇报过程中，叶叔华再次提出了建设上海65米射电望远镜的建议，她说：“上海65米射电望远镜对于VLBI测轨分系统更好地完成今后的探月工程及深空探测的VLBI测量任务将起到关键作用，也将使我国射电天文的发展水平提高到一个新台阶”。乘着上海市委书记和市长都在场的机会，叶叔华向两位领导解释道：“在所有的合作单位里，我们上海的天线口径是最小的，北京密云新建了50米望远镜，云南昆明新建了40米望远镜，而上海还是1987年建成并投入使用的25米望远镜，而

① 赵丰访谈，2011年7月20日，上海。资料存于采集工程数据库。

且也是最老的，都应该退休了。而上海天文台却是整个 VLBI 测轨分系统的头，这该怎么办呢？”叶叔华的一席话说得既合情合理又委婉动人，结束的一句发问更像是足球场上的临门一脚，直接把问题推到不得不解决的地步。上海市的两位领导当即拍板决定：同意上海天文台建设新的射电望远镜的建议，并指示有关部门落实研制经费和站址用地问题。

2008 年 3 月 20 日，叶叔华执笔草拟了“关于在上海建造 65 米射电望远镜的报告”，报告中写道：“我台郑重建议建造口径 65 米的射电望远镜，工作波段到 7 毫米，这是我国全天可动的口径最大的射电望远镜。在天文观测方面，上海的 65 米仅次于美国的 110 米，德国的 100 米和意大利在建的 64 米，与澳大利亚的 64 米相当。上海的 65 米将是中俄 VLBI 网之首。东联日、韩，西联欧洲，将是空间 VLBI 卫星 VSOP-2 的重要地面站。作为单天线工作，将大大提升我国天文研究的实力。此项建议，期盼上海市政府和中国科学院作为院地合作项目，给予大力支持。”3 个月之后，中国科学院基础局和国家天文台对《上海 65 米射电望远镜系统项目建议书》进行评审，天文专家们一致认为：“拟建的上海 65 米射电望远镜是一台亚洲最大、国际先进的射电望远镜，将成为国际 VLBI 网的主干设备，大大提高中国 VLBI 网的测量能力。该望远镜是执行探月工程二期 VLBI 测轨和定位不可或缺的关键设备，还可以承担我国将来的各项深空探测任务……”2008 年 12 月 30 日，中国科学院基础局和上海市科学技术委员会联合批复的“上海 65 米射电望远镜系统”项目正式启动。叶叔华心怀 15 年的梦想终于要实现了。

2009 年 12 月 29 日，65 米射电望远镜奠基仪式在松江天马山隆重举行，2012 年 10 月 28 日，65 米射电望远镜的落成仪式举行。在望远镜建设的过程中，叶叔华多次前去位于松江的工程现场。这几年举行的每周项目例会纪要显示，叶叔华每次必到，而且是全程参加。在专业问题上，她为大家排忧解难；在非专业问题上，她则发挥出社会活动家的作用，协调和解决各个方面的关系和问题。望远镜基础建设是一项极其复杂的系统性工程，牵涉外协外包单位众多，只要工程质量和进度出现问题，天文台总希望叶叔华出面协调，而她总是二话不说现身协调会。上海天文台副台长沈志强

图 6–2　上海 65 米射电望远镜落成仪式留念（2012 年 10 月 28 日）

说："每周例会，叶先生有时就坐在那儿也不说什么，偶尔说几句支持鼓励的话也是非常管用。她给我们的感觉就是，有老太太在，心里就踏实。"65 米射电望远镜竣工后，以"亚洲第一射电望远镜建成"入选了由中国科学院院士和中国工程院院士投票评选的 2012 年中国十大科技进展新闻、国家国防科工局组织评选的 2012 年度国防科技工业十大新闻、2012 年上海十大科技进展第一名、2012 年度十大天文科技进展等。65 米射电望远镜后来被正式命名为"天马望远镜"。

天马望远镜在 2013 年 12 月圆满完成了嫦娥三号 VLBI 实时测定轨任务。65 米代替 25 米口径使我国 VLBI 观测网的灵敏度提高 2.6 倍以上，以厘米精度检测出月球车的移动、转弯等动作，以优于 1 米的精度对月球车进行了相对定位，为嫦娥三号 VLBI 测定轨做出了卓越贡献。此外，在脉冲星观测研究方面，天马望远镜完成了数字化终端 DIBAS 的安装调试工作。目前，该终端具有非相干消色散和相干消色散功能，既可进行在线周期叠加又可进行搜寻模式的脉冲星观测。为保证脉冲星观测标准化和流程化，设计了一套观测纲要标准化模板，完成了数字化终端和望远镜控制单元的通信，基本实现了观测自动化。利用该系统，已经在 L、S、C、X 波段成功探测到包括北天周期最短毫秒脉冲星在内的一批重要脉冲星，发现了目前研究热点——“银心磁星”很可能具有周期跃变现象。在谱线观测方面，基本实现了观测自动化，完成了谱线终端的频率校准工作和数据格式转换工作，使得用户能够用谱线处理方面通用的 Gildas 软件包进行谱线数据处理。在 L、C、X 波段探测到了包括长碳链分子 HC7N 在内的许多重要分子的发射，并且在 L 波段探测到了一些新的羟基脉泽源。[①]

天马望远镜的综合性能位于世界前列，加上它位于几个主要 VLBI 网的交汇处，地理位置也比较优越。天马望远镜将大幅度提高国际 VLBI 网的探测灵敏度，成为中国 VLBI 网乃至东亚 VLBI 网的核心，显著提高我国在天体物理前沿课题中的国际地位。天马望远镜已经参加了与美国 GBT、EVN、东亚网的 VLBI 试观测，初步体现了其高灵敏度的优势。事实证明，叶叔华当初坚持 65 米口径的想法完全正确，当初趁热打铁让望远镜项目得以上马，后来望远镜建造成功又发挥了高性能的观测作用，这一切不得不归功于叶叔华的远见卓识。

SKA 世界数据处理中心

2015 年 9 月 21—23 日，“叶叔华院士科学精神和学术思想研讨会”在上海科学会堂举行。中国天文学会理事长武向平院士上台致辞，他的开场白逗得在场的人哄堂大笑，他说：“有一次我见到叶先生，她对我开玩笑说‘你要是不给我在 SKA 数据处理中心上出力，我做鬼也不会放过你’”。玩笑归玩笑，回头细想，有谁还能用这样的话来和中国天文学会的理事长开玩笑，又有谁会把中国天文学事业的发展和自己的生死等量齐观？SKA 究竟是何方神圣，引得叶叔华如此牵心动怀？

① 上海天文台大型天文观测设备——天马望远镜观测站。中国科学院上海天文台官网。

1993年8月25日，叶叔华前往日本京都参加在那里举行的国际无线电科学联盟第24届综合性学术大会。大家在会上一起讨论未来大望远镜的建造，叶叔华回忆道：“当时，好几个国家提出用不同的办法来建造。荷兰科学家提出把很多小的元件拼装成相等大小的望远镜单元；加拿大科学家提出在地面上放一个口径比较大的望远镜，在高空放一个气球，在气球上吊一个反射镜；欧洲一些国家的科学家提出把小的拼装起来；我国科学家提出做30多个口径很大的望远镜。由于竞争激烈，同行们最后决定先做一个实验”①。讨论的结果最后诞生了SKA的想法。中国天文学家和澳大利亚、加拿大、法国、德国等来自10个国家的天文学家一道联合倡议筹划建造接收面积为1平方千米的巨型射电望远镜，它的灵敏度将比目前世界上最大的望远镜高2个数量级。

图6-3　叶叔华和南仁东（右三）参加国际无线电科学联盟会议

SKA是Square Kilometer Array的英文缩写，中文全称“平方千米天线阵”，目标是获得比目前的厘米和米波望远镜设备提高100倍的灵敏度；此外，还将对SKA进行为巡天而做的优化，从而设计获得非常宽广的视场。为了达到必要的高分辨率，SKA的最大维度将达到约3000千米，频率范围将跨越约70 MHz—22 GHz（对应的波长范围是4 m到约1.4 cm）。它将被用于探测基本物理学、宇宙的起源和演化、银河系结构、行星的形成和分布，以及天体生物学。

20世纪50年代起，一些国家纷纷开始建设米波、分米波和厘米波天线阵设备，有的是在SKA概念提出前建设或建成的，规模比较大的有：美

① 叶叔华：从这里仰望星空。见：李立波主编，《科技财富与院士聊后世博（上部）》。上海：上海科学普及出版社，2010年，第11-21页。

国的 VLA（甚大阵），它由 27 架 25 米天线组成，成 Y 行布设，最甚长基线约 30 千米，1980 年建成；近年又进行了更新改造，灵敏度大大提高，现在称为 EVLA。另外，如印度的 GMRT（超大米波射电望远镜），它由 30 架 45 米口径的米波天线组成，90 年代中期建成。它们可以称为 SKA 的先驱。在 SKA 提出后，在本世纪建成的有美国的 ATA−42 由 42 架 6 米的天线构成厘米波综合孔径，它正是 SKA—high 的设计思路，这架望远镜于 2007 年完成用于天文学巡天和搜寻外星智慧生命。此外，为 SKA 探路的项目还有欧洲的 LOFAR 项目、南非的 PPAPER、澳大利亚的 MWA、美国的 EVLA 和 LWA、澳大利亚 SKA 探路者 ASKAP 和南非的卡鲁阵列望远镜。[①] 可见，很多国家为了争取这个项目都付出了努力。

作为 SKA 首创国之一，我国在 SKA 发起、工程概念提出、台址选择、国际合作推进及高性能天线设计等诸多方面做出了贡献。在国内多次论证的基础上，2012 年 9 月国务院批复由科技部代表中方加入 SKA 建设准备阶段。SKA 涉及众多基础研究和高新技术领域，是我国继国际热核聚变实验堆（ITER）计划后作为正式成员参加的第二个国际大科学工程。为推动此项工作，科技部会同国内相关部门组成了中国参与 SKA 部际协调小组和 SKA 中国专家委员会，并确定由科技部国家遥感中心承担部际协调小组办公室工作。叶叔华是专家组的荣誉组长。

为争取 SKA 在中国落地生根，国家天文台成立了国际大射电望远镜中国推进委员会和中国科学院国家天文台大射电望远镜实验室，并创造性地提出了利用贵州喀斯特洼地作为建造世界上最大的射电望远镜，即 500m 球面射电望远镜，简称 FAST（Five—hundred Meter Astronomical Spherical Telescope）。FAST 采用独创的设计，球面反射面的 300 米口径被照明部分可实时调整成一个瞬时抛物面，500 米口径的反射面由约 4400 块边长 10 多米的三角形面板拼合而成。FAST 的技术设计方案集成了目前几乎所有可能的先进技术思想，提出了创新性的主动反射面及光机电一体化馈源支撑方案，利用贵州南部独特的天然喀斯特洼坑可大大降低望远镜工程造

① （美）约克，（美）金格里奇，张双南主编：《天文学革命仰望星空 400 年》。北京：北京大学出版社，2013 年，第 258 页。

价。[①]FAST 也是 SKA 的先导研究项目，它为在 SKA-mid 的设计中利用广泛存在的喀斯特地貌的可能性探路。用叶叔华的话来说，FAST 项目是在“筑巢引凤”，她高度评价了该项目，认为“FAST 望远镜最大的技术成就是解决了球面镜随时变抛面镜这一难点，而中国是世界上首个掌握该技术的国家”。尽管中国付出了巨大的努力，但是由于 SKA 选址对无线电信号等方面要求极为苛刻等客观原因导致中国最终落选，南非的北角地区和澳大利亚西部地区成为候选台址。只是中国还在为 SKA 贡献着力量，除了 FAST 项目还在如火如荼的建设之中，现在中国还成为了 SKA 项目候选地的重要合作伙伴。澳大利亚联邦科工业组织（CSIRO）SKA 项目主任布莱恩·博伊尔说：“中国在 SKA 的每个环节上都是重要的参与者，国际影响力逐年上升。”[②]

除此之外，中国在筹建 SKA 数据处理中心方面也在积极努力，叶叔华为此几乎倾尽全力，每逢重要场合、重要人物，她都要大讲特讲建立上海 SKA 数据处理中心的重要性。“叶叔华院士科学精神和学术思想研讨会”召开当天院士云集，中国科学院院士沈文庆、许厚泽、苏定强、李惕碚、崔向群、武向平、汪景琇，中国工程院院士魏子卿、朱能鸿、刘经南从全国各地赶来上海；高朋满座，来自院学部工作局、上海市科协、院属各天文单位、国内部分高校、其他有关单位的专家学者共计 160 余人参加了会议，大家纷纷发言盛赞叶叔华的学术精神和学术思想及其影响，而作为主角的叶叔华除了感谢朋友们的深情厚谊之外，她无暇享受这些赞誉带来的喜悦，而是乘此机会提出在我国加入 SKA“巨阵”的基础上，在上海筹建数据处理中心的建议。第二天的学术讨论环节，安涛研究员便代表上海天文台 SKA 团队做题为《建立上海 SKA 科学数据处理中心的构想》的报告。叶叔华敦促大家抓住机遇，尽快做出有影响力的成果，鼓励年轻科学家勇于接受挑战，为祖国天文事业做贡献。2016 年 1 月 21 日，上海市科技党委吴信宝看望叶叔华，向她表示新春祝福时，她对他谈到了上海建设 SKA

① 彭勃：地球的耳朵：500 米口径球面射电望远镜。见：《10000 个科学难题 · 天文学卷》编委会，《10000 个科学难题 · 天文学卷》。北京：科学出版社，2010 年，第 900–908 页。

② 文心：中国的 SKA“情结”。《人民日报》（海外版），2012 年 2 月 18 日，第 8 版。

科学数据处理中心的进展，以及由此确立我国在该项目上成为亚洲中心的设想。6 月，叶叔华生病住院，吴信宝前往医院探望，她不顾自己的病情，谈话的主要内容依然是上海天文台改革发展和推进 SKA 亚洲科学中心建设。吴信宝也表示，支持上海天文台建设 SKA 亚洲科学中心的建议，希望上海天文台抓住机会，为上海加快向具有全球影响力的科技创新中心进军这个目标贡献力量[①]。

2016 年 5 月 11—13 日，为了推动我国深入参与 SKA 准备工作，增进天文学与信息数据处理、高性能计算之间的跨领域交流，促进交叉学科融合，中国科技部国际合作司联合 SKA 国际组织（SKAO）组织了“2016 SKA 科学数据处理和高性能计算国际研讨会”，来自中国、英国、澳大利亚、荷兰、南非、意大利等国家的 100 多位专家学者参加了此次研讨会。叶叔华致开幕词，她回顾了中国参与 SKA 项目的 20 年历史，并表达了她的期待。SKA 国际组织总干事 Philip Diamond 表示：“SKA 将是天文学发展史上一个新的里程碑，为人类详尽地认识宇宙提供重大机遇。SKA 的建设集成了众多高科技领域的最新成果，其中 SKA 大数据的计算和处理是最关键的技术挑战。上海是一座人才聚集、充满创新活力的城市，上海天文台历史悠久，在射电天文领域具有长期积累，完全有实力在 SKA 亚洲科学和数据中心建设中发挥重要作用”[②]。为了更好地推进SKA相关预研工作，7 月 5—6 日，科技部国际合作司副巡视员蔡嘉宁到上海天文台调研，病愈出院的叶叔华和武向平、洪晓瑜等人陪同调研。叶叔华从国际国内角度阐述了上海天文台的工作基础，并强调了建设 SKA 亚洲科学中心工作的重要性和紧迫性。蔡嘉宁对上海天文台在策划建设 SKA 区域科学中心所做的努力表示赞赏，希望上海天文台发挥积极作用，抓住科技部关于 SKA 可行性论证的机会，形成合力推动建设 SKA 亚洲科学中心[③]。

看得出来，为了争取和积极参与 SKA 项目，中国天文学家老少两代

---

① 上海市科技党委书记吴信宝看望叶叔华院士。中国科学院上海天文台官网，2016-06-08。

② 2016SKA 科学数据处理和高性能计算国际研讨会在上海召开。中国科学院上海天文台官网，2016-05-16。

③ 科技部国际合作司蔡嘉宁副巡视员来我台调研。中国科学院上海天文台，2016-07-14。

人都在为此付出努力。那么，为什么中国一定要花这么大的力气去争取SKA项目，争取不成还要如此积极地参加这个项目呢？国家天文台的研究人员说："积极全面参与SKA项目有助于进一步提高中国天文学水平。中国天文学水平之所以还未到达国际第一梯队，很大程度上是因为拿不到第一手观测数据。而参与SKA项目正是改变这一现状的契机。更为重要的是参与此类大科学装置的国际合作，将会提升整个国家的工业、制造业水平"。①

青少年科普与上海天文馆的建设

2002年6月，《中华人民共和国科学技术普及法》正式颁布实施。九届全国人大常委会第27次和第28次常委会会议期间，叶叔华接受了记者采访时发表了她对《科普法》颁布和实施的看法：

> 制定科学技术普及法是一个进步，很必要。特别是对抵制（"法轮功"）邪教组织的影响是很及时的，也是很迫切的。科普的对象重点是青少年，但并不仅局限于青少年，要提高全民的科学素养是根本目的，因此加大科普工作的深度和广度，特别是西部地区的科普工作，在农村中推广实用农业技术，破除封建迷信是非常重要的，其中科协在科普工作中的作用是非常突出的，政府要进一步支持科协的工作；充分发挥人民团体的作用，动员科技工作者参与到具体的科普工作中。同时科技部、教育部、宣传部等有关部门政策上要加以支持，加大科普工作的力度，特别是教育部在支持中小学科技教师，尤其是农村贫困地区的科技教师方面，要有具体政策。他们是提高青少年科学素质的关键力量。②

① 文心：中国的SKA"情结"。《人民日报》（海外版），2012年2月18日，第8版。

② 邵斌：科普是全社会的共同任务——九届全国人大常委畅谈《科普法》。北京科普之窗。

作为一位有社会责任感的科学家，一位曾担任过中国科协副主席和上海市科协主席的科学领导者，叶叔华对科普工作的社会意义和科普工作方式有着独特的考虑，也在身体力行地为科普工作贡献着一份力量。2003 年 7 月，叶叔华和同事朱能鸿院士等各界人士发起成立了上海市科学技术普及志愿者协会，她担任首届会长。

1997 年 3 月 9 日，在黑龙江省漠河地区发生的日全食是 20 世纪在我国能观测到的最后一次日全食，而且日全食还伴随着海尔波普彗星同时出现，是十分罕见的天文现象。国家自然科学基金委、中国科协和中国科学院联合组织观测，有 16 个科研项目参加这次观测，同时“太阳与人类环境”国际科学讨论会也在此召开，叶叔华担任本次活动协调组组长。日食发生前，除了叶叔华院士之外，还有王大珩、何泽慧等 8 位院士、其他的科研人员、天文爱好者以及新闻媒体记者大约有 3000 多人齐聚漠河观测这次日全食，中央电视台和黑龙江电视台还对日食实况进行直播。漠河是我国领土的最北端，也是我国冬季最冷的地方，即使到了 3 月份，这里依然是冰天雪地。9 日清晨，天气晴朗无云，气温却在零下 30℃，部分照相机的镜头盖和快门都被冻上。70 岁的叶叔华在这样严寒的天气里坚持观测了日全食，这是常人难以想象的。观测结束回到哈尔滨后，她因为受了风寒和连日的劳累过度而发起了高烧，而按照活动的安排，晚上她还要出席日全食观测联欢会并且要对孩子们进行科普。为了不让孩子们失望，她强忍着自己的病痛，满面笑容地出席了联欢会，在场人无不为她的精神深受感动，孩子们欢呼雀跃，亲切地称呼她为“奶奶”。她为孩子们深入浅出、生动活泼地讲解了她早年从事时间工作的

图 6–4　叶叔华、王大珩（右二）、何泽慧（右三）、苏定强（左一）四位院士在漠河观测日全食（1997 年 3 月）

意义，她说：“孙悟空拜师学艺，菩提祖师让他半夜三更去他房间。悟空既没钟，也没表，他怎么计算时间？他可以数自己的呼吸，计自己的脉搏，来估算半夜三更的时刻。”她的讲解牢牢地抓住了孩子们的注意力，让他们最大程度地理解了没有运动就没有时间的深奥道理，小朋友甚至以她为榜样，希望长大了成为像她那样的科学家。当年漠河日全食观测的一位天文爱好者对她说：“叶先生，您知道吗，就是因为当年我有机会作为一个业余天文爱好者和您一起去漠河，亲眼见证了日全食的整个过程，被天文的魅力深深感染，才从此决定了自己未来要走的路。”这就是叶叔华一直坚持科普工作重要性的最好证明。

图 6-5　叶叔华在漠河日全食观测期间，与边防战士亲切握手

随着年龄的增大，叶叔华投入到青少年科普工作上的时间和精力也越来越多，她以一个形象的比喻来解释科普工作的意义：“如果把科学家的工作认为是 380 伏的电压，而普通大众只能接受 220 伏，那么科普工作就是要把 380 伏电压转换成 220 伏电压，让普通大众都能接受科学知识，理解科学知识，提高科学素养。而对青少年进行科普更大的意义还在于培养未来的科技人才，因为创造力就在青少年身上。”2015 年 6 月 11 日，她又走进上海交通大学钱学森图书馆大厅，与 100 多名小学生现场对话，以最直接的方式启迪这些年幼的孩子对科学的兴趣和对未知领域的探索。叶叔华认真地聆听着每一个孩子的提问，并悉心作答。她甚至对孩子们也讲解了中国参加 SKA 项目的事情。她对孩子说 SKA 是一个巨型射电望远镜阵列，比目前任何现有的天文设备都要先进和精确，用于解答包括行星的形成，引力波拉伸宇宙结构、首批星系形成和演化等一系列科学疑问。她希望前来提问的小朋友们能够在将来成为这个计划的参与者，用自己的聪明智慧

为中国的天文学事业添砖加瓦。[①]

天文馆是一个城市科学文化水平的象征，在一些发达国家的城市里，天文馆已经相当普及，根据上海天文台和上海天文馆筹备处数据调查显示，世界每千万人口拥有的天文馆数量，西班牙 5.6 排在第一，其次是英国 5.3、意大利 5.1、日本 2.9 和德国 1.7，而拥有 13 亿人口的中国却只有一座大型天文馆——北京天文馆。北京天文馆是中华人民共和国成立后建设的第一个天文博物馆，距今已经有 60 多年的历史，它是北京市进行天文科普教育的主要基地，自建成以来接待过无数海内外领导人和参观者，已经成为北京重要的参观游览地之一。2004 年北京天文馆新馆建成并投入使用，年均接待量 50 万人次。全国独此一家大型天文馆，即使接待能力再大，还是远远不能满足全国天文爱好者的参观需要。

上海是国际化大都市，经济实力雄厚，科学文化发达，然而却始终没有一座与自己城市地位相符合的天文馆。叶叔华把这个看在眼里，记在心里，建设上海天文馆成了她四十年来心中念念不忘的心事。几代上海市领导过去了，越来越多的科学家加入进来，和叶叔华一道推动上海天文馆项目。2010 年，叶叔华多年来的倡导和呼吁终于有了回响，当她再次向上海市委书记俞正声建议上海应该建立一座天文馆时，她的话得到了市委、市政府的响应，调研工作即刻开展。经过两年的调研工作，上海天文馆的功能定位与选址考察尘埃落定，又经过两年的时间，2014 年 1 月，作为上海科技馆分馆的天文馆建设项目获得上海市发展与改革委员会的立项批复，项目选址临港新城 NHC105 社区内，毗邻地铁 16 号线滴水湖站，占地面积 58600 平方米，总建筑面积 38000 平方米，建成后的上海天文馆将成为市民天文科学普及和教育的重要场所。

叶叔华坚持要建立上海天文馆的原因在于她深知天文学对提升一个国家综合科技实力的重大意义，她要让高居知识殿堂之上的天文学走近普通大众。对于天文于提高国民素质的意义，天文与人生的关系，叶叔华也有着自己思考和认识："天文有助于拓宽一个人的世界观、宇宙观。宇宙如此

① 茅艳雯，思源：钱学森图书馆《海上畅谈》活动迎来百余小学生对话中国院士。王海交通大学新闻网，2015-06-12。

浩瀚，人只是沧海一粟。每一个人作为独立的存在，都应该珍惜自己短暂且唯一的生命。在有限的时间和空间里尽可能地去做一些有意义、有价值的事情……人啊，难免会遭遇各式各样的不如意，但与浩瀚的宇宙相比，这些真的微不足道也。”①

培养中国第一位天文博士

除了建造更大、更尖端的天文设备，中国天文学的发展要想进入世界一流水平的行列，既需要有远见卓识和大局观的领军人才，也需要能够在天文学各个研究领域内从事前沿研究的专业人才。人才培养的难度尤其大，它需要更有眼光、有魄力、善识人、善任人的前辈和领导去发现、培养、赏识和使用人才，这就是人常说的“千里马常有，而伯乐不常有”的道理。人才培养不仅仅局限在直接指导和培养研究生方面，更主要是在前沿的领域、尖端的工程技术中去锻炼人才和使用人才方面，还有就是为后起之秀提供广阔的成长环境和发展机会方面。

叶叔华直接指导的研究生并不是很多，其中的佼佼者就是接替叶叔华担任天文地球动力学研究中心主任的黄珹研究员。黄珹，1945 年生，上海市人，少年时期的黄珹因为在人民广场的上海图书馆听了一次关于苏联卫星和天文航天的科普讲座，遂对天文产生了浓厚的兴趣。1962 年，黄珹考入南京大学天文系。当时的南京大学天文系整合了原来中山大学数学天文系和齐鲁大学天文系算学系师资力量，教学严格正规，科研力量也比较强大，配备有学生实习用的天文台，可以说是全国天文教学的重镇。南京大学天文系每年在全国仅招收 30 名左右本科生，学生在校学习 5 年，前 4 年是数学、物理和天文的课程，最后一年做毕业论文。1967 年，也就是黄珹毕业的那一年，“文化大革命”的狂潮正盛，黄珹被分配到南方某个工厂当

① 解敏：冲破玻璃天花板的天文学家叶叔华：天文不是浪漫的工作，东方网，2014-09-15。

技术工人。1978 年，国家恢复高考和研究生招生，黄珹考入南京大学天文系攻读硕士学位，在易照华、孙义燧和刘林组成的三人研究生指导小组的指导下研究限制性三体问题，三年后获得硕士学位。为了追回被耽误的十年时间，黄珹打算继续攻读博士学位，可是当时的南京大学天文系还没有博士点，摆在黄珹面前的只有两种选择：要么出国，要么在国内寻找其他可以带博士生的导师。

1981 年，叶叔华当选中国科学院院士已经一年有余，国内只有她和北京天文台的王绶琯院士具备招收博士研究生的资格。这年冬天，叶叔华在南京大学见到了黄珹，她向黄珹详细地介绍了国际天体测量学最新进展，强调只有与地球科学交叉，天体测量学才能焕发新的生机。将来利用人造卫星实现对地球的监测，就特别需要像黄珹这样掌握了天体力学和卫星定轨方面的人才，她殷切期望黄珹能够报考自己的研究生。叶叔华的介绍为黄珹打开了一个精彩纷呈且具有挑战性的领域，让他知道除了他所从事的天体力学之外，还有一门叫作天文地球动力学的新兴学科。

黄珹没有辜负叶叔华的期望，他在 1982 年考取了上海天文台的博士研究生，并在叶叔华的指导下从事研究工作。第二年，由上海天文台主持研制的我国第二代卫星激光测距仪安装调试成功，并参加了 1980—1985 年的国际地球自转联测，能够在厘米级的精度范围内进行测距。叶叔华给黄珹提出的博士研究题目就是利用 LAGEOS 激光测距资料精确测定地球自转参数。从空间测量研究地球自转参数在当时的国内还是个全新的课题，它首先需要把卫星的轨道定得特别准，而这是天体力学的问题，这可是黄珹最熟悉的领域。既是全新的课题，又结合了自己的专长，黄珹对这个题目跃跃欲试，充满了信心。

在指导黄珹博士论文期间，叶叔华已经担任了上海天文台的台长，繁忙的工作让她没有更多的时间关注黄珹博士论文的细节，但是论文进展到什么程度，遇到什么样的问题，叶叔华心里是一清二楚的。她对自己的第一位博士生要求极为严格，从不当面表扬他，总是严厉地指出黄珹哪里做得不好，要继续努力改正。这让黄珹对自己的老师又敬又畏。三年严格的博士训练让黄珹终成正果！为了让天文学界更多地了解黄珹的工作并加以推广，叶叔华为黄珹组织了阵容庞大的博士论文答辩委员会，国内天体力学和天体测量界的前辈几乎都被邀请来了。同时，叶叔华还举办了一个学习班，让黄珹在这个学习班上重点介绍他博士论文的工作。学习班产生了轰动效应，许多人由此认识了黄珹，也知道了这门新兴的天文地球动力学学科。叶叔华的这些做法终于让黄珹了解了老师对他的苦心，对他的要求和期待。时隔多年，当黄珹为了“叶叔华采集工程”的事情对他和叶叔华多年的好友沈嗣钧进行访谈时，沈嗣钧对他说到了一件事：“叶先生有一次很兴奋地对我说，黄珹是我最好的学生，他是第一位在中国拿到天文学博士学位的人。她还给我看了她与黄珹在飞机上合影的报纸，所以我记得很清楚”。沈嗣钧的话让黄珹颇感意外，他说：“这个我倒不知道，其实她对我是非常严格的，一直批评我”。确实如此，严格和爱很多时候当事人也区分不清楚。

博士刚毕业，叶叔华就推荐黄珹出国去深造，跟随世界著名的美国德克萨斯大学空间研究中心（CSR）主任 Tapley 教授继续做博士后研究。黄珹以出色的研究获得了美国同行的认同和赞誉。鉴于黄珹在美国的突出成就，Tapley 教授热忱地挽留他在美国长期工作，并答应给以优厚的待遇。这时候，他牢记了叶叔华导师的教诲，毅然放弃了可取得美国绿卡的机会，回到了最需要他的上海天文台，开始挑起中国天文地球动力学的大梁。黄珹后来接替叶叔华成为天文地球动力学中心的第二代主任，是 90 年代国家“攀登计划”的重要参与者，曾是亚太空间地球动力学国际合作计划（APSG）中央局主任，成为了叶叔华发展中国天文地球动力学最有力的左膀右臂。现在，黄珹是科技部“973 计划”重要科学前沿领域专家咨询组成员。能有今日的成就，黄珹感激叶叔华和美国

图 6-6　上海天文台学位授予仪式（2002 年）

的 Tapley 教授，他称他们是“帅才”型的人物，他说：“初涉研究领域的学生，你往往什么也不知道，就像是茫茫大海上的航船不知道往哪里走。一旦得遇高瞻远瞩的导师便是人生幸事，他们为你指明了方向，你只要顺着这个方向深挖猛钻下去就能够取得成果。”①

叶叔华曾经恳切而又坚定地对黄珹说：“我自己年纪已经太大，再做多了就会妨碍大家，就会无益而有害了。今后应该有新一辈的人出来撑持中国天文学局面，并且把中国的天文事业推到国际最前沿。中国要从大国走向强国，科技力量是不可或缺。我寄希望于你们年轻人，中国的强大就在你们的肩上了。”

① 黄珹访谈，2012 年 3 月 7 日，上海。资料存于采集工程数据库；黄珹访谈，2015 年 6 月 15 日，上海。资料存于采集工程数据库。

第七章
一枝一叶总关情

在普通世人的眼里，科学家要么冷峻、理性，是对尘寰中的一切漠然置之，只沉浸在对知识与真理的更深层次的思索之中的一类人；要么就是被强烈的求知欲驱使，为解开自然界的奥秘而癫狂的一类人。总之，他们不解世故、不通人情，是活在象牙塔里的一群怪人。公众对科学家这些脸谱化的印象和了解，很大部分源于科学家所从事的研究远远超出了世俗生活的领域，超越了大多数人关心和理解的范围，这种源于职业的幻影遮蔽了科学家个人的生活、思想、情怀和精神，让公众产生隔膜和敬畏，不再把他们看作是普通人类的一员，而把他们看作是知识殿堂中的神人。然而，事实并不如此，因为研究科学规律，追寻自然界的真理，科学家也许更能理解像自然界一般变化莫测人世背后的动因；如同对自然界与宇宙的好奇一样，他们也把自己的目光投向人世间，关心着家事、国事、天下事。

从　政

叶叔华曾经对采访她的记者讲到了一件这样的事情：“文化大革命”结

束不久，她去北京开会。她和一些科学家行走在王府井大街上，无意间看到一辆吊车正在盖一幢六层大楼，大家不由自主地驻足观看，有不少科学家流下了热泪——国家又恢复了正常秩序，又开始了建设，这让他们无法抑制住内心的激动和高兴。这就是科学家们的家国情怀，只要能看到这个饱经磨难的国家又重新振作起来，迈开前行的步伐，他们个人再经历多少挫折与委屈尽可以原谅和忘却。

1978—1983 年，叶叔华担任了全国政协委员，期间她大胆直言，毫无忧惧之心。一次政协会议，大家谈到上海正在筹备建设宝钢的事情，叶叔华觉得这个不太合理，于是她就联合另外一名科学院的院士，鼓动大家去质询冶金部部长为什么要在上海建设宝钢。最终一位冶金部的副部长出来接受质询，一大堆的政协委员没人再说话，只有叶叔华站出来提出了自己的疑问。叶叔华事后才知道，上海建设宝钢是邓小平拍板决定下来的，是中国钢铁工业赶上世界先进水平的第一步，是中央的决策。尽管叶叔华也为自己当时的糊涂、大胆而感到好笑，但是她说：“为了国家的利益，当然应该知无不言，言无不尽，哪怕再次被关牛棚，事情还能坏到哪里去？”

1983 年 3 月，叶叔华当选上海市政协副主席，同年 11 月 23—30 日，她迎来了人生中最辉煌、最荣耀的事情——作为 6 名正式随员之一陪同中共中央总书记胡耀邦访问日本。事情来得并不是那么出人意料。80 年代初期，时任上海市市委书记的汪道涵出国时希望带一名科技人员，然而那时候找到能够和外国人交流的科学家并不太容易，他们最终找到了叶叔华。此后的每一次出国访问，叶叔华都能够出色地完成自己的任务。因此，当胡耀邦总书记去日本访问时，汪道涵推荐了叶叔华。11 月 25 日，日本天皇裕仁在皇宫设宴招待胡耀邦总书记，日方出席宴会的还有明仁皇太子、正仁亲王以及日本首相等政府高官，叶叔华作为胡耀邦总书记的随行人员也出席了这次隆重的皇宫宴会。使叶叔华没有想到的是，10 年之后，她会成为东道主成员接待来访的明仁天皇。胡总书记访问团因为有了叶叔华这位天文学家引起了日本天文学界的轰动，他们用高规格标准接待了叶叔华。此后，上海天文台和日本天文学界的交流日渐密切，仅在 1985—1987 的短短两年时间内，上海天文台就和日本在 VLBI 联测、时间标准的国际比较和高精度原子标准、中日高空气球飞行观测等方面签订了5项合作计划。1992年10月，日本明仁天皇访问上海，叶叔华在接待人员之列，她对明仁天皇说:“最近中日两国学者共同测定了上海和东京间的距离，两地每年缩短将近2厘米。通过天皇您这次访华，中日两国关系的接近将会比地理上的接近更快一些”。叶叔华如此机智、得体的外交辞令让在场的人都会心地笑了。从全国政协委员到上海市政协副主席，叶叔华的行政官职在节节攀升，还有她为国家、为上海市在外交事务上所做的贡献，所赢得的荣誉都没有改变叶叔华朴实无华的本质，她依然把自己当作天文台的普通研究人员，什么要求也没有向单位提过。上海市政协副主席的行政级别是可以配车的，但是天文台那时候根本就没有车，叶叔华第一次去政协办事只能挤公交车去。这把政协的办事人员吓了一跳，经过了解才知道天文台这个穷单位根本无车可派，最后只有政协给叶叔华配了一辆车。

1988—2003年，叶叔华连续三届当选全国人大常委会委员，同时任上海市人大常委会副主任，没有人知道，叶叔华实际上是婉拒了上海市副市长的提议而被选择到人大当副主任的工作。事情经过是这样的：上海市副市长刘振元[①]即将到任，市里希望最好能够选一位女市长，以叶叔华的领导组织能力、语言表达能力来说，她应该是副市长最佳人选。然而，叶叔华没有接受，她心里放不下自己看得最重的天文学研究。

早在任全国政协委员之时，叶叔华的大胆直言就是出了名的。在政协开会的时候，别的委员在有领导在场的时候可能会沉默不语，而叶叔华专挑这个时候陈述自己的见解。她在政协会议上讲过，中国古代有铸刑鼎以公布法令的做法，现在国家法律不健全，就应该效法古人，完善法律体系。领导们听到这样实在且有见地的话，往往也会耳目一新，心头一震。铸刑鼎是我国春秋时期颁布成文法的典故，公元前536年，郑国执政子产将郑国的法律条文铸在铜鼎上，向社会公布，史称“铸刑书”。当时鼎是国家权力的象征，把法律条文铸在鼎上，向社会公布，以宣示法律的尊严，确保法律在全社会范围内得到贯彻实施。公元前513年，晋国赵鞅把

① 刘振元，原中国科学院上海冶金研究所科研人员，曾担任过该所副所长，后来任上海市副市长。

范宣子所著刑书刻在鼎上，公布了晋国的成文法，这是中国历史上又一次正式公布成文法，史称“铸刑鼎”。在国家刚刚走出混乱，各个方面制度还不明确的情况下，有人能够提出“铸刑鼎”以使国人有法可依，怎能不使人产生强烈的共鸣？

人大工作的重点是立法，而叶叔华又强调依法治国，因此在担任市人大常委会副主任期间，她以一种科学家的果断和魄力，推动了一些法规的制定、通过和施行。1994 年，上海市人大审议《上海实施〈中华人民共和国妇女权益保障法〉办法》，叶叔华从观点到事实阐述了此法建立的必要性和可行性，她的发言有理有据，令听者折服，同年 12 月 8 日上海市通过了该实施办法。叶叔华是中国女性的佼佼者，曾入选首届“中国十大杰出女性”之一，对于男女平等、妇女教育、妇女参政议政等问题，她有着自己的见解：“几千年来的传统观念对女性存有偏见，女性的人生负担依然沉重。女性在工作中有成就，一方面靠机遇，另一方面要靠努力，往往比同等条件的男子付出更多。在女性成才问题上，教育是最根本的，女性应该从小就认识到男女虽有差别，但只是在生理上、体力上，这些差别并不意味着女性比男性差。事实证明，通过努力，女性可以做得比男性更好。”

作为全国人大常委、上海市人大副主任，叶叔华认真地履行着自己的社会职责，从建议设立科技节到谴责盗版行为，从签名倡议不吃野生动物到呼吁改善人才待遇，她参与审议、提交的提案也不少。她说：“我们的政府部门不可能每件事情都让人民满意，做得不好不能没人出面质询。人大要花大力气行使监督权，就不能缺少质询”，她对人大的职责清楚而明确。自古以来，中国人惯于对官员进行道德评价，“清正廉明”“两袖清风”一类的谀词不绝于耳。谀词满天飞，终不敌事实一件。罗时芳每每说起叶叔华这位老友时就非常钦佩：

> 叶先生的为人啊，很值得下一代年轻人学习。她任全国人大常委、上海市人大副主任，按级到美国可以住五星级酒店，但她决不肯住每晚超过 80 美元的宾馆。1991 年她到美国，因为找不到便宜旅店就住我租的房子。我让她睡床，她怎么也不肯，就去睡地铺。第二天

房东老太不让住，她就搬到便宜的汽车旅馆里去，除了卫生、安全条件比较差以外，还没有空调。夜里天气寒冷，她只有把毯子、被单、枕头都拿出来盖在身上。外出乘车从不叫出租车而是坐公交车，而美国的公交车是很不方便的。我们有时候不忍心看她这样辛苦，就劝她说“凭你的身份和级别，完全可以住得好一点”，而她却说“国家还很困难，我们能节约就节约一点吧”。除此之外，我们用草稿纸都要双面用，不然被她看见是要骂人的。①

1991—2001年，叶叔华担任了中国科协副主席，1996—2001年她还担任了上海市科协主席。90年代，中国实施“科教兴国”的国家战略，提出了发展国民经济要实现两个根本转变，即把经济增长方式由粗放型转变为集约型，依靠科技进步和提高劳动者素质建设国民经济，明确把加速科技进步放在经济、社会发展的关键地位。②“科教兴国”“科教兴市”成了社会主流风气，这对科学界和科技工作者提出了很高的期望，而科协作为科技工作者的团体，自然要承担起更多的责任。上海市科协当时有学会163个，19个区县科协，基层单位科协65个，个人会员将近20多万人，团体会员约1万多，如何将这些社团和个人组织起来，积极有效地进行学术交流、科学普及、技术咨询和国际交流，是科协领导需要考虑的问题。科协的工作给予了叶叔华更大的发挥才能的空间，她也为此花费了大量的时间和心血。

当时，上海市科协举办了一个多层次、综合性的科技论坛，希望集科技界的智慧为政府出谋献策，为上海的社会经济发展提供决策咨询。这个科技论坛共分三个层次：第一层次是综合报告，第二个层次是研讨会，第三层次是各个学会组织的学术交流会，其中第一、二层次由上海科协组织举办，第三层次则由各学会自己负责。1996年，叶叔华出任上海市科协主席，每两年一届的上海科技论坛成了她工作的重点，她要为综合报告邀请报告人，要综合各方面的意见确定研讨会的主题。为了研讨会选题，叶叔

① 罗时芳访谈，2011年12月1日，武汉。资料存于采集工程数据库。

② 杨新年:《当代中国科技史》。北京：知识产权出版社，2014年。

华主持了多次座谈会来筛选会议主题，确定邀请报告人选。这些选题都是围绕社会和市政府最关心的热点话题，涉及环境、城市规划、支柱产业的发展和信息技术等方方面面。

她动用了在科学界和政界的影响力和人脉关系，为综合报告邀请来了国家、市里的领导，国内外著名科学家，甚至美国宇航局的人。时任上海市市长的徐匡迪，只要是叶叔华去请，总是每请必到。1998 年的科技论坛在上海图书馆举行，徐匡迪被邀请作报告，七八百人的报告厅座无虚席，连走廊、楼梯都坐满了人。市长的报告，大家自然都感兴趣，更希望报告会后能够与市长进行互动交流，只是会议并没有预先安排这一环节。报告由叶叔华主持，她似乎深悉在场听众的心思，当徐匡迪市长的报告一结束，她即刻站起身来说："下面我们留一点时间，让徐市长来回答大家关心的问题。"会场的气氛顿时活跃起来，听众的热情被点燃了，台下一个接着一个提问题，台上的徐匡迪当场一一作答，市长、听众之间形成了自然、和谐的互动氛围。大会主持人叶叔华也站在台上，她平静、从容地掌控着会议的进程，其智慧与气度给在场的人留下了很深的印象。

2000 年的上海科技论坛更是盛况空前，论坛从 10 月 11 日持续到 11 月 16 日，历时一个多月，主题为"世纪之交的思考"，共组织了 55 项活动。仅以综合报告邀请的报告人就可以看出这次论坛的高规格：综合报告会共举办了四场，邀请了全国人大常委会副委员长成思危，中国工程院院士、上海市市长徐匡迪，中央党校原副校长龚育之，中国科学院、中国工程院院士、中国科协副主席石元春，清华大学国情研究中心主任胡鞍钢，杜邦公司副总裁彭定中，中国林业科学院院长江泽慧，美国宇航局空间大地测量部主任赵丰，香港大学原校长、中国科学院院士高锟，以及复旦大学原校长华中一教授共 10 位高层领导和中外著名学者。就面向新世纪的科技发展、经济建设和社会进步有关的重大问题做了宏观的、前瞻性的、战略性的演讲，对整个论坛起到了主题导向的作用。整个论坛有 300 多海内外知名专家学者做了主题演讲或者主导发言，4700 余位科技工作者参加了热烈而深刻的讨论。研讨成果有的已经报送市委、市政府和有关部门，市委、市政府领导阅后做了重要批示，并引起了有关部门的高度重视，其余的研讨成果汇编成《科学家建言》。[①]

图 7–1　叶叔华主持上海科技论坛（2000 年 11 月）

就在这次科技论坛上，还首创了“院士圆桌会议”，成为论坛层次最高的一项活动，会议以“关于提高中国科学技术的原创能力的若干问题”为议题，结合 21 世纪科学技术发展的大趋势，从科学家的社会责任出发，“跳出学科看科技，跳出科技看科技，跳出上海看科技”，针对中国的科技工作以及中国经济和社会发展中与科技进步有关的问题进行前瞻性、深层次、对策性的研讨。北京、上海、香港三地的 30 多位中国科学院或中国工程院的院士及有关领导参加了会议。[②] 两院院士的发言第二天便见诸各大媒体，文汇报更是用整版篇幅报道院士的观点。

科协的作用，在某种程度上是搭建在政府和科学家之间的桥梁，在叶叔华任上海科协主席的期间，她让这个沟通的桥梁发挥了极大的作用。时任市科协秘书长的张文琴说：“科协惯例是有许多会议，常委会、全委会、各种专题的科学家讨论会。常委会的常委通常是著名的科学家、企业领导和政府顾问。叶先生主持会议有她自己的特点，她能够把各个常委从各种不同角度提出的问题巧妙地、艺术地融合在一起，形成各个方面都能接受的结果。这是一种智慧和能力的体现”，她还说：“大家回忆起叶先生在科协当主席的几年中，科技界和上海政府间的这种桥梁作用发挥得很好。市委、市府愿意通过科协来听取科学家的意见，而科学家的许多想法也都以各种形式反映到政府那里去”。[③]

科协的另外一个重要功能就是与国外的科技社团、学术团体间的交

① 朱寄萍主编:《上海科技年鉴 2001》。上海：上海科技教育出版社，2001 年，第 33 页、第 302 页。

② 同①，第 34 页。

③ 张文琴访谈，2012 年 5 月 29 日，上海。资料存于采集工程数据库。

流，这些交流非常频繁。凡是科协有重要外事活动，叶叔华必然亲自参加，而她这时候已经是七十多岁高龄的老人了，尽管不再担任上海天文台的台长职务，但她还是关心着天文台的发展；同时她还兼任着全国人大常委会委员和上海市人大副主任的职务。因为叶叔华的推动，上海市科协和英国皇家学会、美国科学促进会等国际上老牌的科技团体建立了联系，还与新加坡、日本等许多学术团体进行互访交流。通过这些活动，叶叔华将上海科协与国外科技团体的交流推动到了更高的层次。正如叶叔华自己在《我所认识的科协》一文里所说：

在开展国际间学术交流与合作中，上海市科协经常牵线搭桥，使上海的科学技术走向世界，也让世界了解上海。美国科学促进会与上海市科协也有很好的交往。今年2月，他们庆祝150华诞，全国除中国科协外，上海市科协也受到邀请。我作为上海市科协代表，与科协的小洪、小张两位同志一起前往。这是一个盛会，会上我们听了克林顿总统作的报告。听美国朋友说总统级的报告人在科协庆典作报告只有两次，一次是在100周年，这次是150周年，可见美国领导者对科学技术团体的重视。

从中国科协副主席和上海市科协主席退下来之后，叶叔华转任两处的名誉委员。当有人再次提及那些光辉的头衔和曾经的荣耀时，她谦和地笑着回应："现在我已经不是科协主席了，只有一个院士头衔还戴在头上，所以请大家不要把过去的头衔都记在我的账上，这个账已经结束了。"

叶叔华耕耘天文学领域七十年的岁月中，从徐家汇观象台的学生到中国科学院的院士，从上海天文台的台长到国际天文学联合会副主席，从上海市科协主席到全国科协副主席，她阅人无数，经事无数，她对待朋友、同事、学生、下属的态度，都有古士人之风。

1978年，她首次访问美国时，应邀同德克萨斯大学的中国学生座谈。那时中美隔绝多年，彼此之间的误解很可能让座谈陷于危机之中，但是她认为："如果我真诚地与大家沟通交流，真实地介绍国内的科技发展情况，估计大多数的人都会理解和接受的”，事实证明叶叔华的做法是对的，这不正是“至诚以感人”的待人原则吗？

90 年代，叶叔华成为“现代地壳运动和地球动力学研究”攀登项目的首席科学家，这个项目云集了四大部委的精兵强将，仅参与的院士就有七八位，大家一致推举叶叔华担任这个项目的牵头人和首席，这其中的原因恐怕与她的人格魅力和号召力有很大的关系。攀登项目在申请时错过了最佳时机，所以编写项目计划书、联系各个部门、安排会议讨论，千头万绪事情全赶在了一起。在这种火烧眉毛的情况下，一向平静谦和的叶叔华也不免有些着急，曾担任过上海天文台科研处处长的杨玉德讲起了这样一件事情：

> 叶先生在申请攀登项目的时候，因为项目合作单位、人员多数都在北京，为了节省开支，所以选择在北京开会。那时候，我在科研处工作，经常陪她到北京或者为她准备会议材料等事务。以前开会没有现在的投影仪，也没有 PPT，而是将会议材料复印在塑料底片上进行投影。我当时没有意识到年纪大的人看小字费劲的问题，就按正常字的大小打印了投影底片。叶先生看到那么小的字，马上就火了，她说了一句非常重的话：“你这字太小了，我就知道你们这些人干不出好事情来！”。这句话说得太重了，我有点接受不了。当时，朱文耀也在场接受批评，他就对叶先生进行解释，投影跟远近有关系的，投影越远，字就越大，放远了就不见得小。后来果然如此，没有出现字小的问题。事后我们碰到叶先生，朱文耀就对她开玩笑地说：“叶先生，我说吧，投影是没有问题的。”你知道叶先生如何反应？她什么话也没有说，只是在朱文耀的后背上轻轻打了一拳，算是给一个安慰，表示友好。我觉得很亲切，她跟我们的关系无形之中拉近了，谁也不再记恨这件事情。

事情起因于一场疾言厉色的批评，而结局却这样富有人情味，不仅前嫌冰释，而且还拉近了彼此关系，也许只有一家人才会有这样的举动。

作为科研管理人员的杨玉德和身为台长的叶叔华在工作上接触比较多，因此对叶叔华的为人处事也了解得更多，体会得更多。访谈中，他还说起了另外一件事情：

> 另外一次是在武汉开会，我当时是科研处长。会议期间，她让我写会议纪要，说会议一结束就要宣读。我当然是认真对待了，甚至吃饭时也在写，完稿后我要叶先生先看一遍，有什么不对的地方，我们马上修改。她则回答说，不要看，直接读吧。我想这也是对我的信任。谁知，读完后却对我大发其火，批评我为什么要在会议纪要的开头写“在风景秀丽的武汉”，为什么不直接写，几月几号在什么地方召开了什么会，讨论什么事情？为什么还要写风景，写这些干什么？我当时被她这一连串的质问都弄懵了，但是事后回想起来她是对的。

回想起与叶叔华台长在一起共事的日子，杨玉德不禁动情地说：“与她共事这么多年，她对我的批评其实也不算多，记忆犹新的就是上面的两次。叶先生对我们是很关心的。她虽然批评你，事后却还能主动过来和你打招呼，甚至向你诚恳道歉，能做到这点就很了不起了，我也为此深受感动。”

强烈的事业心，不仅让叶叔华牺牲了不少事业之外的快乐和幸福，还让叶叔华养成了对工作一丝不苟的态度。自己不仅如此，同时她也以同样的标准要求学生、同事与下属，有时候甚至到了不讲情面的地步，这一点让人又敬她，又怕她。80 年代初，中国参加国际 MERIT 联测，这差不多是中国天文学界“文化大革命”以后首次参与国际联测。叶叔华作为中国方面总负责人，她当然能够认识到联测对中国天文学界重返国际舞台的重要意义，因此她把这件事情看得很重，希望各项工作都能够做到尽善尽美。然而，事情总有不尽如人意的时候，根据何妙福回忆，“当时激光测距观测了好些个数据，需要马上电传到国外去。但是负责数据录入的人做事比较粗糙、马虎，有些数据就打错了。叶先生知道后生气得不得了，马上叫我陪她去室里找杨福民，并且严肃地批评了他。她说：‘你们大半夜辛辛苦苦观测得来的数据，最后却因为录入而弄错了，这就是前功尽弃，给外国人的印象也不好’。因为这个事情，她还扣了杨福民的奖金。”在工作上，叶叔华就是这样以身作则，说到做到，不讲情面，不怕得罪人。然而，和她长期共事的人都知道，叶叔华这是对事不对人，事情做得不好必然要挨批评，挨过批评之后又能改正，那又是自己的进步。

在本书写作过程中，笔者碰到了50年代和叶叔华一同工作过的罗定江的夫人杨希虹女士，她特意叮嘱我要在书中写一笔，当年她得了很严重的病，是叶叔华托人在香港为她购买了特效药。叶叔华竭尽所能帮助朋友、同事的事情，笔者耳闻不止这一次。现在已经过世的苗永瑞院士当年从上海调到陕西，参加陕西天文台短波和长波授时台的建设。他大半生的年华都在陕西度过，后来因为体弱多病，他希望回到上海。叶叔华听说后，帮助苗永瑞院士实现了心愿。苗永瑞生病住院，叶叔华还特请吴孟超院士给他会诊。当朋友和同事遇上麻烦的时候，叶叔华凡是觉得自己能够帮上点忙的，她基本都会主动去做。

持　家

“家庭是幸福的港湾”这句俗语说的其实是家庭的理想状态，要维持这种状态，就需要夫妻之间的相互理解和相互支持，有时候甚至是忍让和宽容，而这背后则是两人历久弥新的爱情。人们对爱情的渴望，无论在文学作品还是现实生活中，很多时候达到了一种痴狂的境地，然而一旦遇到艰难困苦，或者计较彼此为家庭付出多少，甚至只是一些鸡毛琐事，都会让家庭远离幸福的初衷。如果两个人都是知识分子，都承担了很重要的科研任务，彼此要做到相互支持和理解是很困难的事情，这就是为什么人们容易把家庭和事业对立起来的原因。

然而，叶叔华和程极泰夫妻俩却能够把家庭和事业之间的矛盾调和得极为融洽，这其中的妙诀就是你争我抢，把家务当作工作之余的调剂。从年轻的时候，叶叔华就能够烧菜、做饭、洗衣服和织毛线，甚至也能亲自动手裁衣，把大人的衣服改小了给孩子穿。做饭俩人从不互相推诿，都是争着下厨。最先因为叶叔华是广东人，烧菜比较在行，程极泰就在一旁一边帮忙，一边学习，渐渐也就学会了做饭、烧菜。吃完饭的刷锅洗碗也是两人争着很快料理完。即便这样，为了节省时间，生活还是被简化到极点，只能管营养够，不能追求可口和花样。早餐一成不变的是面包、牛奶和鸡蛋；中午基本上是两个蔬菜和一个荤菜，晚餐吃中午的剩菜和剩饭。尽量做到早餐吃好，午餐吃饱，晚餐吃少的养生原则，不能因为一日三餐而多占用更多的时间。尽管因为叶叔华的工作极为繁忙，但是在家庭里，她也极力尽好一个妻子和母亲的职责。在她看来，如果一个人只有工作而忘了家庭，那么作为一个女性，她就是不完满的。在家里，她觉得请钟点工没有必要，而且做点家务活还是令她开心愉快的事情，因此家里洗衣服、收拾房间她都是亲力亲为。

叶叔华刚到徐家汇观象台工作的时候，由于天文台的作息是晚间观测，白天休息，所以叶叔华经常是工作到凌晨两三点钟才能回家。程极泰却有着早睡早起的习惯，早上五六点他便起床准备早餐，安排孩子吃早餐，送孩子上学，然后再去学校上课。上完课，程极泰又要急急忙忙赶着回家生煤球炉，淘米烧饭炒菜，晚上再看着孩子睡觉。有一次下课晚了，程极泰只有一路小跑回家。交大宿舍距离徐家汇观象台有些路程，叶叔华一般要步行 20 分钟才能到家，程极泰只有在听到了妻子回家的脚步声才能彻底放下心来。漆黑的风雨之夜，他还会出门去接妻子回家。

夫妻不期而遇有各种方式，并且一定让人充满惊喜，叶叔华和程极泰夫妻俩就有这种不期而遇的经历。那是 1978 年，国家在结束了“十年浩劫”之后百废待兴，尤其是教育和科技方面，为了弥补损失的十年实行全面的对外开放和双向交流政策，每个单位都选派优秀的专业人才出国参观、考察。叶叔华带领“中国科学院天文地球动力学考察组”前往法国进行学术考察，而程极泰则作为上海交通大学专家代表团前往美国访问，因为那时候中国和美国没有直通航班，去美国需要在巴黎转机。出国前在北京登机时，程极泰登机后在寻找自己的座位，结果却意外地发现自己的妻子也在这架飞机上。一对知识分子夫妻相遇在旅途的飞机上也算是一段人间佳话吧！

图 7–2　叶叔华与程极泰在家中

叶叔华与程极泰，两位知识分子的家庭总是弥漫着书香味，时不时也会响起一阵悠扬的歌声和乐曲声。从中山大学开始，唱歌和听音乐几乎成了他们一生的共同爱好。无论是在香港教书时居住的狭小的阁楼，还是在交通大学生着煤球的宿舍，以及后来他们居住了几十年装修简陋的家，音乐总让这个家充满了阳光和安宁。当叶叔华有闲暇的时候，她会拿出歌谱，与丈夫一起唱。程极泰担任过交通大学教工合唱团的领唱，一首难度极大的《长江之歌》，他能够唱得气势非凡，而他练歌的地方经常是在自己家的楼道里。当别人问及他："影响了别人怎么办？"他笑着解释道："如果唱得难听，别人当然会有意见。如果唱得好听，邻居们还会夸你唱得有水平呢。"即便生活清苦忙碌，只要唱起歌，他们就会忘记很多的烦恼和疲惫。

要能够在事业和家庭之间维持永远的平衡是很困难的，总有一方要为另一方付出更多。随着叶叔华在单位担任领导，在社会和政界兼任重要职务，再到国际交流事务和在国际组织任职，她越来越多的时间花在了工作和出差上。这时候，丈夫程极泰无形之中成了叶叔华的"贤内助"。叶叔华平时收到大量的国内外来信，都是丈夫最先帮助分拣，根据轻重缓急排列好等着叶叔华处理。有时候甚至要为妻子预先拟定好内容，等妻子首肯和定夺，有了丈夫这位毫无怨言的兼职秘书，叶叔华感觉节省了不少时间和精力。如果遇上叶叔华出差，出差必备的行李和物品都是丈夫程极泰一手料理好，到时叶叔华只要一提行李箱抬脚就能走，而且只有丈夫帮她打理的行李，叶叔华才能准确知道什么东西放在什么地方。叶叔华常常这样说："令我感到欣慰的是，我有一位事业上支持我、生活上关心我的丈夫。我因为所从事的天文事业需要我倾注毕生的精力。人生是很难两全的，若要集中精力干事业，在其他方面不得不有所放弃。我的人生目标决定了我只能做出这样的选择。”

最令叶叔华痛苦和焦灼的选择发生在1995年，是第21届国际大地测量和地球物理联合会召开前几天，这次会议对叶叔华倡导“APSG计划”最为关键，因为会上要对她的提议进行讨论和表决。可是就在叶叔华准备出发时，老伴程极泰不幸摔伤，需要住院手术。叶叔华最终选择去美国参加会议，然而这次艰难的选择也给她留下了对老伴程极泰永久的愧疚感。每当这对老夫妻之间争执拌嘴，老伴一说到“你在我最困难的时候都不在我身边”时，叶叔华就不做声了，因为她觉得自己毕竟亏欠老伴太多，然而回头想到自己在那次会议上舌战群儒，一个人回答了所有人的质询，最终使得“APSG计划”得以通过并形成决议，叶叔华的心里感觉也是非常好。从风华正茂的青年走到两鬓斑白得老年，尽管经历了很多的风风雨雨，然而理解和默契一直伴随着叶叔华和程极泰两人，直到今日依然如此。他们各自在书房里忙自己的工作，时不时会在各自的书房同时哼唱起同一首歌，两人携手维持着家庭生活，紧张的工作之余，夫妻二人就听听音乐，聊聊天。这样的生活平淡、充实、简单而又温馨。

早在50年代，叶叔华和丈夫程极泰共同决定，为了能够专心工作，两人只要一个孩子。1952年，他们的宝贝儿子出生了，夫妻俩为之取名程以琮。对于他们独生儿子，两人倾注了全部的关心和爱。三年困难时期，他们自己饿着肚子，也要每天为儿子从乡下农民手里买一颗非常昂贵的鸡蛋增加营养。至于学习和教育，他们从没有逼着孩子学习这，学习那，所能给的就是父母的言传身教。叶叔华和程极泰两人每天紧张忙碌工作的身影，家里书架上各自的专业书籍，就是提供给儿子最大的教育资源。他们有时候也会逼孩子，只是他们逼的是让孩子下楼找小伙伴们玩。可是程以琮似乎对书本更感兴趣，在外面没玩多久，他就会自己回家，并对他们说：“爸妈，我想和你们一起看书学习。”叶叔华和程极泰都毕业于中山大学数学天文系，工作后叶叔华干了天文，程极泰做了数学教授，然而程极泰对天文的热爱丝毫未减。俩人在家里经常讨论问题，有时候也会争论起来，年幼的儿子早已经习惯了发生在父母亲之间的学术争论。有一次，两人之间相持不下，儿子在一旁插话道:“我知道你们争论的问题，书架上有本书就专门讨论这个问题”。俩人马上找来儿子说得那本书，翻开一看果然不错。看来，在不知不觉中，宝贝儿子也在跟着他们学习和研究呢!

“文化大革命”期间，叶叔华被隔离、审查，儿子程以琮也受到牵连，在学校遭到同学们的歧视。艰难读完中学之后，程以琮又在“知识青年上山下乡”的号召下，到农村劳动。因为他是独生子，被下放到上海远郊的工厂，成为了一名清砂工，每天干着繁重的工作。离开上海的那天，程以琮只有 16 岁，叶叔华和程极泰都不能出来相送。好在儿子并没有自我荒废，每天干完繁重的体力劳动，别的人都在下铺聊天、打扑克，只有程以琮躲在上铺，拿起了课本继续学习，这样的日子一过就是十年。1978 年，当国家恢复高考，凭借着自己多年的努力，程以琮轻而易举地考上了华东师范大学数学系，在数学系读完二年级之后，在大舅的支持下，到美国读完大学和博士，在计算机专业任教。

结语

叶叔华八十华诞之时，她收到了中国科学院院长、中国科学院学部主席团执行主席路甬祥院士的贺信，信中言简意赅地总结和评价了叶叔华院士对中国天文学发展做出的卓越贡献，全文如下：

尊敬的叶叔华院士：

值此您八十华诞之际，我谨代表中国科学院和中国科学院学部主席团，并以我个人的名义，向您表示衷心的祝贺，祝您生日快乐，身体健康，万事如意！

您是我国著名的天文学家，我国天文地球动力学研究的奠基人之一，长期从事天体测量和天文地球动力学的研究并取得多项重要成果，为我国天文学的发展和人才培养作出了重要贡献。您负责建立和发展了我国综合世界时系统，长期保持国际先进水平；组织中国各天文台参加国际地球自转联测并推进有关新技术在中国的建立；负责中国甚长基线射电干涉网的建设；发展了上海天文台与美国宇航局和多国研究所的科研合作；您负责国家攀登项目“现代地壳运动和地球动力学研究”，倡导并主持了“亚太空间地球动力学（APSG）”国际合作计划。您在天文地球动力学领域的开拓与突破得到世界天文学界的盛誉。

您曾担任两届国际天文学联合会副主席，是英国皇家天文学会外籍会员，曾任中国科协副主席、上海市科协主席等职，为推动我国天文学的发展，促进国际天文界的交流与合作做出了杰出的贡献。为表彰您在促进中俄科技合作中所取得的成就，俄罗斯科学院授予您俄－中空间大地测量合作发展杰出贡献金质奖章，这不仅是对您多年来辛勤工作的褒奖，同时也为我国天文学界赢得了荣誉。

您曾长期担任上海天文台台长，在学科方向调整、实验室建设和人才队伍建设等方面做了大量卓有成效的工作，为天文台的改革与发展奠定了基础。您还历任全国人大常委会委员，全国政协委员，上海市人大常委会副主任，为推动科技进步，促进国家经济建设与社会发展积极建言献策。您不仅是一位优秀的科学家，而且也是一位长期热心于科普工作的社会活动家，在百忙之中经常抽出时间参加科普公益活动，为提高公众，特别是青少年的科学素养做了大量有益的工作。您求真务实、开拓创新、勤勉不懈、严谨治学的科学精神，谦虚谨慎、平易近人、严于律己、诲人不倦的崇高品德，为年轻后学树立了榜样。

衷心感谢您为我国科技事业所做出的贡献，再次祝愿您健康长寿、快乐幸福，并望为国增色！

中国科学院院长，中国科学院学部主席团执行主席　路甬祥

二〇〇七年六月一日

把以上所列举的叶叔华的成就与她生平经历进行对照，便会出现几个令人费解之谜，而解开和理解了这些谜，也就理解了叶叔华。首先，她出身于一个基督教牧师家庭，但却没有信奉上帝，而是把一生奉献给了天文学。天文学，这门古老的科学，在16—17世纪曾经因为颠覆了基督教神学的宇宙体系而备受教会的摧残和压制，哥白尼的《天体运行论》被教会列为禁书长达200多年，布鲁诺被宗教裁判烧死在罗马百花广场上的罪状之一就是他宣扬多重宇宙学说，伽利略因为信奉哥白尼学说晚年遭到教会

的审判和囚禁。发生在16—17世纪的这场“天文学革命”最终势不可挡，开普勒天文学，牛顿万有引力定律，这一系列科学上的突飞猛进被称之为“科学革命”，并由此诞生了近现代科学。叶叔华的中小学教育基本上都是在教会学校里完成的，甚至后来她工作的徐家汇观象台的前身也是由法国传教士建立起来的集宗教和科学于一身的天文台。然而，从大学开始，叶叔华以宗教般的热情皈依了科学，她说：“我学了科学，就不再相信上帝了。我相信支配宇宙的是科学规律，而不是有意志的神灵。”这似乎也是一种信仰，一种科学对认识宇宙奥秘之威力的信仰，一种对宇宙本质科学维度的信仰。从宗教到科学，叶叔华转变得如此彻底，在她的身上几乎找不到一点早年基督教牧师家庭的痕迹，然而那种勇于任事、吃苦耐劳、百折不挠的精神品质，恐怕多多少少和基督徒的精神有点契合。

另一个费解之处就是她是天文台台长，一位在学界、政界、国际天文学界享有崇高地位的科学家，然而她却是一位女性，一位个子不高、态度和蔼、说话轻言细语的女性。很多的时候，人们很难把这两个形象联系在一起，因此也闹出了不少的笑话和误会。1978年，叶叔华率团访问法国，法国负责接待的人在站台上怎么也找不到他们。后来才弄明白，原来接站的人一直以为带团来访问的是位男性，没想到却是一位女性！到了送别的时候，法国代表举杯为叶叔华这位女台长干杯，叶叔华说：“希望50年之后，女台长和男台长一样多”。还有一件趣事发生在叶叔华担任IAU财务委员主席的时候，她要第一次代表委员会作年度财务报告。话筒搁在高高的讲台上，叶叔华个子矮小，只有踮着脚尖才能够着话筒，而台下的听众看不见叶叔华的人，只听见一个女性声音说着流利的英语，飞快地做完了财务报告。对此，听众们感觉既惊叹，又有趣：哦？一位女性担任了IAU财务委员会主席的职位！

女性，在科学家群体里似乎总暗含着一种弱势的意味，因为从科研产出的数量和女性科学家取得成就和认可上来看，女性科学家始终都不能占据主导地位。针对这个问题，《女性科学家科研产出之谜及原因初探》一文有比较详尽的叙述：

“美国科学社会学家曾经研究发现，女科学家发表的科研成果数量仅是同年龄组男科学家的一半到三分之二，这就是所谓的女性科学家‘科研产出之谜’。”据科尔 Jonathan Cole 的研究，男性科学家比女性科学家更容易获得较高的职位，尤其是享有声望的大学或研究机构，男性科学家更容易获得升迁或提拔。科尔发现，平均来说，在科学声望方面，女性科学家一般没有男性科学家出名；她们的工作也不被重视，女性科学家也很少成为主要贡献者的成员。即使在世界一流的科学家，比如在诺贝尔奖获得者中间，女性也不能与男性平分秋色。当今世界，男性仍然在科学界占据主导地位，尤其在科研的高端领域，男女科学家数量悬殊。据英国政府提供的数据，在英国物理学科博士后中，女性比例不到 20%，而教授比例不到 5%。在女性相对较多的生物科学领域，女性博士后比例也只有 40% 多一点，教授比例为 10% 左右，其他资料表明，全球情况也大致如此。①

该文指出造成男女科技人员成就与地位差异原因虽然很复杂，但大致不外乎三个方面。首先是性别定位和教育的影响。这一方面，文章特别指出：“人们常常还会凭想象给某些学科打上性别标记，如在数学、物理学、天文学等学科中，女性所占比例较小，于是人们就认为这些科学不适合女性，也就不鼓励和引导她们此类科目的教育”。其次是婚姻与家庭对科研产出的影响，所不同的是，文章对传统的观念“女性科学家在科研领域成果较少全部归因于家庭的拖累”缺乏事实依据，文章引用国外的研究成果论述道：“对科学家而言，无论男女，影响科研产出的要素都大体相同，婚姻家庭以及相关变量（有要照顾的孩子等）对男女科学家的影响基本一致，一般不会造成显著的影响”，文章进一步指出：“对于科研水平较低层级的女性科研工作者而言，这种影响（指婚姻家庭）的确存在，但对高端层级的女性科学家而言，事业成功、家庭幸福也比比皆是。”最后则是科学共同体认可的制约，文章指出：“在科学的社会建制中，对女性科学家的

① 徐飞，杨丽：女性科学家科研产出之谜及原因初探。《科学学研究》，2009 年第 27 卷第 11 期，第 1627–1632 页。

职业歧视有时候比科学共同体的名誉分配不公要严重得多”，而社会认可方面的性别差异，会严重制约女性对科学活动的参与以及科研成果、荣誉奖励的获得。

简而言之，在一个男性占主导地位的科学领域，能够闯入科学家高层的女性寥若晨星；即便是已经成为卓越科学家群体中的一员，必然付出了比男性科学家更大的努力和艰辛。1995 年第 5 期的《科学画报》登载了一篇叶叔华的专访，其中有这样一段描述颇有意思：

> 叶叔华，著名女天文学家、中国科学院院士……我国天文史上迄今唯一的女台长：1978—1993 任上海天文台台长；我国唯一的女首席科学家：出任国家攀登项目“现代地壳运动和地球动力学研究”的首席科学家；天文学界最权威国际组织中唯一的女性副主席：国际天文联合会执委会副主席。叶叔华又是一位十分活跃、有相当影响力的女社会活动家，她被评选为当今“中国十大杰出女性”之一，……①

这许多的“唯一”、一系列的“女天文学家”“女台长”“女院士”称谓，不仅表达了在中国像她这样的女性科学家少之又少，而且也表达了像她这样能够取得成就与社会认可是十分困难的。如果把这些同中国特殊的社会联系在一起来理解，这种困难就更加大了。1945 年，叶叔华进入中山大学数学天文系，第二年她就选择了天文学专业——一门很容易把女性排除在外的学科。而在当时中国独立自主建立的天文台只有南京紫金山天文台，科研机构只有中央研究院天文研究所一家②，并且由于抗日战争的爆发，这座天文台还没有来得及开展观测研究就被迫迁往云南昆明，其他的如徐家汇天文台、青岛天文台基本不属于中国主权管辖范围。因此，在那时选择了天文学基本上就等于选择了失业，或者是毕业后从事其他职业。从这点来看，叶叔华走上天文之路实质上是一条孤绝的成名之路。

① 张绍光：追访中国唯一“女星”——叶叔华。《科学画报》，1995 年第 9 期，第 2–5 页。

② 高鲁于 1912 年建立的中央观象台，后来由于他的离开，改成了“国立天文陈列馆”，基本不进行天文研究工作。1916 年张謇建立了南通军山天文台，1938 年被日寇炸毁。

其次，与欧美发达国家相比，中国妇女解放运动起步比较晚，妇女在社会家庭中普遍处于从属地位，“三从四德”的妇女训诫深入人心，这就使得女性接受教育、尤其是高等教育的机会少得可怜。根据研究，中国科学院女性院士出生地前三位排名分别为沪、苏、闽，共占女院士总数的44%，出生在北京、天津和河北的院士共占女性院士的18%。由此可见，女性院士大多出生于经济较为发达的地区，而这些地区也有着相对开明的教育环境，提倡女性接受教育，这就为女院士们接受高等教育乃至接触前沿科学打开了通道。叶叔华出生地广东广州很早就是中国了解世界的窗口，经济发达自不必说，尤其是它毗邻英国租界地香港，更容易让它受到外来风气的影响。再加上叶叔华父亲也是受过高等教育的开明之士，提倡男女平等，给女孩也有同等的教育机会。这一切使得叶叔华得天独厚，在那个女性普遍还没有觉醒的时代成长为一名有知识、有能力、有胆识、有气魄的新女性。

1995年9月，联合国第四次世界妇女大会在北京召开，叶叔华参加了妇女大会，并应邀在会议组织的“议员日”活动上发表演讲。会前，她接受了上文提到的《科学画报》的专访，叶叔华以自己的切身体会就妇女就业、经济独立、参政议政等事情发表了自己的看法。

记者：许多妇女认为，她们的就业和经济独立是她们的社会地位和参与社会发展的重要保障。

叶叔华：我想这是一个非常重要的观点，因为妇女就业是第四次世界妇女大会和《内罗毕战略》的副主题之一。任何人如果没有经济作为保障，就谈不上社会地位，也谈不上人格的平等和尊重，就会受到歧视和虐待，老人如此，妇女也一样。这一点，中国是做得比较好的。自1949年以来相当长的时期，中国妇女很少受到歧视，就业率很高，城市中几乎都是夫妇双职工家庭，这就保证了中国妇女在社会发展中享受平等的利益。但是，也不能忽视发展中存在的问题。特别是中国转向市场经济和引进竞争机制后，会对妇女就业带来一些影响。这需要各级领导和社会各方给予更多的关注。

记者：您是否认为应该让更多的妇女像您一样参与各级决策层？

叶叔华：我觉得这是很有必要的。男女不平等现象往往是几千年来以男性为主的社会造成的，许多社会认识已经形成偏见，不容易一下子改变。包括我们自己也是这样。举个例子，假如我的女儿找对象，我总希望男的个子比女的高一些，在职务上和教育上也是如此。这一类自然意识过程要扭转很不容易，从而会造成职务选择、求学、就业等方面的歧视和不平等现象。因此，我觉得应该有足够数量的女性在各个层次上平等参政，发挥作用，才能扭转偏见，改变不平等状况。中国有大量妇女在各个机构担任领导职务。事实证明她们在管理、科研、经济方面的才能并不比男性差。

还有令人费解之处就是报考大学时，她坚持要学古典文学，因为她认为古典文学是浪漫的。叶叔华的父亲却不能因为女儿追求浪漫而不为她将来谋生考虑，他要让女儿学医学，父女妥协的结果是叶叔华最后选择了学数学。然而，还是因为浪漫，叶叔华最终选择了天文学作为终身职业。从文学到天文学，字面上只有一字之差，学科的差异却是天壤！“要读别人不读的专业，要做别人做不到的事情”，这种与生俱来的性格最终帮助叶叔华闯过了无数的难关，获得了无数的殊荣，如今回首看这门伴随了她一生，为之奋斗了一生的天文学是否浪漫依旧？

附录一　叶叔华年表

1927 年

6 月 21 日，出生于广东省广州市一个基督教家庭，在 6 个兄弟姐妹中排行第三。

1934 年

7 月，随父亲叶润生迁往人和墟，就读人和墟小学。

1936 年

8 月，随家迁居香港，入香港九龙深爱小学继续学业。

1939 年

7 月，毕业于深爱小学。

9 月，进入香港九龙德贞女子中学读初中。

1941 年

9 月，进入香港培道女中读高一。

12 月，太平洋战争爆发，日军侵占香港，辍学在家。

1942年

4月，随父亲的朋友流亡到广东省乐昌县。

9月，入广东乐昌第三华侨中学就读，完成高一、高二学业。

1944年

9月，日寇进逼乐昌县，举家迁徙到广东连县。入广东连县培英—真光联合中学的真光女中读高三。

1945年

报考广州中山大学数学系。9月，进入广州中山大学数学天文系学习。

1946年

7月，在中山大学数学天文系完成第一年的通识教育。

9月，开始在数学天文系学习天文学专业知识。

9月，程极泰从武汉大学矿冶系转学到中山大学数学天文系学习天文学。

1949年

6月，与程极泰从中山大学理学院天文学系毕业。二人在广州结婚，后前往香港德贞女中教书。

1950年

与程极泰因探亲来到南京，并到紫金山天文台求职未获成功。

1951年

8月，和程极泰放弃香港的工作，回到上海。

11月19日，进入中国科学院紫金山天文台上海徐家汇观象台工作。

1952年

10月，儿子程以琮出生。

1953年

1月18日，与程极泰出席在上海科联举行的中国天文学会上海分会成立大会，两人同年成为中国天文学会会员。

徐家汇观象台规定每月举行业务会议，为加强领导和做好会议内容的准备工作。

1954年

6月，发表第一篇论文《地球自转的不均匀性及目前的研究状况》。

12月，发表《徐家汇观象台天文测时的偶然误差》。

1955年

12月，晋升为助理研究员。

1956年

6月4日，因整理徐家汇观象台过去十余年中星仪观测资料，对于仪器观测误差的研究获得个人三等奖。

参与“日常授时工作”“时号改正数的研究”“中星仪仪器及观测误差的研究”等研究工作。

1957年

7月1日，徐家汇观象台参加1957—1958年国际地球物理年工作，进行第三次国际经度联测。负责“测时结果的分析”“中星仪仪器差的研究”计划，参与了李珩研究员负责的“国际地球物理年工作和日常工作”。

1958年

负责的“测时仪器误差研究”被列入国家重要科学技术任务及1958年

主要研究题目，该项目为国际地球物理年经纬度测量工作而准备，后来因为中国退出了国际地球物理年专门委员会而没有参加这次国际联测，工作仍然进行，但是资料不作交流。

1959 年

在上海天文台的 4 架测时仪器和紫金山天文台的 2 架测时仪器的观测资料基础上，主持建成了中国的世界时系统并正式提供应用部门使用，出版刊物《综合时号改正数》。

任测时组负责人。

6 月，被下放农村劳动锻炼一个月。

1964 年

荣获上海市“三八红旗手”荣誉称号。

3 月 24 日，被任命为时间纬度研究室副室主任。

6 月，经 1964 年第五次中国科学院常务会议批准，晋升为副研究员。

1965 年

5 月 27 日，“综合时号改正数”获得中国科学院优秀奖证书。8 月“综合时号改正数”通过了国家级鉴定。同年 12 月，国家科委发文同意对“综合时号改正数”的鉴定结论，并批准作为我国世界时基准，1966 年 1 月 1 日开始启用。这项工作获中科院重大课题奖，时间纬度研究室被评为中国科学院先进集体。

1966 年

参加四清运动，全国串联到北京。

提议与上海光学精密机械研究所合作研制激光陀螺仪获得支持，此项目进行了四五年，最后因为技术困难而停止。

1972 年

走出牛棚，恢复工作。除主持日常的授时工作外，了解到国际上已经出现了甚长基线干涉仪技术、空间激光测距等新技术，萌生了在我国开展利用天文观测新技术研究地球自转变化和检测地壳运动的思想，明确提出了在国内开展天文地球动力学研究的概念。

1973 年

提出在我国发展甚长基线干涉技术，形成推动发展新天文观测技术的思想。

《世界时测定与综合时号改正数》获得中国科学院成果奖。

1975 年

12 月 29 日，上海天文台一室射电组成员共同起草，陕西天文台夏盛宏、王叔华参与撰写的《关于在我国开展甚长基线干涉工作的论证和有关建议》，对建设我国 VLBI 系统的技术方案和技术路线提出了初步设想。

1976 年

由总参测绘局负责的全国经度网联测工作开始进行，上海天文台成立经度原点观测室，叶叔华主持“我国经度起算值的确定”项目，利用 1973—1976 年的观测资料准确确定了经度原点的经度值。

2 月 20 日，撰写了《关于甚长基线射电干涉仪工作情况和要求组织 6 米射电望远镜干涉接收机会战的请示报告》，发送给上海市科技组。

5 月 22 日，撰写了《关于甚长基线干涉仪工作情况汇报》，发送给上海市科技组。

6 月 6 日，撰写了《关于甚长基线射电干涉仪协作问题》，拟建立甚长基线干涉仪五人整体小组，负责甚长基线项目的院内、院外协调，制订年度计划及经费等工作。

6 月 28 日，撰写了“上海天文台、中国科技大学关于甚长基线射电干涉仪的中间试验的协作计划”，发送给中国科学院二局。

1977年

上海天文台时间纬度研究室更名为基本天体测量研究室，主要开展天文地球动力学、地球自转参数服务、星表和天文常数的研究。担任基本天体测量研究室副主任。

9月，中国科学院在北京召开全国自然科学学科规划会议，国内天文机构派人参加了此次规划会议，商讨制定1978—1985年的天文学发展规划，决定将上海天文台的授时工作移交陕西天文台。联系地球物理学专家，商讨如何将上海天文台的原有工作和地球物理联系起来，形成上海天文台新的研究方向。

1978年

晋升研究员。

任全国政协委员。

当选中国天文学会副理事长，并连任至1988年，此后任名誉理事长至今。

负责接待美籍华人地球物理学家郭宗汾教授。在郭宗汾的帮助下，叶叔华开始与美国地球物理学界、地球动力学界、大地测量界建立了联系，为今后与美国同行的科技合作开辟了广阔的道路。

4月26日，任基本天体测量研究室（一室）主任。

6月21日，任上海天文台台长。李珩恢复工作后，叶叔华转任上海天文台副台长。

7月，上海天文台恢复学术委员会，任学术委员会主任委员。

9月29日—10月21日，带队中国科学院“天文地球动力学”考察组，对法国科研中心（CNRS）所属的天文台和研究机构就法国天文地球动力学、天体测量等方面研究进展进行学术考察。

12月8—26日，在第一届天文地球动力学年会上做了《天文地球动力学的研究现状与展望》报告，提出“天文地球动力学”这一新学科概念，天文地球动力学的研究目标是：①用天文学的方法、理论和资料，监测、检测、分析和研究地球的运动变化；②从地球在空间环境的变化和在天体间相互作用中寻找地球变化的动力学和物理学原因。

荣获全国科学大会先进个人奖和上海科技大会先进个人奖。

1979 年

4 月，与万同山、杨福民等 8 人赴美国考察甚长基线干涉仪（VLBI）、激光测卫（SLR）、激光测月（LLR）工作，开辟了中美两国利用天文观测新技术研究地球自转的合作渠道。

与上海科技大学合作研制的中间试验 6 米射电望远镜建造完成。

7—9 月，射电研究室在上海天文台完成首次甚长基线干涉仪测量（VLBI）的实验观测。1980 年《实验甚长基线干涉测量观测》获中国科学院重大科技成果奖二等奖。

8 月，作为中国天文代表团成员前往加拿大蒙特利尔，与国际天文学联合会（IAU）进行了关于恢复中国天文学会会籍问题的谈判，并参加了第 18 届国际天文学联合会大会的学术活动。

第二次被评为上海市“三八红旗手”荣誉称号。

1980 年

“国际地球自转联测”开始，负责组织和协调我国的经典光学测时测纬仪器、激光测卫仪器和人造卫星多普勒测速仪，项目获得中国科学院重大科技成果奖二等奖。

被评选为中国科学院院士。

12 月，任上海天文台第二届学术委员会主任委员。

12 月 1 日，在美国大地海洋局的大地测量处短期工作四个月，深入了解空间测地技术在天文地球动力学方面的应用。

《我国世界时系统达历史最好水平》获中国科学院科技成果奖一等奖。

1981年

任国务院学位委员会学科评议组成员。

9月，成为国际天文联合会会员。

10月，任上海天文台台长。

12月，中国的“国际地球自转联测工作组”成立，担任工作组组长。

1982年

任国际射电干涉测量委员会执行委员。

中国科学院以上海天文台为首与美国宇航局（NASA）签订合作研究议定书，开启了上海天文台与美国宇航局在地球动力学方面的合作研究。这是我国天文地球动力学研究开展国际合作的开端。叶叔华担任1982—1991年间与NASA的地壳动力学计划合作和后继的固体地球动力学合作的中方负责人。

参加在日本东京召开的国际大地测量协会（IAG）学术会议，期间访问了日本通信综合研究所（CRL，现在称为日本国家信息通信技术研究所，简称NICT）的鹿岛分部，开创了与该所在VLBI及时间频率方面的合作。

8月17—26日，与王绶琯、张家祥、曲钦岳、童傅等人参加在希腊举行的第18届IAU大会，会上正式宣布恢复中国天文学会在IAU的会籍。

《我国世界时系统的建立和发展成就》项目获得国家自然科学奖二等奖。

第三次获得上海市“三八红旗手”荣誉称号。

1983年

1983—1988年，任上海市政协副主席。

代表上海天文台与美国大地测量局拟定了《地球动力学合作备忘录》。

由上海天文台主办的《天文学进展》创刊，叶叔华任主编，全和钧、李启斌任副主编。

9月，第二代人造卫星激光测距仪在上海天文台研制成功并参与同月开始的“国际地球自转联测”主联测。

9 月，组织国内天文台参加“国际地球自转联测”主联测。

11 月 23 日，随同中共中央总书记胡耀邦访问日本。

1984 年

荣获由国家人事部颁发的“有突出贡献的中青年专家”称号。同年还荣获“中国科学院突出贡献科技人员”奖。

9 月，任上海天文台第三届学术委员会主任。

1985 年

4 月，当选英国皇家天文学会外籍通讯会员。

6 月，代表上海天文台与日本邮电通讯部无线电研究实验所（RRL）签订合作协议，其合作领域包括甚长基线射电干涉（VLBI）实验（监测地壳板块运动和地球自转参数测量）、时频标准的国际比对和有关信息交流等方面。

7 月 29 日—8 月 2 日，参加在美国俄亥俄州哥伦布市召开的地球自转国际联测工作组会议和地球自转与地球参考架国际讨论会。

9 月，上海天文台 6 米实验 VLBI 系统与日本通信综合研究所（CRL）首次合作开展中日甚长基线射电干涉（VLBI）测量获得成功。

11 月 19—28 日，与王绶琯等人参加在印度新德里举行的第 19 届 IAU 大会，会上叶叔华当选 IAU 财务委员会主席。

1986 年

1 月，指导上海天文台射电天文研究室完成“关于发展中国 VLBI 网的建议书”，内容包括：新建乌鲁木齐 25 米射电望远镜 VLBI 观测站；改建云南天文台 10 米太阳射电望远镜为 VLBI 观测站；完善上海佘山 25 米射电望远镜 VLBI 观测站；建设上海 Mark 3 VLBI 数据处理中心。建议获得中国科学院同意立项，名称“VLBI 网二期工程”，被列为中国科学院重大项目。

2 月 7 日，受“国际地球自转服务”临时领导小组主席 Willkins G A

邀请成为小组成员，并担任中国方面联系人。

4 月 22 日，在政协上海市第 6 届委员会第 5 次会议上，作了政协上海市第 6 届委员会常务委员会工作报告。

6 月，任上海天文台学位评定委员会主任。

6 月 28 日，赴法国参加空间研究委员会第 26 届年会中的“空间技术在测地和地球动力学上的应用”学术讨论会。

7 月 19 日，中国科学院数理学部组织召开了由天文台（站）长、数理学部天文处及天文委员会负责人、甚长基线干涉网工程技术总体组成员参加的“VLBI 网二期工程”联席会议，确定工程管理由台站长联席会负责，叶叔华任联席会召集人和工程总负责人。

10 月 11 日，赴美国华盛顿参加“国际岩石圈会议”“关于地球自转与参考系国际讨论会”。

11 月 11 日，率领中国科学院空间科学中心和上海天文台人员赴日，与日本空间科学研究所气球部门就 1987 年气球红外观测的合作问题进行了讨论，并签订了备忘录。“地球自转参数归算的新研究”项目获中国科学院科学技术进步奖一等奖。

第四次荣获上海市“三八红旗手”称号。

1987 年

任第 1 届上海市地球物理学会理事长。

5 月 31 日，赴法国巴黎参加 IAU 第 133 次专题学术讨论会，会后对法国一些天文机构进行了学术访问。

6 月 15 日，在西西里 Erice 国际科学文化中心“应用与基础的大地测量学：现状和将来趋势”讨论班（School of Applied and Basic Geodesy: Present and Future Trend）上发表题为“甚长基线射电干涉技术和中国的国际合作计划”的讲演。

8 月 7 日，参加 IUGG（国际大地测量与地球物理学联合会）会议，会后顺访麦克唐纳天文台、史密松天体物理台等机构，商谈加强科技合作事宜。

9月7日，应南斯拉夫科学艺术委员会的邀请，从美国赴南斯拉夫参加贝尔格莱德天文台建立100周年纪念庆典及“天体测量基础”国际学术讨论会。

11月13日，主持上海天文台25米射电望远镜、1.56米天体测量反射望远镜的落成典礼。

《国际地球自转联测》项目获中国科学院科技进步奖一等奖。

1988年

上海天文台VLBI站参加美国NASA的地壳动力学计划（CDP）、欧洲网及中日VLBI合作项目等VLBI国际联测。

1月1日，国际大地测量委员会和国际天文学联合会决定，从本年1月起，地球自转参数的测定不再采用经典光学的观测数据。国际地球自转服务（IERS）开始运作，上海天文台参加了IERS的工作，并成为其全球新技术（人造卫星激光测距、甚长基线射电干涉测量、激光测月）观测资料数据处理中心。

2月，任第7届全国人大常委会委员、第9届上海市人大常委会副主任，均连任三届至2003年。

7月31日，第20届IAU大会在美国巴尔的摩举行，会上叶叔华当选国际天文学联合会（简称IAU）副主席，1991年再次连任至1994年。

1989年

1月，上海天文台《甚长基线射电干涉测量系统》通过了专家鉴定。

4月，世界数据中心中国中心（WDC-D）天文学科中心成立大会在北京召开，会议决定将该中心天体测量子库设在上海天文台。

5月12日，任国家科技进步奖评审委员会委员。

5月，苏联科学院应用天文研究所（IAA）所长访问上海天文台，叶叔华主持并签署了与苏该所开展VLBI方面合作的协议，协议确定双方合建昆明32米射电望远镜QUASAR VLBI站，共同使用。

10月12日，与何妙福应邀访问苏联，考察了苏联在应用空间技术

（VLBI、SLR）于地球动力学研究的情况，签订了中—苏 VLBI 合作备忘录。

1990 年

1 月 18 日，任国家测绘局第二届科学技术委员会委员。

4 月，任上海天文台第二届学位评定委员会主任。

5 月，中国科学院射电天文联合实验室在南京和上海两地通过了专家评审，上海天文台佘山 VLBI 站为该实验室的三个分部之一。

11 月 6 日，连任上海市地球物理学会理事长。

1991 年

任中国科协副主席，并连任至 2001 年，其后任中国科学技术协会荣誉委员。

6 月，叶叔华推动了由中国科学院、国家地震局、国家测绘局和总参测绘局合作，共同承担了“现代地壳运动和地球动力学研究”项目。8 月 12 日，国家科委聘任叶叔华为该项目的首席科学家。

6 月，任中国南极研究学术委员会委员。

7 月 10 日，与苏联科学院天文中心主任、世界实验室加里宁分部主任尼古拉耶夫签署了“QUASAR 中 – 苏昆明站上海会谈的议定书”。

7 月 20 日，率团赴阿根廷布宜诺斯艾利斯参加第 21 届 IAU 大会。

8 月 11 日，赴奥地利维也纳参加 IUGG 第 20 届大会。

9 月 6 日，中国科学院聘任第四批开放实验室（站）学术委员会主任、和副主任人选，叶叔华受聘为射电天文联合实验室学术委员会主任。

《上海天文台甚长基线干涉测量系统》项目获中国科学院 1990 年科技进步奖一等奖，并获评 1990 年中国科学院十大成果之一，名列第三。

1992 年

上海天文台参加了国际大地测量协会组织的“国际 GPS 地球动力学服务”的合作项目，同时还参加了美国宇航局组织的“固体地球动力学计划”和“TOPEX/POSEIDON 海洋卫星跟踪研究”的合作计划。

5 月 29 日，与梁世光赴澳大利亚商讨中－澳合作在射电天文领域内的交流计划与实施方案。

9 月 15 日，担任 IAU 第 156 次学术研讨会科学组织委员会主席。此次由上海天文台主办，主题为天体测量学的发展及其对天体物理和地球动力学的影响。

9 月 28 日，访问俄罗斯科学院应用天文研究所，参加 QUASAR 计划国际指导委员会会议。

10 月 5 日，赴德国访问波茨坦大地测量研究所，并参加国际大地测量协会第 112 次国际学术讨论会和探讨在 VLBI、卫星激光测距方面与欧洲的进一步合作事宜。

1993 年

开始酝酿整个亚太地区的跨世纪合作研究计划，即后来的“亚太地区空间地球动力学计划”。

中国科学院数理学部和中国天文学会联合组织征集“中国天文学九十年代大型科学项目”提案，叶叔华根据射电天文和深空探测的发展需要，提出了建设“65 米全波段射电望远镜”的建议。

《上海天文台甚长基线干涉测量系统》获国家科技进步奖二等奖。

《地球自转运动与热带海洋、大气的相互作用——用天文方法预测 ElNino 事件》项目获上海市科技进步奖二等奖，同时获得国家自然科学奖三等奖。

1994 年

4 月，欧洲甚长基线干涉测量网（EVN）联委会一致通过接受上海天文台 25 米甚长基线射电干涉测量（VLBI）站为 EVN 的正式成员，中国因此成为 EVN 的第一个非欧洲成员。

6 月 20 日，参加在俄罗斯圣彼得堡举行的欧洲空间地球动力学计划（WEGENER）会议，会议上提出了关于建立亚太空间地球动力学（APSG）计划的设想。

7 月 22 日，国际小行星中心和国际小行星命名委员会经审议通过，正式批准将中国科学院紫金山天文台于 1978 年 11 月 28 日发现的国际编号为 3241 号小行星命名为“叶叔华星”。

7 月 25 日，国际 GPS 地球动力学服务中心负责人 Ruth Neilan 博士一行 3 人帮助上海天文台建立了国际 GPS 地球动力学服务的永久工作站。这对上海天文台开展 GPS 观测及国际合作与交流具有重要意义，也开辟了我国开展地壳运动监测和地球动力学研究的新途径。

9 月，在联合国经济与社会发展委员会主办的亚太地区持续发展的空间技术应用部长级会议上，叶叔华代表“攀登项目”专家组提出了“亚太地区空间地球动力学计划”，建议在本地区用空间技术来研究地壳运动和有关的问题，为地震、火山活动和海平面变化的预测提供基础资料。

10 月 10 日，第 3 届亚太射电望远镜网（APT）会议在乌鲁木齐召开，会议主题是组建亚太 VLBI 网。

“65 米多波段射电望远镜”建议书完成编写，并经过第二阶段论证与评审后进入了优选项目排行榜前四名，但最终由于名额有限而落选国家大科学工程项目。

1995 年

1 月 6 日，“亚太地区空间地球动力学计划”汇报会举行，院内有关单位、国家测绘局、中国地震局和总参测绘局的有关领导和专家参加会议，为“APSG 计划”的实施取得了国内支持。

2 月，荣获“中国十大女杰”称号。

2 月 14 日，国家攀登项目《现代地壳运动和地球动力学研究》通过中期评估。

5 月，上海天文台撤销原基本天体测量研究室、射电天文研究室、卫星动力学研究室，组建天文地球动力学研究中心。叶叔华担任研究中心副主任至 1998 年，后担任该研究中心主任。

7 月 3 日，参加在美国科罗拉多州举行的国际大地测量和地球物理联合会（IUGG）第 21 届年会，会上叶叔华提出的“亚太地区空间地球动力学计划”（简称“APSG 计划”）得到了国际大地测量协会的支持，列入第4 项决议。

9 月 4 日，参加在北京召开的联合国第四次世界妇女大会，并应邀在会议组织的“议员日”活动上发表演讲。

1996 年

1 月 20 日，上海市对外经贸系统支持天文事业捐赠仪式举行，这为实施亚太地区空间地球动力学（APSG）计划筹集了启动资金。

2 月 29 日，作为中华全国妇女联合会代表团的成员赴香港参加会议。

5 月 13—17 日，首届 APSG 会议在上海召开，来自 10 个国家和地区的代表参加了会议，成立了由中、美、俄、澳、日等国组成的领导小组，选举叶叔华为主席，成立了秘书局，总部设在上海。

6 月 14 日，中国科学院与美国宇航局续签了“固体地球动力学计划（DOSE）”的合作协议，叶叔华担任中方负责人。

7 月 27 日，《现代地壳运动和地球动力学研究》通过“八五”结题验收和“九五”续项评审。

10 月 1 日，被评为上海侨界十杰之一。

10 月，任第六届上海市科学技术协会主席，至 2001 年 10 月。其后任该协会荣誉委员。

10 月 25 日，“亚太空间地球动力学研究”项目获得上海市科学技术发展基金的支持。

12 月 9 日，赴日本鹿岛参加“亚太射电望远镜和亚太空间地球动力学计划 1996 年技术工作会议”，担任科学组织委员会委员。

12 月 27 日，《现代地壳运动和地球动力学研究》确定中国大陆每年东移 8 毫米的结果和叶叔华当选新一届上海市科协主席被评为 1996 年度上海十大科技新闻。

1997 年

主编的国家攀登计划普及丛书《运动的地球——现代地壳运动和地球

动力学研究及应用》由湖南科学技术出版社出版。

3 月 9 日，赴黑龙江漠河观测日全食。

4 月 13 日，与黄瑊赴马来西亚槟城参加“南亚与东南亚地区地球动力学（GEODYSSEA）计划”国际讨论会。

6 月 9 日，被国家科委任命为中 – 美两国在空间对地观测应用方面合作的第 6、7 两个领域的负责人之一。

7 月 30 日，美国宇航局（NASA）地球行星计划处处长 Sheffer L 访华，叶叔华作为合作中的第 6、7 两个领域的负责人参与了会谈，会谈后草签了中国国家科委和 NASA 在空间对地观测应用的合作协议。

8 月 18 日，赴日本京都参加国际天文学联合会（IAU）第 23 届大会。

9 月，获何梁何利基金科学与技术进步奖。

11 月 14 日，“叶叔华星”命名典礼在中国科学院上海分院隆重举行，中国科学院、国家测绘局、国家地震局、总参测绘局、上海市等有关单位的领导和代表 100 余人参加了命名典礼。

1998 年

5 月 10 日，参加在法国太平洋大学召开的第 2 届亚太地区空间地球动力学（APSG）计划会议。

5 月 19 日，访问日本建设省国土地理院，考察了该院建立的全球定位系统（GPS）网和其新建 32 米射电望远镜的情况。

9 月 24 日，赴德国波茨坦大地测量研究所参加“国际地球自转服务（IERS）工作会议”。

12 月 2 日，应巴黎天文台邀请赴法国商谈中—法天文合作事宜。

上海天文台“白天卫星激光测距系统的建立”项目获上海市科技进步奖一等奖，后又获得国家科技进步奖三等奖。

1999 年

1 月 24 日，赴日本东京参加“空间技术并置测地结果（GEMSTONE）”国际专题讨论会。并同时参加了关于“亚太望远镜（APT）”“亚太地区空间地球动力学（APSG）计划”等国际合作计划的组织实施情况和今后安排、协调的讨论。

2 月，向美国宇航局（NASA）提出了开展“亚太地区地球动力学、自然灾害和海平面变化研究”的建议书，该建议书已经获得 NASA 批准。

9 月，乌鲁木齐 25 米射电望远镜系统通过了专家组的验收鉴定。

10 月 25 日，赴香港理工大学访问、讲学，获香港理工大学杰出中国访问学者称号。

10 月 18 日，赴日本筑波参加“第 3 届亚太地区空间地球动力学（APSG）计划会议”和“GPS 在地球科学上的应用及其与其他空间测地技术之间的相互影响”国际专题讨论会（GPS99）。

12 月 10 日，由中国科学院上海天文台、武汉测量与地球物理研究所和同济大学组建的“天文地球动力学联合研究中心”在上海天文台举行成立大会。

2000 年

3 月 17 日，赴美国圣迭戈市海洋研究所、哥伦布市俄亥俄州立大学、波士顿史密松天文台、美国宇航局和海军天文台等机构进行学术访问。

6 月 18 日，赴俄罗斯参加“21 世纪初天体测量、地球动力学和天体力学”国际讨论会，会议研究和讨论高精度天体测量参数的测定和其在地球动力学方面的应用。

6 月 25 日，与黄珹等 6 人赴日本东京参加 2000 年西太平洋地球物理会议（Western Pacific Geophysics Meeting，WPGM）。

8 月18日，赴英国曼彻斯特参加国际天文联合会（IAU）第24届大会。

12 月 11 日，为《上海地区 GPS 综合应用网》项目的建设需要，与朱文耀等人赴日本天线株式会社 GPS 事业部等单位考察访问。

12 月 20 日，中国科学院“九五”重大项目《地球各圈层相互作用的现代天文学研究》通过验收，该项目是天文地球动力学的重要课题。

2001年

与黄珹等合作主编的《天文地球动力学》文集由山东科技出版社出版。

3月24日，与黄珹、钱志瀚等人赴法国尼斯参加欧洲地球物理学会（EGS）第26届会议。

5月15日，参加并主持了在上海召开的第四届“亚太空间地球动力学计划”国际会议。

5月22日，应俄罗斯科学院列别捷夫（P.N.LEBEDEV）物理研究所之邀，与洪晓瑜等人赴俄罗斯莫斯科讨论建立射电天文联合小组和协商签订建立乌苏里斯克国际射电天文台的备忘录事宜。

7月31日，赴日本东京参加“2001年亚太无线电科学国际学术会议”，并在会上作了关于亚太地区测地VLBI动态的特邀报告。

8月15日，由上海市科学技术发展基金支持的“亚太空间地球动力学研究”续项通过验收和再续项论证。

8月20日，应欧洲VLBI联合研究所之邀，赴荷兰进行学术交流。

9月1日，与朱文耀等人赴匈牙利布达佩斯参加国际大地测量协会（IAG）2001年科学大会。

11月28日，作为首席科学家的国家攀登项目《现代地壳运动和地球动力学研究》通过了结题验收，获得总体评价为A。该项目在四大部委的支持下，集中有关研究力量，团结合作，取得了丰硕的科研成果，完成了预期任务，部分实测和研究结果达到国际先进水平。

2002年

总编的国家攀登计划项目论文集《现代地壳运动与地球动力学研究学术论文集》（1—6卷）全部出齐，先后分别由上海科技教育出版社等5家出版社出版。

1月20日，赴德国参加第1届CHAMP科学会议。

4月26日，欧洲VLBI网（EVN）台长会议在上海天文台举行，来自德国、意大利、英国、美国等十个国家的天文台台长和VLBI网负责人参加了会议，此次会议展示了上海天文台VLBI站在国际合作中取得的进展。

5 月 18 日，赴俄罗斯参加“世界天文台 / 紫外天文学执委会会议”。

8 月 2 日，赴俄罗斯参加第 5 届“亚太空间地球动力学计划（APSG）会议”。

9 月 23 日，赴俄罗斯参加“第 27 次俄罗斯空间 VLBI 会议”。

10 月 6 日，赴香港就“亚太空间地球动力学计划（APSG）”事宜与香港理工大学签署合作协议，以促进该计划的深入开展。

11 月 2 日，赴韩国 Taeduk 参加“甚长基线干涉中的新技术”国际会议。

12 月 12 日，国家攀登项目“现代地壳运动与地球动力学研究”获上海市科学技术进步奖一等奖。

2003 年

在国防科工委探月工程总体方案论证会上，与上海天文台有关研究人员提出了“VLBI 技术应用于探月卫星测轨的建议”，该建议最后纳入工程总体方案，从而开辟了 VLBI 技术在我国航天事业上的应用前景。

3 月 27 日，与俄罗斯科学院代表团商讨“世界空间天文台”项目的合作问题，并签署了合作备忘录。

4 月 25 日，应俄罗斯航天局空间设备工程研究所的邀请，与其他 5 人赴俄罗斯探讨中－俄射电天文学的科技合作问题。

7 月，发起成立了上海市科学技术普及志愿者协会，担任首届会长。

7 月 27 日，参加在澳大利亚西部 GeraldtonSKA（平方千米阵列大射电望远镜计划）国际讨论会，商讨 SKA 的技术方案、科学目标和选址问题。

9 月 21 日，赴台湾地区参加“海峡两岸重力及水准面研讨会”。

12 月，“VLBI 网二期工程”项目通过中国科学院基础局的验收，该项目建成了具有国际水平、与国际接轨的乌鲁木齐南山 VLBI 站和上海 VLBI 数据处理中心。南山与佘山 VLBI 站同为欧洲 VLBI 网的正式成员、国际天测 / 测地 VLBI 网的重要测站。

2004 年

2 月 4 日，2003—2005 年中国科学院“百人计划”项目候选人的所级评审会在上海天文台召开，叶叔华任评审委员会主任。

10 月 14 日，上海天文台 VLBI 站首次参加对欧洲航天局 2003 年发射的月球探测器 Smart-1 的 VLBI 定轨观测获得成功。这次观测扩展了我国 VLBI 观测的功能，为日后在我国探月工程中进行 VLBI 卫星测轨工作积累了经验。

11 月 16 日，主持上海天文博物馆的开馆典礼，与上海市副市长严隽琪共同为上海天文博物馆揭幕。

12 月 30 日，上海天文台参与的《中国大陆现今地壳运动与活动地块及其边界运动学研究》项目获中国地震局 2004 年度防震减灾优秀成果奖一等奖，这是《现代地壳运动和地球动力学研究》的二级课题荣获部级科研成果奖。

2005 年

1 月 13 日，上海天文台 VLBI 站参加由荷兰 JIVE（Joint Institute for VLBI in Europe）研究所负责的“VLBI 跟踪惠根斯探测器”项目获得初步成功。

2 月 9 日，任上海市科普基金会名誉理事长。

3 月 15 日，2005 年春季欧洲 VLBI 网（EVN）项目委员会工作会议在上海天文台举行。

9 月 28 日，在上海市妇联与《新闻晚报》联合主办的评选活动中荣获“1995—2005 上海最有影响女性人物”称号。

2006 年

1 月 5 日，应邀赴智利 Concepción 大学参加第 4 届 IVS（用于测地学和天文学的国际 VLBI 服务）大会和第 7 次 IVS 分析专题讨论会。

3 月 5 日，应俄罗斯科学院应用天文研究所邀请，赴俄罗斯商讨联合开展区域 VLBI 网用于深空探测和在国际地球自转服务方面的合作事宜。

3 月 13 日，俄罗斯科学院授予叶叔华“俄 – 中空间大地测量合作发展杰出贡献”金质奖章，以表彰她为促进中俄科技合作中所取得的成就，颁奖仪式在俄罗斯科学院应用天文研究所举行。叶叔华出席了仪式并做了题为“VLBI 在天文学中的作用及中国 VLBI 新进展”的报告。

4 月 30 日，为保证完成嫦娥绕月探测工程中的定轨测量任务和提高射电天文观测能力，国家天文台密云 50 米射电望远镜建成，其后进行的各种 VLBI 系统的试验均获得成功。

5 月 16 日，国家天文台所属昆明天文台 40 米射电望远镜交付使用，并在 5 月 17 日凌晨，与上海佘山 VLBI 站对月球卫星 Smart-1 进行了成功的试验观测。它和国家天文台密云 50 米射电望远镜的建成使我国拥有了 4 个高水平的 VLBI 观测站，组成了我国较完整的 VLBI 观测网络。

5 月 29 日，我国 4 个 VLBI 观测站再次和欧洲航天局合作，对欧洲航天局的首枚月球探测器 Smart-1 进行了 VLBI 定轨测量的实验，实验的成功为我国嫦娥探月工程中完成 VLBI 系统和航天测控系统的联合定轨任务打下了坚实基础。

10 月 15 日，赴韩国出席“亚太空间地球动力学计划（APSG）”2006 年年会。

11 月 27 日，与黄珹赴台湾地区参加 FORMOSAT-3/COSMIC 工作会议。

12 月 31 日，《中国地壳运动观测网络》项目获国家科技进步奖二等奖。

2007 年

3 月 23 日，《实时 VLBI 系统对月球卫星 Smart-1 快速测轨获得成功》项目荣获上海市自然科学奖二等奖。

6 月 21 日，“叶叔华八十华诞庆典”在上海科学会堂国际会议大厅隆重举行。全国人大常委会副委员长、中国科学院院长路甬祥发来贺信，中国科协副主席、中国科学院院士杨福家等领导亲临祝贺，国内相关单位也来人或来函庆贺，共 200 多人参与庆典。

8 月 28 日，在第 24 届亚太高级网络会议期间，上海天文台与欧洲、澳大利亚的射电望远镜进行了首次跨越三大洲的实时甚长基线射电干涉测量（e-VLBI）实验演示。演示中获得了清晰的观测条纹，显示了我国

VLBI 技术的长足进步。

10 月 24—27 日，VLBI 观测网络对嫦娥一号探月卫星进行的实时测轨获得了圆满成功。

2008 年

3 月，获绕月探测工程测控系统 VLBI 测轨分系统授予的“嫦娥一号卫星任务 VLBI 测轨分系统突出贡献者”称号。

6 月 11 日，通过向中国科学院领导反映与沟通，促成了中国科学院与上海市合作的重点工程“65 米口径大型射电望远镜”。

8 月 6 日，赴美国考察 100 米射电望远镜及中心发展实验室，并商讨进一步合作事宜。

8 月 8 日，参加在美国芝加哥伊利诺伊大学召开的 URSI 第 29 次会员大会，并在会上做题为“中国 VLBI 的发展和它在中国嫦娥一号探月工程中的应用（VLBI development in China and Its application in Chinese lunar probe project Chang e-1）”学术报告。

9 月 21 日，赴俄罗斯参加“亚太空间地球动力学计划（APSG）2008 年国际会议”，会上作“APSG 的过去与现状（The Past and Present Status of APSG）”的报告。

2009 年

1 月 6 日，中国 VLBI 佘山站与南山站利用高速软件相关处理机进行的高速实时 VLBI（e-VLBI）实验取得了圆满成功。

1 月 9 日，出席“院市合作”的重点工程“65 米射电望远镜天线系统研制合同”签约仪式，这标志着由叶叔华推动的 65 米射电望远镜工程正式启动。

1 月 31 日，上海东方电视台大型人物专访节目《走近他们》播出了叶叔华专辑《叶叔华：美丽的心空》。7 个月之后，叶叔华荣膺“光荣与力量——2009《走近他们》年度十大人物”荣誉称号，9 月 14 日出席颁奖典礼并获奖。

2 月 27 日，上海天文台《甚长基线干涉测量应用于嫦娥一号探月卫星的精密测轨》项目荣获上海市科学技术进步奖一等奖。

3 月，上海天文台与其他单位共享绕月探测工程所获得的国家科学技术进步奖特等奖，单位排序为 29。

5 月 27 日，入选由上海市委宣传部主办的纪念上海市解放 60 周年“城市魂 · 群英谱”主题展人选。

7 月 22 日，中国 VLBI 佘山站与乌鲁木齐南山站、日本鹿岛站进行的在日全食发生期间电离层电子总含量（TEC）的 VLBI 联合观测实验取得了成功，这进一步扩展了甚长基线干涉测量技术的应用范围。

9 月 17—18 日，上海天文台 65 米射电望远镜天线设计方案通过评审。

9 月 23 日，获得“新中国 60 年上海百位突出贡献女性”称号。

11 月 1 日，赴美国参加 GRACE 科学项目会议。重力和全球气候变化卫星 GRACE 是美国宇航局（NASA）与德国航空中心的合作项目发射的观测地球重力场变化的卫星，通过对地球重力场变化的研究，推测地下水分布的变化。

11 月 27 日，获“中国时间频率事业发展突出贡献人物”奖。

12 月 29 日，上海天文台 65 米射电望远镜奠基典礼在佘山隆重举行。

2010 年

3 月，65 米口径的大型射电望远镜系统项目列入 2010 年上海市重大工程建设项目。

4 月 16 日，《二十世纪中国知名科学家学术成就概览》（简称《概览》）天文卷第一次编委会会议在北京召开，《概览》是由钱伟长任总主编的国家重点出版工程，天文卷由叶叔华担任主编。

中国科协“老科学家学术成长资料采集工程”正式启动，叶叔华院士入选第一批采集名单。6 月，“叶叔华院士学术成长资料采集小组”成立。

7 月，写信给时任上海市市委书记的俞正声，倡议建设上海天文馆。

2011 年

4 月 6 日，接待加拿大空间局局长 Steve Maclean 博士一行。

5 月 13 日，中国科学院成立国家空间科学专家委员会，被任命为国家空间科学专家委员会委员。

12 月 22 日，为上海天文台青年科技工作者作题为“从大国到强国，我们能够做些什么”的主题演讲。

2012 年

6 月 21 日，85 岁华诞。中央政治局委员、中组部部长李源潮发贺卡表示祝贺；中国科学院副院长詹文龙等领导到场祝寿。

8 月 20 日，IAU 第 28 届大会在北京国家会议中心开幕，国家副主席习近平出席了开幕仪式，并会见了 IAU 主席罗伯特·威廉姆斯，叶叔华院士和其他中外天文学家一同参加了会见。

10 月 28 日，65 米射电望远镜落成仪式在上海佘山隆重举行。该射电望远镜高 70 米、重 2700 吨，是我国目前口径最大、波段最全的一台全方位可动的高性能的射电望远镜，其总体性能名列全球第四、亚洲第一，后被正式命名为“天马望远镜”。

2013 年

1 月 19 日，“亚洲第一射电望远镜建成”入选 2012 年中国十大科技进展新闻。

12 月 27 日，上海市委书记韩正看望叶叔华院士，上海市委常委尹弘，市科技党委书记吴信宝，上海天文台台长洪晓瑜等陪同看望。

2014 年

4 月 16—17 日，参加由科技部中国 SKA（平方千米阵）办公室及国家天文台主办、上海天文台承办的“SKA 科学目标及相关重要问题研讨会”。

2015 年

1 月，天马望远镜成为“上海加快向具有全球影响力的科技创新中心进军”的科技创新亮点之一。

2 月 10 日，中共上海市委常委、统战部部长沙海林看望叶叔华院士。

2 月 12 日，中共上海市科学技术工作委员会书记吴信宝、中国科学院上海分院院长朱志远分别看望叶叔华院士。

9 月 21—23 日，“叶叔华院士科学精神和学术思想研讨会”在上海科学会堂举行。

附录二 叶叔华主要论著目录

[1] 叶叔华. 地球自转的不均匀性及目前研究的情况 [J]. 天文学报，1954（1）：75−82.

[2] 叶叔华. 徐家汇观象台天文测时的偶然误差 [J]. 天文学报，1954（2）：186−196.

[3] 叶叔华. 徐家汇观象台中星仪方位差的变化 [J]. 天文学报，1955（2）：197−216.

[4] 叶叔华. 徐家汇观象台中星仪水平差的变化 [J]. 天文学报，1956（2）：302−321.

[5] 叶叔华. 徐家汇观象台天文测时的季节性变化 [J]. 天文学报，1957（2）：281−291.

[6] 叶叔华，萧宝亲. 地球自转速度的突然变化 [J]. 天文学报，1960（1）：68.

[7] 叶叔华. 徐家汇观象台经度改正值 [J]. 天文学报，1961（1，2）：42−57.

[8] 叶叔华，金文敬. 关于“综合时号改正数”的订定方法 [J]. 天文学报，1962（1）：66−73.

[9] 叶叔华. 1958—1961 年的地球自转不均匀 [J]. 天文学报，1963（2）：

100-115.
[10] 叶叔华. 1935—1960 年的欧美大陆经度变化 [J]. 天文学报，1964（2）：189-196.
[11] 叶叔华. 地球自转速率不均匀及其研究近况 [M]. 中华人民共和国地质部地质力学研究所编：地质力学论丛·第 2 号. 1964：127-138.
[12] 叶叔华. 几种仪器测时月误差的分析 [J]. 天文学报，1965（2）：148-159.
[13] 叶叔华，吴守贤. 我国的综合时号改正数 [J]. 科学通报，1966（1）：1-15.
[14] 叶叔华，谢应纯. 我国经度起算值的确定以及综合系统的调整 [J]. 天文参考资料，1978（3）：1-7.
[15] 李正心，叶叔华. 根据不同技术的结果对地球自转参数的综合解算（1980. 1. 1—1984. 10. 31）[J]. 天文学报，1986（3）：190-203.
[16] Ye S H. Optical Observations of Time and Latitude and the Determining of the Earth's Rotation Parameters in 1980 [J]. Springer Netherlands, 1982（94）：11-23.
[17] Ye S H. Activities of astro-geodynamics research in China [J]. Shanghai Symposium on Astrometry, 1981（63）：181-188.
[18] Ye S H. VLBI measurements of radio positions at three stations [J]. Springer Netherlands, 1982（94）：329-336.
[19] Ye S H. Note on the terrestrial reference system for geodynamics [J]. Geodetic Applications of Radio Interferometry, 1982, 46.
[20] Ye S H. Intercomparison of celestial reference frame-general prineiple [J]. Springer Netherlands, 1989（154）：295-304.
[21] 郑勇，钱志瀚，叶叔华. Time Delay and Delay Rate Models for Space VLBI [J]. 中国科学（英文版），1993（10）：1238-1241.
[22] 叶叔华，黄珹. 现代地壳运动和地球动力学研究 [J]. 科技导报，1995, 13（1）：403-405.
[23] 叶叔华. 现代地壳运动和地球动力学研究 [J]. 基础研究，1996（6）：

1-7.

［24］叶叔华. 我们是如何对攀登项目进行管理的［J］. 基础研究，1997（4）：55-58.

［25］叶叔华. 现代地壳运动和地球动力学研究及其应用［J］. 基础研究，1998（4）：10-11.

［26］朱文耀，王小亚，程宗颐，等. Crustal motion of Chinese mainland monitored by GPS［J］. 中国科学（英文版），2000（4）：394-400.

［27］王广利，叶叔华，钱志瀚，等. Measurements of the VLBI experiments during the first campaign of the Asian-Pacific space geodynamics（APSG）program［J］. 中国科学（英文版），2001（2）：259-264.

［28］叶叔华，黄珹. 地下水变化的空间技术监测和预测［J］. 地球物理学进展，2007（4）：1031-1034.

［29］叶叔华，平劲松，苏晓莉，等. GRACE 重力卫星揭示的水储量季节性变化［J］. 航天器工程，2010（4）：1-7.

［30］叶叔华，朱文耀. 运动的地球现代地壳运动和地球动力学研究及应用［M］. 长沙：湖南科学技术出版社，1997.

［31］叶叔华，黄珹. 天文地球动力学［M］. 济南：山东科学技术出版社，2000.

［32］叶叔华. 现代地壳运动与地球动力学研究［M］. 北京：地震出版社，2001.

［33］叶叔华，陈述彭. 特大自然灾害预测的新途径和新方法香山科学会议第 133 次学术讨论会论文集［M］. 北京：科学出版社，2002.

［34］叶叔华. 现代地壳运动与地球动力学研究学术论文集［M］. 上海：上海教育出版社，2002.

［35］叶叔华. 20 世纪中国知名科学家学术成就概览·天文学卷［M］. 北京：科学出版社，2014.

［36］叶叔华，黄珹. 现代地壳运动和地球动力学研究［J］. 科技导报，1995，13（1）：403-405.

参考文献

特别参考文献：

叶叔华院士学术成长资料采集小组. 叶叔华院士学术成长资料采集工程研究报告，2012. 11.

重点参考文献：

[1] 10000个科学难题编委会. 10000个科学难题·天文学卷[M]. 北京：科学出版社，2010.

[2] 测绘出版社. 测绘诗歌选[M]. 北京：测绘出版社，1959.

[3] 陈斯文，陈雅丹. 摘下绽放的北极星[M]. 北京：中国科学技术出版社，2008.

[4] 陈永汶. 行走天穹：中国现代天文学家陈遵妫传[M]. 北京：华文出版社，2007.

[5] 杜升云. 科技史文库·中国天文学史大系·中国古代天文学的转轨与近代天文学[M]. 北京：中国科学技术出版社，2013.

[6] 董光壁. 中国近现代科学技术史[M]. 长沙：湖南教育出版社，1997.

[7] 傅承启，叶叔华. 同一个星空——国际天文学联合会史[M]. 上海：上海交

通大学出版社，2009.
[8] 郭梅尼，金涛．奋斗科学家的成才之路·续集一［M］．北京：科学普及出版社，1997.
[9] 洪耀明．新感悟：科学传播的精彩［M］．上海：上海科学普及出版社，2009.
[10] 黄光壁．中国近现代科学技术史［M］．长沙：湖南教育出版社，1997.
[11] 蒋平．天文学家：龚惠人［J］．世界科学，1985（9）：2.
[12] 克里斯滕·利平科特，翁贝托·艾柯，贡布里希．时间的故事［M］．北京：中央编译出版社，2010.
[13] 李立波．科技财富与院士聊后世博（上部）［M］. 上海：上海科学普及出版社，2010.
[14] 卢嘉锡．中国现代科学家传记·第 5 集［M］．北京：科学出版社，1994.
[15] 罗定江．徐家汇观象台的授时工作［J］．天文学报，1955（2）：275–291.
[16] 孙鸿烈．20 世纪中国知名科学家学术成就概览·地学卷·地球物理学分册［M］．北京：科学出版社，2010.
[17] 万同山，吴怀玮，钱志瀚，等．中—日首次甚长基线干涉测量（VLBI）［J］．中国科学（A 辑），1986（8）：875–881.
[18] 万同山，钱志瀚，邬林达，等．上海—埃弗尔斯堡（西德）甚长基线干涉（VLBI）实验的综合结果［J］．天文学报，1982（4）：376–383.
[19] 王绶琯．试从大地测量的应用上评价徐家汇观象台的时号［J］．测绘通报，1957（5）：193–201.
[20] 王绶琯．塔里窥天——王绶琯院士诗文自选集［M］．西安：陕西人民出版社，2006.
[21] 王绶琯，刘振兴．20 世纪中国学术大典·天文学·空间科学［M］．福州：福建教育出版社，2003.
[22] 王扬宗，曹效业．中国科学院院属单位简史·第二卷（上）［M］．北京：科学出版社，2010.
[23] 吴守贤，漆贯荣，边玉敬．时间测量［M］．北京：科学出版社，1983.
[24] 武汉测绘学院天文与重力测量教研组．大地天文学·上［M］．北京：测绘出版社，1960.
[25] 席泽宗．席泽宗口述自传［M］．长沙：湖南教育出版社，2011.
[26] 阎林山，马宗良．徐家汇天文台的建立和发展（1872–1950）［J］．中国科技

史杂志，1984（2）：65-72.
[27] 杨秋. 变革时期的生活——近代广州风尚习俗研究 [M]. 广州：暨南大学出版社，2013.
[28] 杨玉德. 我国当代女天文学家——叶叔华 [J]. 天文爱好者，1989（4）：2-3.
[29] 杨新年. 当代中国科技史 [M]. 北京：知识产权出版社，2014.
[30] 叶叔华. 20世纪中国知名科学家学术成就概览·天文学卷·第一分册 [M]. 北京：科学出版社，2014.
[31] 叶叔华. 徐家汇观象台经度改正值 [J]. 天文学报，1961（1，2）：42-57.
[32] 叶叔华，金文敬. 关于"综合时号改正数"的订定方法 [J]. 天文学报，1962（1）：66-73.
[33] 叶叔华，吴守贤. 我国的综合时号改正数 [J]. 测绘学报，1966（1）：1-16.
[34] 叶叔华. 20世纪中国知名科学家学术成就概览·天文学卷（第二分册）[M]. 北京：科学出版社，2014.
[35] 叶叔华. 现代地壳运动与地球动力学研究 [M]. 北京：地震出版社，2001.
[36] 叶叔华. 地球自转的不均匀性及目前研究的情况 [J]. 天文学报，1954（1）：75-82.
[37] 叶叔华，萧宝亲. 地球自转速度的突然变化 [J]. 科学通报，1960（1）：68-69.
[38] 叶叔华. 1935—1960年的欧美大陆经度变化 [J]. 天文学报，1964（2）：189-195.
[39] 叶叔华. 奋进中的上海天文台（1872-1992）[M]. 中国科学院上海天文台编印，1992.
[40] 叶叔华. 1958—1961年的地球自转不均匀 [J]. 天文学报，1963（2）：100-114.
[41] 余明. 简明天文学教程 [M]. 北京：科学出版社，2016.
[42] 竺可桢. 竺可桢全集·第十二卷 [M]. 上海：上海科技教育出版社，2007.
[43] 朱寄萍. 上海科技年鉴 2001 [M]. 上海：上海科技教育出版社，2001.
[44] 中国科学技术协会. 中国科学技术专家传略·理学编·天文卷 [M]. 北京：中国科学技术出版社，2005.
[45] 中国科学院编译出版委员会. 十年来的中国科学天文学 1949—1959 [M]. 北京：科学出版社，1959.

[46] 中国科学技术情报研究所. 出国参观考察报告·法国天文地球动力学 [M]. 北京：科学技术文献出版社，1979.

[47] 中国科学技术情报研究所. 出国参观考察报告·美国天体物理学研究概况 [M]. 北京：科学技术文献出版社，1977.

[48] 中国天文学会天文地球动力学专业组. 天文地球动力学文集（1978）[M]. 上海：中国科学院上海天文台，1979.

[49] 中央档案馆编研部. 中国共产党宣传工作文献选编：1949—1956[M]. 北京：学习出版社，1996.

[50] 中国科学院办公厅. 创新年轮攀登足迹：中国科学院第十届科星奖获奖作品选 [M]. 北京：科学出版社，2009.

[51]《中国科学院》编辑委员会. 中国科学院（上）[M]. 北京：当代中国出版社；香港祖国出版社，2009.

[52]《中国天文学史文集》编辑组. 中国天文学史文集·第 4 集 [M]. 北京：科学出版社，1986.

[53]《中国测绘史》编辑委员会. 中国测绘史·第 3 卷·中华人民共和国 1949—1989 [M]. 北京：测绘出版社，2002.

[54] 戴瓦·索贝尔. 经度——寻找地球刻度的人 [M]. 海口：海南出版社，2000.

后记

我清楚地记得和叶叔华院士第一次见面的每一个细节，那是2012年12月20日在国家天文台A208会议室。当时会议室只有我一个人，正在忙着为“20世纪中国天文学和大事记”课题评审会做准备。9点左右，会议室的门开了，进来一位个头不高，慈祥和蔼的老太太，我猜她一定是叶叔华院士，不过她和我想象中的中国天文学界泰斗的形象完全不一样。我事先通过电子邮件与她联系过，知道她会来参加我的课题评审，但是当我见到她的时候，我的大脑显然还没有做好准备。她从上海远道而来参加我的课题评审已经给予了我莫大的鼓励，会上她又对我负责的两部分内容给予肯定，这让我悬了两年多的心终于放了下来。“20世纪中国天文学”和“20世纪中国天文学大事记”是叶先生主编的《20世纪中国知名科学家学术成就概览》(“天文卷”一·二分册)中的一部分。

后来，上海天文台在“叶叔华学术成长资料采集工程”的基础上想为叶先生出一部学术传记，科研计划处的朱洁女士找到了我，希望我来做这件事情，但是由于当时我琐事缠身、精力不济，这种状态是无论如何都做不好事情的，于是我心怀歉疚地婉拒了朱洁女士，此后的一年多时间里，每每想起这件事情内心都会感觉不安。我没有想到的是，这件事情转了一圈又回到了我这里，当孙小淳研究员拿着与上海天文台签好的“叶叔华学术传记”合同书找到我办公室的时候，这一次我是无论如何也不该、也不会再拒绝了，豁出去一切我也要完成这部传记，让读者能够有机会了解 20 世纪的天文学家为发展中国的天文事业所付出的努力。

2014 年 11 月 24 日下午，我对叶先生进行了第一次访谈。我知道在我之前已经有太多的新闻媒体记者对她进行过无数次的访谈，再加上“采集工程”黄珹先生对恩师的访谈，关于叶先生生平经历和科学成就已经没有太多内容可挖掘。我还是想亲眼看看叶先生是怎么工作、怎样思考和处理问题的，甚至希望能有一段时间待在她身边，近距离地观察她的言行举止。访谈之前，我听说叶先生的爱人程极泰先生生病住院一个星期了，她每日奔波在家庭、医院之间，担心、忧虑一定会让她身心俱疲，何况她也是耄耋之年了。可是当我见到叶先生的时候，她脸上除了有一点疲倦之外，精神依然矍铄，访谈从下午一点半开始，原计划进行两个小时，结果却持续了近四个小时。访谈进行期间，她思路清晰，神采奕奕，似乎回到了那段激情奋斗的岁月里。更加令我吃惊的是，她没有照我的采访大纲而谈，但是她的一生的学术思想脉络却清晰地呈现在她的谈话里，我从中体会到了她一生工作的一致性与连贯性，这便成了我写作大纲的主体脉络。

访谈最后被我亲戚的电话中断了，我必须从徐家汇赶到松江去和我父母会合，中途还需要返回宾馆取东西。叶先生坚持用她的车送我去地铁站，我再三推脱，怎能麻烦她一路送我。我最终也没有拗过叶先生，她让司机先送我回宾馆取东西，再绕道送我去地铁站。在车上，我心急火燎地翻着钱包找硬币，因为印象里上海地铁要用硬币购票，而北京不怎么用硬币。叶先生看在眼里，她把自己报销医药费的硬币从信封里全倒出来给了我，这一下弄得我不知道如何是好。车到地铁站了，我手里攥着叶先生给我的六枚钢镚，三步并做两步跑进了地铁，还好有这些硬币，我顺利地买到了地铁票，赶到松江接上了父母。一个人，要有一颗多慈善的心，才能时刻关注着别人的需求并且及时给予帮助，更何况她是这样一位功勋卓著的院士！最后我要对叶先生说：“尊敬的叶先生，您曾经再三嘱咐我，让您的传记字数要比王绶琯先生的少三分之一到四分之一，但是我不知道王先生的传记什么时候出版，也不知道他的传记字数会是多少，如果在这方面我没能达到您的要求，请您千万谅解一二。”

这部传记是建立在“叶叔华学术成长资料采集工程”课题组工作的基础之上的。朱洁女士将近200G的电子资料，包括视频、音频、档案、照片、书信……各种类型的资料无偿贡献给了我。有了这个资料库，我就像进入了一个专门图书馆，只要挨个翻检每个文件夹，逐个浏览每一页档案，并迅速把它们塞进我的大脑，整理、分类、提取和凝练出有用的文字就可以了。为此，我那不太高效的人体CPU经常发生阻塞，弄得我几天也写不出一个字来。我在这里首先要感谢“叶叔华学术成长资料采集工程”课题组的成员！没有你们所采集大量的叶先生的资料，我的写作还不知要拖到什么时候?

特别感谢上海天文台的杨玉德先生！由他撰写的《叶叔华院士学术成长资料采集工程研究报告》全面、细致，涉及了叶先生一生的方方面面，对叶先生天文学成就的评价也非常到位，具有权威性。《研究报告》是我写作的最重要的参考资料，我从中汲取了很多很多。在一些重要天文史实的判断和认识上，杨先生还亲自指点过我，而且他还以与叶先生同事多年的经历和经验纠正了我某些看法。

感谢中国科学院西安分院的吴守贤先生、上海天文台的钱志瀚研究员、黄珹研究员，刘鹏远书记！感谢你们在百忙之中接受我的采访，这为完成叶先生这部传记提供了重要的口述资料。

感谢上海天文台的侯金良书记！侯书记是位谦谦君子，态度和善，心思细密，他关注着本书的写作进展，并且尽可能地为之提供帮助与方便，是他提议在叶先生学术精神和学术思想研讨会期间召开一个关于本书的意见征询会议，会议召开的既及时，又有益，不仅为完成的部分进行了把关，而且对将来的书稿审校工作也创造了条件。

感谢上海天文台科研计划处的朱洁女士！对于她，我是又感激，又抱歉！当初拒绝这件事情的时候是她，后来接受这件事情的还是她，她始终以一种温婉、体贴、理解的态度与我沟通，而我却总是一种刚直生硬的方式给予回应。在课题进行之中，她积极主动地询问我需要访谈什么人，需要见什么人，需要请什么专家，一旦我给出名单，她总是即刻帮我联系。

她承担着上海天文台繁重的科研管理工作，却对我提出的要求总是第一时间满足和解决，这令我感到不可思议！她的工作态度、方式让我体验到了另外一种科研管理风格，让人如沐春风。

感谢本课题开始时还是中国科学院自然科学史研究所的研究员，课题结束时却成了中国科学院大学教授的孙小淳、王扬宗两位老师！他们为书稿提供了宝贵的意见和建议。

感谢中国科学院大学的李伟霞女士！她帮助我安排每次出差行程，协助我进行每次访谈录音、拍照和文字整理工作，还为我复印和整理大量的材料，承担了书稿最后的配图、文字审校工作……她是我完成这项课题实际意义上的助手，只是课题组里并没有她的名字。在此一并感谢上海天文台档案室的薛佑菲女士，她为我们查阅档案提供了最大的方便，同时在双方的联络方面做了大量工作！

感谢我的家人！没有你们的付出与忍耐，支持与鼓励，我无法完成这项异常艰巨的任务。

最后，由于本人学术能力有限，书中难免错误与疏漏，这些均由本人负责并预先在此表达对读者的歉意！

老科学家学术成长资料采集工程丛书

已出版（100种）

《卷舒开合任天真：何泽慧传》
《从红壤到黄土：朱显谟传》
《山水人生：陈梦熊传》
《做一辈子研究生：林为干传》
《剑指苍穹：陈士橹传》

《情系山河：张光斗传》
《金霉素·牛棚·生物固氮：沈善炯传》
《胸怀大气：陶诗言传》
《本然化成：谢毓元传》
《一个共产党员的数学人生：谷超豪传》

《含章可贞：秦含章传》
《精业济群：彭司勋传》
《肝胆相照：吴孟超传》
《新青胜蓝惟所盼：陆婉珍传》
《核动力道路上的垦荒牛：彭士禄传》

《探赜索隐　止于至善：蔡启瑞传》
《碧空丹心：李敏华传》
《仁术宏愿：盛志勇传》
《踏遍青山矿业新：裴荣富传》
《求索军事医学之路：程天民传》

《一心向学：陈清如传》
《许身为国最难忘：陈能宽》
《钢锁苍龙　霸贯九州：方秦汉传》
《一丝一世界：郁铭芳传》
《宏才大略：严东生传》

《此生情怀寄树草：张宏达传》
《梦里麦田是金黄：庄巧生传》
《大音希声：应崇福传》
《寻找地层深处的光：田在艺传》
《举重若重：徐光宪传》

《魂牵心系原子梦：钱三强传》
《往事皆烟：朱尊权传》
《智者乐水：林秉南传》
《远望情怀：许学彦传》
《没有盲区的天空：王越传》

《行有则　知无涯：罗沛霖传》
《为了孩子的明天：张金哲传》
《梦想成真：张树政传》
《情系粱菽：卢良恕传》
《笺草释木六十年：王文采传》

《妙手生花：张涤生传》
《硅芯筑梦：王守武传》
《云卷云舒：黄士松传》
《让核技术接地气：陈子元传》
《论文写在大地上：徐锦堂传》

《铃记：张兴钤传》
《寻找沃土：赵其国传》
《虚怀若谷：黄维垣传》
《乐在图书山水间：常印佛传》
《碧水丹心：刘建康传》

《我的气象生涯：陈学溶百岁自述》
《赤子丹心 中华之光：王大珩传》
《根深方叶茂：唐有祺传》
《大爱化作田间行：余松烈传》
《格致桃李伴公卿：沈克琦传》
《躬行出真知：王守觉传》
《草原之子：李博传》

《我的教育人生：申泮文百岁自述》
《阡陌舞者：曾德超传》
《妙手握奇珠：张丽珠传》
《追求卓越：郭慕孙传》
《走向奥维耶多：谢学锦传》
《绚丽多彩的光谱人生：黄本立传》

《宏才大略 科学人生：严东生传》
《航空报国 杏坛追梦：范绪箕传》
《聚变情怀终不改：李正武传》
《真善合美：蒋锡夔传》
《治水殆与禹同功：文伏波传》
《用生命谱写蓝色梦想：张炳炎传》
《远古生命的守望者：李星学传》

《探究河口 巡研海岸：陈吉余传》
《胰岛素探秘者：张友尚传》
《一个人与一个系科：于同隐传》
《究脑穷源探细胞：陈宜张传》
《星剑光芒射斗牛：赵伊君传》
《蓝天事业的垦荒人：屠基达传》

《善度事理的世纪师者：袁文伯传》
《“齿”生无悔：王翰章传》
《慢病毒疫苗的开拓者：沈荣显传》
《殚思求火种　深情寄木铎：黄祖洽传》
《合成之美：戴立信传》
《誓言无声铸重器：黄旭华传》
《水运人生：刘济舟传》
《在断了A弦的琴上奏出多复变最强音：陆启铿传》
《弄潮儿向涛头立：张乾二传》
《一爆惊世建荣功：王方定传》
《轮轨丹心：沈志云传》
《继承与创新：五二三任务与青蒿素研发》

《化作春泥：吴浩青传》
《低温王国拓荒人：洪朝生传》
《苍穹大业赤子心：梁思礼传》
《仁者医心：陈灏珠传》
《神乎其经：池志强传》
《种质资源总是情：董玉琛传》
《当油气遇见光明：翟光明传》
《微纳世界中国芯：李志坚传》
《至纯至强之光：高伯龙传》
《材料人生：涂铭旌传》
《寻梦衣被天下：梅自强传》
《海潮逐浪镜水周回：童秉纲口述人生》